Martin R. Textor

Scheidungszyklus und Scheidungsberatung

Ein Handbuch

Vandenhoeck & Ruprecht
in Göttingen

Die Deutsche Bibliothek – CIP-Einheitsaufnahme

Textor, Martin R.:
Scheidungszyklus und Scheidungsberatung: ein Handbuch /
Martin R. Textor. – Göttingen: Vandenhoeck und Ruprecht, 1991
ISBN 3-525-45736-7

© 1991 Vandenhoeck & Ruprecht, Göttingen
Printed in Germany
Druck und Einband: Hubert & Co., Göttingen

Inhalt

Einleitung

Nachdem die Scheidungsrate bereits nach dem Ersten und nach dem Zweiten Weltkrieg relativ hoch war, steigt sie seit den 60er Jahren kontinuierlich an, wobei in den letzten Jahren jedoch ein Abflachen dieses Trends feststellbar ist. Im Jahr 1987 fanden in der Bundesrepublik Deutschland 129 850 Ehescheidungen statt (87,6 auf 10 000 bestehende Ehen), wobei in 74 684 Fällen die Antragstellung durch die Frau, in 43 407 Fällen durch den Mann und in 11 759 Fällen durch beide Ehepartner erfolgte. In 42 863 Fällen war ein Kind, in 19 562 Fällen waren zwei Kinder und in 4234 Fällen drei und mehr Kinder von der Scheidung ihrer Eltern betroffen. Da die meisten Ehen zwischen dem dritten und siebten Ehejahr geschieden werden, sind überdurchschnittlich viele Kinder zu diesem Zeitpunkt unter sechs Jahren alt. Im Gegensatz zur Scheidungsrate ist die Zahl der von der Trennung ihrer Eltern betroffenen Kinder in den letzten Jahrzehnten kaum gestiegen.

Scheidungsfamilien sind also in unserer Gesellschaft weit verbreitet. In den USA wurden seit Ende der 60er Jahre die Scheidung und die aus ihr entstehenden Familienformen immer differenzierter erforscht. Auch entstanden im psychosozialen und im Bildungsbereich viele Beratungsangebote - einen Überblick bietet beispielsweise "The Divorce and Divorce Therapy Handbook" (vgl. TEXTOR 1989a). In Deutschland begann diese Entwicklung jedoch erst vor wenigen Jahren. So liegen kaum wissenschaftliche Forschungsergebnisse über deutsche Scheidungsfamilien vor. Vor allem aber *mangelt es an Beratungs- und Hilfsangeboten,* es gibt fast keine auf Scheidungsprobleme spezialisierten Beratungsstellen. Auch werden Ehe- und Familienberater nur unzureichend auf diesem Gebiet ausgebildet.

In diesem Buch sollen einerseits wissenschaftliche und klinische Erkenntnisse über Scheidungsfamilien sowie andererseits Formen der Scheidungsberatung dargestellt werden. Dabei wird meine Vorgehensweise durch drei Eigenschaften gekennzeichnet sein: Sie ist *prozeßorientiert,* das heißt, Trennung und Scheidung werden als ein mehrere Jahre umfassender Prozeß (*Scheidungs-*

zyklus) verstanden. Dieser durchläuft eine Reihe nur grob voneinander unterscheidbarer Phasen. Dementsprechend muß auch die Beratung derartiger Familien prozeßorientiert sein und immer beachten, in welcher Phase des Scheidungszyklus sich die jeweiligen Klienten befinden.

Meine Vorgehensweise ist zweitens *integrativ*: Zum einen werden sozialwissenschaftliche und klinische Erkenntnisse über Scheidungsfamilien miteinander verknüpft. Zum anderen wird der Beratungsansatz nicht auf der Grundlage einer bestimmten Psychotherapietheorie (wie Psychoanalyse, Verhaltenstherapie oder klientenzentrierte Psychotherapie) entwickelt, sondern auf der Basis einer umfassenden Integration der Konzepte, Hypothesen und Techniken von Scheidungsberatern, wie sie aus allen der im Literaturverzeichnis aufgeführten Veröffentlichungen ersichtlich sind. Während die Verknüpfung wissenschaftlicher und klinischer Erkenntnisse eine allgemein akzeptierte Vorgehensweise ist, gilt dieses für die Integration verschiedener Beratungs- und Therapieansätze weniger. So spielt im therapeutischen Bereich noch das "Schulen-Denken" eine große Rolle: Viele Psychologen und Berater rechnen sich Schulen der Psychotherapie wie der psychoanalytischen, der verhaltenstherapeutischen, der gesprächspsychotherapeutischen, der transaktionsanalytischen oder der gestalttherapeutischen zu. In der Literatur werden mehrere hundert Psychotherapietheorien beschrieben, die entweder eigene Schulen oder Subsysteme größerer Schulen bilden. Die Vertreter einer Schule verabsolutieren zumeist ihren Therapieansatz, vertreten ihn auf dogmatische Weise und halten ihn für nicht vereinbar mit anderen Auffassungen.

Meines Erachtens macht aber schon die Vielzahl von Psychotherapietheorien deutlich, daß keine die Realität angemessen erfaßt und widerspiegelt. Vielmehr wählt jede Schule der Psychotherapie bestimmte Erkenntnisobjekte beziehungsweise Vorgänge aus, denen sie in erster Linie ihr Augenmerk widmet. So konzentrieren sich zum Beispiel die Psychoanalyse auf das Unbewußte, die Verhaltenstherapie auf Verhalten und Kognition sowie die Gesprächspsychotherapie auf das Erleben. Bei den in Veröffentlichungen beschriebenen Therapieansätzen, die jeweils einer dieser Schulen zugerechnet werden, wird dieser Auswahlprozeß noch fortgeführt: So konzentrieren sich ihre Vertreter auf einzelne Aspekte des ausgewählten Erkenntnisobjekts oder Vorganges und kommen auf diese Weise zu etwas unterschiedlichen

Konzepten, Hypothesen und Techniken. Das erklärt, weshalb so oft innerhalb einer Schule große Auseinandersetzungen um die "reine Lehre" geführt werden. Ja, man kann sogar noch einen Schritt weitergehen und sagen, daß jeder Berater und Psychotherapeut für sich diesen Auswahlprozeß fortsetzt und einen eigenen Behandlungsansatz entwickelt, der seiner Lebensgeschichte, seiner Persönlichkeit, seinem Menschenbild, seinen Werten und Einstellungen, seiner Ausbildung und Arbeitssituation entspricht. Somit ist jeder Therapieansatz letztendlich eine "persönliche Theorie", die mit anderen nicht identisch ist.

Diese Beschränkung auf einzelne Aspekte der Behandlungssituation und des Lebens von Klienten ist für Berater und Psychotherapeuten "lebensnotwendig". Während eines Beratungsgesprächs strömt eine Unmenge an Eindrücken, Wahrnehmungen und Informationen auf sie ein, werden sie mit verbalen und nonverbalen Verhaltensweisen, intrapsychischen und interpersonalen Prozessen konfrontiert. Diese können nicht in ihrer Gesamtheit erfaßt, geordnet, bewertet und hinsichtlich notwendiger Interventionen durchdacht werden. So sind Berater und Therapeuten gezwungen, eine sinnvolle und handhabbare Anzahl von Variablen auszuwählen und sich auf diese in ihrem Wahrnehmen, Denken und Handeln zu beschränken. Die auf solche Weise entstehenden Behandlungsansätze dienen letztlich als "Leitfaden" durch eine sehr komplexe Situation. Für Berater ist wichtiger, daß sie ein effektives Arbeiten und einen raschen Erfolg ermöglichen, als daß sie möglichst alle beobachtbaren und erschließbaren Vorgänge im Behandlungszimmer umfassen und wissenschaftlichen Kriterien genügen. Dabei nehmen sie in Kauf, daß die Einseitigkeit und übergroße Vereinfachung ihrer Behandlungsansätze im Widerspruch zur Komplexität der Wirklichkeit stehen, ihren Wahrnehmungs- und Aktionsradius beschränken und sie häufig in der praktischen Arbeit auf Grenzen stoßen lassen.

Konzentrieren sich Therapie- und Beratungsansätze auf verschiedene Erkenntnisobjekte beziehungsweise Aspekte derselben, so spiegeln sie unterschiedliche "Teile" der Wirklichkeit wider - sie sind alle "richtig", sofern sie die ausgewählten Aspekte realitätsgetreu abbilden. Auch kann in der Regel davon ausgegangen werden, daß die zur Veränderung pathologischer beziehungsweise pathogener Aspekte entwickelten Methoden und Techniken zumindest erfahrungsgemäß ihren Zweck erfüllen.

Somit lassen sich die Konzepte, Hypothesen und Techniken dieser Behandlungsansätze in eine umfassende Theorie integrieren, die eher die Realität widerspiegelt, da mehr Erkenntnisobjekte und Aspekte derselben erfaßt werden. Zugleich wird die Vielfalt möglicher Interventionen deutlich. So werde ich in diesem Buch verschiedene Ansätze der Scheidungsberatung zu einem "Ganzen" verknüpfen (eine genauere Darstellung der integrativen Methode findet sich in TEXTOR 1985).

Drittens ist meine Vorgehensweise dadurch gekennzeichnet, daß der Scheidungszyklus als ein *"normaler" Prozeß des Familienwandels* betrachtet wird. Bis in die 80er Jahre hinein wurde die Scheidung als pathologisch, als persönliches Scheitern der Ehegatten und als Katastrophe für die betroffenen Kinder gesehen. Dementsprechend wurden Geschiedene und alleinerziehende Elternteile diskriminiert, wurden ihre Kinder bedauert und mit negativen Erwartungen bedacht, die sicherlich oft zu sich selbsterfüllenden Prophezeiungen wurden. Forscher konzentrierten sich auf die negativen Folgen der Ehescheidung für Erwachsene und Kinder; Eheberater sahen die Scheidung ihrer Klienten als Mißerfolg an. Bis in die 70er Jahre hinein wurde die Ehescheidung durch den Gesetzgeber erschwert.

Heute wird jedoch die Scheidung als Ausweg aus einer nicht länger tolerierbaren Ehesituation immer mehr akzeptiert - was sicherlich auch durch die Häufigkeit und damit "Normalität" dieses Ereignisses mitbedingt wurde. Sie gilt als gerechtfertigt, wenn die Ehe nicht mehr die Erwartungen der Partner erfüllt und ihre Bedürfnisse nicht länger befriedigt, wenn die Liebe als Voraussetzung und Grundlage der Ehe geschwunden ist und die Ehegatten unglücklich sind. So wird die Scheidung mehr und mehr analog zur Eheschließung gesehen und wie diese als Statuspassage definiert. Dementsprechend wurde sie in den letzten Jahren in vielen Ländern erleichtert. Da sie nun als Ausdruck der Entscheidungsfreiheit und Eigenverantwortung des Individuums betrachtet wird, spielt auch die Schuldfrage keine nennenswerte Rolle mehr.

Die Akzeptanz der Ehescheidung als etwas "Normales" hat dazu geführt, daß man nun auch positive Seiten neben den negativen entdeckt hat. So schreibt GRANVOLD (1989): "Die Scheidung kann betrachtet werden als schädigend, aber Wachstum produzierend; als angsterzeugend, aber Selbstsicherheit stimulierend; als Abhängigkeit hervorrufend und zugleich Unabhängigkeit fördernd; als identitätszerstörend, aber Ichdifferenzierung und Individuation anregend; als Erleichterung bringend, aber belastend" (S.198). Die Ehescheidung kann also auch positive Folgen haben, die bisher zu wenig beachtet wurden. Oft treten sie erst einige Zeit nach der Trennung auf und werden somit leicht übersehen, wenn man nur die durch Streß und größte Belastungen gekennzeichnete Übergangsphase untersucht. Festzuhalten ist, daß viele Familien den Scheidungszyklus mit positiven Ergebnissen und andere mit negativen durchlaufen.

Da sich dieses Buch in erster Linie an Berater, Psychotherapeuten und Sozialarbeiter richtet, wird jedoch auch in ihm ein Schwerpunkt auf dem Pathologischen liegen - die Kenntnis von möglichen negativen Folgen des Lebens in Scheidungsfamilien sowie von deren Ursachen ist Voraussetzung für die Beratungsarbeit. Allerdings soll zumindest im ersten Teil des Buches auf normale Folgen der Scheidung verwiesen werden. Es soll deutlich werden, daß viele Probleme dieser Familien nicht pathologisch sind und gegen Ende der Übergangsphasen wieder verschwinden. Nur in Einzelfällen kommt es zur Ausbildung von andauernden psychischen Störungen und Verhaltensauffälligkeiten.

Im ersten Teil des Buches wird der Scheidungszyklus in seinem Verlauf beschrieben, da er einen für Berater, Psychotherapeuten und Sozialpädagogen hilfreichen Orientierungsmaßstab bietet. Die einzelnen Kapitel beziehen sich auf die Phase vor der Trennung, die Trennungsphase und die Nachscheidungsphase, wobei eine weitere Differenzierung der Phaseneinteilung in Unterkapiteln erfolgt. In einem Exkurs wird auf das Scheidungsrecht eingegangen, da Grundkenntnisse auf diesem Gebiet für Scheidungsberater unerläßlich sind. Wie bereits erwähnt, erfolgt in diesem Teil eine Integration von sozialwissenschaftlichen Forschungsergebnissen und klinischen Erkenntnissen. Allerdings mußte ich mich dabei auf in den 80er Jahren publizierte Forschungsergebnisse beschränken; einen Überblick über wissenschaftliche Erkenntnisse aus den 60er und 70er Jahren bietet das Buch von FTHENAKIS, NIESEL und KUNZE (1982). Deutsche Untersuchungen werden besonders berücksichtigt werden - da es aber nur wenige gibt, muß immer wieder auf amerikanische zurückgegriffen werden.

Im zweiten Teil des Buches wird ein prozeßorientierter, integrativer Beratungsansatz beschrieben. Die einzelnen Kapitel beziehen sich auf den Übergang von der Ehe- zur Scheidungsberatung sowie die Beratung in der Trennungs- und in der Nachscheidungssituation. In einem Exkurs werde ich auf die Vermittlung eingehen - ein vor allem in den USA praktizierter Ansatz, durch den wichtige Scheidungsvereinbarungen ohne Rechtsstreit erreicht werden können. Nicht behandeln werde ich die Erstellung von Sorgerechtsgutachten, da das den Rahmen eines Buches über Scheidungsberatung sprengen würde.

Dieses Buch richtet sich an Berater, Psychotherapeuten und Sozialarbeiter sowie an Studenten aus höheren Semestern, die bereits Grundkenntnisse über Beratung und Psychotherapie erworben haben. Dementsprechend werde ich auf allgemeine Aussagen zu dieser Thematik verzichten - wie beispielsweise über die Qualität und Herstellung der therapeutischen Beziehung oder über den Ablauf des Erstinterviews. Auch werde ich aus Platzgründen nicht auf Therapiegruppen eingehen.

Besonderer Dank gebührt meiner Frau, INGEBORG BECKER-TEXTOR, die mich bei der Abfassung dieses Buches unterstützt hat und auf viele Stunden gemeinsam verbrachter Freizeit verzichten mußte. Auch möchte ich Frau HELGA KUDIES danken, die das Manuskript schrieb.

Der Scheidungszyklus

Vom juristischen Standpunkt ist die Scheidung ein Ereignis - aus sozialwissenschaftlicher oder therapeutischer Sicht handelt es sich jedoch um einen komplexen, mehrdimensionalen und dynamischen Veränderungsprozeß, der zwei Jahre und länger dauert. Dieser Scheidungszyklus umfaßt mehrere Phasen, die in den nächsten Kapiteln beschrieben werden. Die Vielzahl der Veränderungen macht es unmöglich, von der Situation in einer Phase auf das Verhalten der Familienmitglieder in der nächsten oder übernächsten zu schließen. Jede Phase bringt neue Probleme und Anforderungen mit sich, deren Bewältigung von den jeweils vorhandenen Ressourcen und Problemlösungsstrategien abhängt. So erleben viele Familienmitglieder die ersten Monate oder gar Jahre nach der Trennung nicht positiver als die vorausgegangene konflikthafte Zeit. Jede Phase des Scheidungszyklus führt zu einer erneuten Reorganisation der Familienstruktur, der Interaktionen und Umweltkontakte, zur Veränderung des Denkens, Fühlens und Handelns sowie der Persönlichkeit der betroffenen Personen.

Beim Lesen der folgenden Kapitel muß zum einen beachtet werden, daß sich die Phasen des Familienzyklus nicht eindeutig voneinander abgrenzen lassen und ein Individuum nicht alle durchlaufen muß: Wird es zum Beispiel überraschend verlassen, so erlebt es nicht die Vorscheidungsphase. Auch können Phasen zusammenfallen: Heiratet beispielsweise eine Person direkt nach der Scheidung, so verschmelzen die Nachscheidungsphase und die Phase der Gründung einer Zweitfamilie. Zum anderen muß berücksichtigt werden, daß Individuen als einzigartige Wesen jede Phase unterschiedlich erfahren und den Scheidungszyklus mit verschiedenem Tempo durchlaufen: *Kein Mensch erlebt eine Scheidung auf dieselbe Weise wie ein anderer.* Bei den Gefühlen, Gedanken, Verhaltensweisen, Beziehungsmustern und Veränderungsprozessen, die als für eine Phase typisch beschrieben werden, handelt es sich also nur um grobe Verallgemeinerungen. Auch werden Gedanken, Emotionen usw. nicht in einer bestimmten Sequenz erlebt, sondern sie tauchen auf, verschwinden wieder und tauchen erneut auf. Neue Verhaltensweisen werden gelernt und kurz darauf nicht mehr praktiziert. Trotz des hohen Verallgemeinerungsgrades ist die nachfolgende Darstellung des Scheidungszyklus jedoch von heuristischem Wert. Auch verdeutlicht sie, daß Scheidungsberater in jeder Phase mit anderen Problemen, Bedürfnissen, Emotionen usw. konfrontiert werden und deshalb eines prozeßorientierten Behandlungsansatzes bedürfen.

Nach demographischen und soziologischen Studien (KITSON, BABRI und ROACH 1985; DYER 1986; ROTTLEUTHER-LUTTER 1989; WAGNER 1989) läßt sich festhalten, daß *die Wahrscheinlichkeit einer Scheidung für bestimmte Bevölkerungsgruppen größer ist* als für andere. Das trifft vor allem auf Ehepaare zu, die in Großstädten oder größeren Städten leben. Aber auch Ehen mit (voll-)erwerbstätiger Ehefrau sind weniger stabil, da die Frauen ökonomisch unabhängig sind und somit leichter aus einer unbefriedigenden Partnerbeziehung ausscheiden können. Ferner nimmt das Scheidungsrisiko mit dem Bildungsniveau der Ehefrauen zu - wobei Ehen besonders häufig zerbrechen, wenn Frauen höher qualifiziert sind als ihre Männer oder mehr verdienen. Ehen, in denen die Ehemänner nur ein geringes Bildungsniveau (Hauptschulabsolventen ohne Berufsausbildung und darunter) erreicht haben, einen Beruf mit einem niedrigen Status ausüben, wenig verdienen, arbeitslos oder von Arbeitslosigkeit bedroht sind, werden ebenfalls überdurchschnittlich häufig geschieden (also bei Unterschichtszugehörigkeit). Hauseigentümer sind hingegen nur selten von einer Ehescheidung betroffen. Auch die Religionszugehörigkeit spielt immer noch eine (schwache) Rolle: So sind Mischehen und Ehen von Protestanten weniger stabil.

Das Scheidungsrisiko ist höher bei Personen, die bereits in ihrer Ursprungsfamilie eine Scheidung erlebt oder sich von einem früheren Ehepartner getrennt haben, also in einer Zweitfamilie leben. Ferner sind Ehen weniger stabil, wenn die Partner zuvor in einer nichtehelichen Lebensgemeinschaft zusammen wohnten (TEXTOR 1990), einander nur für kurze Zeit vor der Heirat kannten oder aufgrund einer vorehelichen Schwangerschaft heirateten. Vor allem aber sind Frühehen gefährdet (TEXTOR 1989b), insbesondere wenn das erste Kind vorehelich gezeugt wurde oder die Heirat erst nach dessen Geburt stattfand. Hier kommt es leicht zu einer baldigen Auseinanderentwicklung der Ehepartner, so daß viele dieser Ehen schon in den ersten Jahren geschieden werden. Schließlich ist das Scheidungsrisiko größer, wenn die Ehegatten keine oder besonders viele Kinder haben oder wenn diese bereits älter sind.

Offensichtlich ist also, daß die soziale Lage der Ehepartner, ihre Herkunft, der Zeitpunkt der Heirat oder der Geburt des ersten Kindes und ähnliche Faktoren einen großen Einfluß auf die Ehestabilität haben. Auch sind regional-, zeit- und altersspezifische Opportunitätsstrukturen von Bedeutung: So läßt sich zum Beispiel eine Hausfrau eher scheiden, wenn sie in einer Stadt wohnt (höhere Quote der Frauenerwerbstätigkeit, weniger Diskriminierung geschiedener oder alleinerziehender Frauen usw.), in einer Gegend mit einer positiven wirtschaftlichen Entwicklung lebt (bessere Chancen auf dem Arbeitsmarkt) oder relativ jung ist (bessere Chancen auf Arbeits- und Heiratsmarkt).

1. Die Vorscheidungsphase

Der Anfang der Vorscheidungsphase läßt sich in der Regel nicht festlegen und kann oft nur aus der Rückschau grob bestimmt werden. Auch theoretisch läßt er sich nicht eindeutig definieren. Meines Erachtens beginnt die Vorscheidungsphase in dem Zeitraum, in dem die zur Scheidung führenden Prozesse mit einer gewissen Konstanz auftreten. Ihr Ende läßt sich hingegen genau bestimmen: Sie findet ihren Abschluß mit der Trennung der Ehepartner. Da die Vorscheidungsphase - auch vom Begriff her - an die Tatsache der Scheidung, also eines späteren Ereignisses, gebunden ist, enthüllt sich ihre Existenz erst im Nachhinein. Dementsprechend kann sie nur retrospektiv erforscht werden, und so ist nicht verwunderlich, daß am wenigsten über diese Phase des Scheidungszyklus bekannt ist.

In der Regel führen mehrere Ursachen zu einer Verschlechterung der Ehebeziehung; einige können schon kurz nach der Hochzeit auftreten. In vielen Fällen ist die Ehe über einen langen Zeitraum hinweg unbefriedigend und / oder instabil, in anderen kommt ihr Ende plötzlich und schnell. Dementsprechend kann die Vorscheidungsphase zwischen einigen Wochen und fünf oder mehr Jahren dauern. Sie läßt sich grob aufteilen in einen Zeitraum der Verschlechterung der Ehebeziehung und in einen Zeitraum der Entscheidungskonflikte, in dem ein Ehepartner oder beide mit dem Gedanken an eine Trennung spielen, sie aber noch nicht beschlossen haben.

Verschlechterung der Ehebeziehung

Zumeist verschlechtert sich die Ehebeziehung *allmählich*, in einem sich über Monate und Jahre erstreckenden Prozeß. Eine Vielzahl einzelner, an sich unbedeutender Handlungen oder die langsame Abnahme beziehungsstärkender Verhaltensweisen tragen zum Rückgang von positiven Gefühlen wie Liebe, Zuneigung, Vertrauen und Achtung bei. Ehequalität und Ehezufriedenheit schwinden; die Ehegatten sehen ihre Beziehung zunehmend in einem schlechten Licht, insbesondere, wenn sie diese mit den Ehen von Bekannten und Freunden vergleichen. Dieser Prozeß wird häufig durch eine selektive Wahrnehmung verstärkt: Viele Partner konzentrieren sich immer mehr auf die negativen Aspekte ihrer Beziehung und übersehen die positiven. Hinzu kommt, daß sie aus ihrer Enttäuschung und Unzufriedenheit heraus oft den Eindruck gewinnen, sie würden zu wenig von der Ehe profitieren oder von ihrem Partner ausgenutzt werden. So versuchen sie sicherzustellen, daß der eine nicht mehr als der andere bekommt, und wollen immer häufiger nehmen anstatt zu geben.

Die Verschlechterung der Ehebeziehung kann sich auf verschiedene Weise zeigen. In einigen Ehen nimmt die Konflikthaftigkeit zu. Während die Partner zunächst noch rational zu bleiben versuchen und nach Kompromissen trachten, gehen schließlich Problemlösungsfähigkeit, Geduld und Kompromißbereitschaft immer mehr zurück. Aus ihrer zunehmenden Frustration und Verärgerung sowie aus dem Gefühl heraus, abgelehnt und zurückgewiesen zu werden, greifen sie immer häufiger den Partner persönlich an, versuchen ihn zu verletzen oder setzen sogar Gewalt gegen ihn ein. Einige dieser Ehepaare unterbrechen den Teufelskreis eskalierender Auseinandersetzungen nicht oder leben in einer Atmosphäre, die aufgrund ungelöster und immer wieder hervorbrechender Konflikte konstant spannungsgeladen ist. Andere beginnen hingegen, Auseinandersetzungen zu vermeiden und einander aus dem Weg zu gehen: "Sie haben miteinander gekämpft und verloren, und sie haben beschlossen, nicht mehr zu kämpfen. Sie vermeiden die direkte Kommunikation miteinander aus Angst, die unproduktive und eskalierende Form von Auseinandersetzungen erneut zu erfahren, an die sie sich gewöhnt hatten. Von Zeit zu Zeit kollidieren sie aber miteinander" (ISAACS, MONTALVO und ABELSOHN 1986, S. 74).

In anderen Fällen zeigt sich die Verschlechterung der Ehebeziehung weniger in Auseinandersetzungen oder Konfliktvermeidung. Hier ziehen sich die Ehepartner langsam voneinander zurück, da sie einander nicht mehr viel zu sagen und zu geben haben. Sie leben nebeneinander her, empfinden immer weniger füreinander und erleben einander als distanziert. Oft konzentrieren sie sich auf ihren Beruf oder auf Hobbys, entwickeln unterschiedliche Interessen und verbringen viel Zeit in einem separaten Freundeskreis. Vielfach wird dieser langsame und subtile

Entfremdungsprozeß erst spät bemerkt. Wird er von einem Partner angesprochen, kann er von dem anderen leicht verneint oder unterbewertet werden. Auch können die Eheprobleme einfach verdrängt werden.

Zu einer eher abrupten und *plötzlichen Verschlechterung* der Ehebeziehung kann es kommen, wenn zum Beispiel ein außereheliches Verhältnis entdeckt oder offenbart wurde. Häufig reagiert der Partner mit starken Emotionen wie Ärger, Angst oder Eifersucht und akzeptiert Zeichen der Reue nicht. Versucht er, den Ehegatten beispielsweise mit körperlicher oder psychischer Gewalt, durch einen abrupten Rückzug oder durch das Eingehen außerehelicher Beziehungen (als Rachemaßnahme) zu bestrafen, kann die Ehe daran schnell zerbrechen. Eine rasche Verschlechterung der Ehebeziehung kann natürlich auch durch Krisen wie Arbeitslosigkeit, die Geburt eines behinderten Kindes, die Aufnahme eines pflegebedürftigen Elternteils oder das Auftreten einer chronischen Krankheit hervorgerufen werden. Eine vergleichbare Wirkung können normale Übergangskrisen im Verlauf des Familienzyklus wie die Geburt des ersten Kindes, Ablösung und Auszug des jüngsten Kindes oder der Eintritt in den Ruhestand haben. So mag zum Beispiel der Vater sein neugeborenes Kind als Rivalen um die Aufmerksamkeit und Zuneigung der Mutter erleben, sich vernachlässigt fühlen und sich von seiner Familie abwenden.

Neben den bereits genannten können folgende Gründe zur Verschlechterung der Ehebeziehung beitragen und zu *Scheidungsursachen* werden: Viele Ehegatten stellen zu hohe und letztlich unerfüllbare Erwartungen an die Ehe und ihren Partner. Er/Sie soll ihr Liebhaber, ihr bester Freund, ihr Gesprächspartner, ihr Beschützer und ähnliches sein, alle ihre Bedürfnisse befriedigen, sie unendlich glücklich und zufrieden machen, sie für eine unglückliche Kindheit entschädigen, und so weiter. Viele dieser unbewußten Erwartungen sind neurotischer Natur und rühren von frühkindlichen Erfahrungen her - wenn sich zum Beispiel der Ehepartner ähnlich wie ein Elternteil verhalten soll. Kann ein Gatte diese hohen Ansprüche nicht befriedigen, so wird oft nach einem "besseren" gesucht. In vielen Ehen werden aber auch realistischere Rollenerwartungen nicht erfüllt. So berichteten beispielsweise 56% der Frauen, die im Rahmen einer amerikanischen Untersuchung befragt wurden (SPANIER und THOMPSON 1984), daß sich ihre Ehemänner zu wenig an der

Hausarbeit beteiligten. Etwa 40% der Frauen und 20% der Männer sagten, daß ihre Partner die Elternrolle nicht zufriedenstellend ausgefüllt hätten. Viele Ehegatten hätten auch als Gesprächs-, Freizeit- oder Sexualpartner versagt.

Häufig tragen finanzielle oder berufsbezogene Probleme zur Verschlechterung der Ehebeziehung bei. So berichteten Geschiedene bei der vorgenannten Untersuchung, daß sich viele Konflikte mit dem Partner vor der Trennung um folgende Inhalte drehten: das dem einzelnen zur Verfügung stehende Geld (56%), die eigenen Arbeitszeiten oder die des Partners (54%), beruflich bedingte Abwesenheit von daheim (40%), die Art des eigenen Berufs oder desjenigen des Ehegatten (39%) sowie die eigenen Kollegen oder diejenigen des Partners (35%). Viele Erwachsene gehen auch in ihrem Beruf auf und vernachlässigen ihre Familie. Ferner können konflikthafte Situationen in Ehen entstehen, in denen beide Partner in ihrem jeweiligen Beruf Karriere machen wollen. Dann haben sie oft nur noch wenig Zeit füreinander, sind aufgrund der beruflichen Anspannungen ungeduldig miteinander und geraten leicht in Konkurrenz zueinander. Der Ehebeziehung und der eigenen Selbstverwirklichung wird keine größere Bedeutung zugesprochen.

In vielen Fällen verursachen auch unterschiedliche Werte und Ziele Probleme. So mögen die Ehepartner ihre Geschlechtsrollen auf unvereinbare Weise definieren und ausgestalten. Strebt zum Beispiel eine Frau nach Gleichberechtigung und einer gerechten Aufteilung der Hausarbeit, während der Mann auf einer patriarchalischen und traditionellen Familienstruktur beharrt, kommt es zu Machtkämpfen und Unzufriedenheit mit der Ehebeziehung. Wird von einem Ehegatten das Lebensziel der Individuation und Selbstverwirklichung überbetont, so mag er leicht die eigenen Interessen, Bedürfnisse und Wünsche ohne Rücksicht auf die Einbeziehung oder sogar auf Kosten des Partners zu realisieren versuchen. Fühlt er sich in seinem Streben nach Glück, Erfüllung und Befriedigung gehemmt, ist die Versuchung groß, aus der Ehe auszuscheiden.

Ferner kann es zu einer Verschlechterung der Ehebeziehung kommen, wenn sich die Partner auseinanderentwickeln und verschiedene Lebensstile ausbilden. So gaben bei einer zwischen 1980 und 1983 in Norddeutschland durchgeführten Befragung von 100 geschiedenen Müttern und 50 Vätern 49% als Scheidungsursache den durch eine unterschiedliche Entwicklung bedingten Mangel an Gemeinsamkeit an. Ferner wurden übermäßiger Alkoholkonsum mit Veränderungen im Verhalten und in der Persönlichkeit (30%) sowie Untreue (21%) als Gründe für die spätere Trennung genannt (NAPP-PETERS 1985). Andere Ursachen für die abnehmende Ehezufriedenheit können neurotische Verhaltensweisen und Persönlichkeitsstörungen des Ehepartners, Mangel an Kommunikation (vor allem über Gefühle) und Kommunikationsstörungen, unzureichende Befriedigung emotionaler Bedürfnisse (zu wenig positive Verstärkung), zu große Nähe (Symbiose), die Einmischung von Verwandten in die Ehebeziehung oder die Unzufriedenheit mit der eigenen Lebenssituation (zum Beispiel Hausfrauen-Syndrom), mit dem Lebensstil oder mit den sozialen Kontakten sein. In der Regel wird der Ehepartner für die Abnahme der Ehequalität verantwortlich gemacht. Zumeist sehen Männer die Partnerbeziehung weniger negativ als Frauen und sind sich der Probleme weniger bewußt.

Unabhängig davon, in welchem Bereich der Ehebeziehung destruktive Entwicklungen beginnen, greifen sie mehr oder minder schnell auf andere Bereiche über. Die Gespräche werden oberflächlicher, die Gefühle negativer, das Bild vom Partner schlechter, das Verhalten ihm gegenüber ablehnender. Die Sexualität verliert an Bedeutung oder wird zur Kontrolle beziehungsweise zur Unterwerfung des Ehegatten eingesetzt. In der Regel hat die Verschlechterung der Partnerbeziehung negative Folgen für das Wohlbefinden und die seelische Gesundheit der Erwachsenen. Sie entwickeln psychische und psychosomatische Störungen, erkranken oder beginnen, Alkohol, Drogen oder Medikamente zu mißbrauchen. Zudem ändert sich ihr Verhalten anderen Menschen gegenüber.

Meistens werden auch die *Kinder in Mitleidenschaft gezogen*, da es aufgrund des systemischen Charakters von Familien fast unmöglich ist, lang andauernde Partnerprobleme auf das Ehesubsystem zu beschränken. So leiden sie unter der Unzufriedenheit, den neurotischen Störungen, den Suchtkrankheiten und den Konflikten ihrer Eltern. Oft werden sie vernachlässigt oder mißhandelt, in pathogene Beziehungen wie Symbiosen verwickelt oder zu Sündenböcken, Bündnispartnern oder Vermittlern gemacht. Manche Kinder versuchen, durch Ausagieren, Entwicklung von Symptomen oder andere Manöver die Eltern von ihren Konflikten abzulenken, die Familie zusammenzuhalten oder Hilfe von außen herbeizuholen. Die von der Ehebeziehung aus-

gehenden pathogenen Einflüsse führen häufig zu Verhaltensauffälligkeiten und psychischen Störungen bei Kindern.

Die Unzufriedenheit mit der Ehebeziehung, die Familienkon-
flikte oder das problematische Verhalten ihrer Kinder läßt viele
Ehepartner in dieser Phase nach professioneller Hilfe suchen. Sie
konsultieren Ehe- und Familienberater, Ärzte, Psychiater, Priester
und Sozialarbeiter. Zumeist erleben sie deren Beratung als hilfreich und sinnvoll. In den uns in diesem Buch interessierenden
Fällen gelingt es den Fachleuten aber nicht, die Ehe ihrer Klienten zu retten, da diese zu spät kamen oder zu einer durchgehen-
den Veränderung ihres Verhaltens nicht (mehr) bereit waren.

Entscheidungskonflikte

Mit den ersten ernsthaften Gedanken an eine Trennung beginnt
ein neuer Zeitabschnitt in der Vorscheidungsphase. Manche
Ehepartner kommen sehr schnell zur endgültigen Entscheidung
- in den meisten Fällen ziehen sich aber die Entscheidungskonflikte über eine lange Zeit hin, oft sogar über mehrere Jahre. Das
liegt zum einen daran, daß es sich um eine sehr schwierige und
komplexe Entscheidung mit nur schwer abschätzbaren, langfristigen Folgen handelt. Zum anderen haben viele Ehepartner
Angst vor einem endgültigen Entschluß und den Konsequenzen.
Darum verschieben sie die Entscheidung immer wieder. Sie verdrängen ihre Eheprobleme oder spielen sie herunter, sprechen
den Partner von einem Großteil der Schuld frei und machen sich
selbst für die unglückliche Ehebeziehung verantwortlich. Generell wird die Zeit der Entscheidungskonflikte als eine Phase der
Ambivalenz und inneren Zerrissenheit erlebt, des Schwankens
und Zögerns, der Unsicherheit und Anspannung.

Die Ehegatten analysieren immer wieder die Partnerbeziehung, die eigenen Gefühle und das Verhalten des anderen. Sie
vergleichen im *Entscheidungsprozeß* den materiellen und immate-
riellen Nutzen der Ehe mit den psychischen, finanziellen und
symbolischen Kosten für deren Aufrechterhaltung. Dabei dienen
die Partnerbeziehungen anderer Personen, die mögliche oder
aktuelle Beziehung zu alternativen Partnern und die eigenen
Vorstellungen von einer guten Ehe als Vergleichsmaßstab. Ferner werden die Scheidungsbarrieren und Opportunitätsstrukturen durchdacht. So fällt die Entscheidung, sich zu trennen, um

so schwerer, je größer die Investitionen in die Familie waren, je negativer die Folgen für die Kinder eingeschätzt werden, je größer die zu erwartenden Einbußen im Lebensstandard sind, je weniger die betroffene Person finanziell unabhängig ist, je geringer die Chancen auf dem Arbeits- und Heiratsmarkt eingeschätzt werden, je unattraktiver das Leben als Single erscheint, je weniger die Scheidung von einem selbst oder der sozialen Umwelt akzeptiert wird (Grad der Religiosität), je mehr Geschiedene und Alleinerziehende am Wohnort diskriminiert werden und je mehr Nutzen die Person noch aus der Ehe zieht.

Problematisch ist, daß sich viele Ehepartner über die emotionalen, sozialen und materiellen Folgen einer Trennung nicht im klaren sind: "Nur wenige Erwachsene sehen voraus, was nach einer Scheidung auf sie zukommt. Fast immer wird das Leben mühsamer und komplizierter, als sie es sich vorgestellt haben" (WALLERSTEIN und BLAKESLEE 1989, S. 26).

So ist häufig die endgültige Entscheidung wenig durchdacht. Beispielsweise mag sie *impulsiv und voreilig* erfolgen, wenn der Ehepartner die diesen Zeitraum kennzeichnende Ambivalenz nicht erträgt oder einer streßhaften, angsterzeugenden oder von anderen negativen Gefühlen geprägten Situation entfliehen will. Vielfach werden vor der Entscheidung mögliche Alternativen nicht beachtet, relevante Informationen ignoriert und zu erwartende negative Folgen nicht berücksichtigt. Oft wird die Entscheidung aber auch immer wieder verschoben, da die jeweilige Person zu große Angst vor dem Unbekannten nach der Trennung hat. Der endgültige Entschluß wird zumeist durch ein bestimmte Ereignis ausgelöst (der "Tropfen, der das Faß zum Überlaufen brachte"). Viele Personen reagieren auf die feste Entscheidung, sich von ihren Partnern zu trennen, mit Gefühlen der Erleichterung.

Manche Ehegatten ziehen sich in dieser Situation der Entscheidungskonflikte zurück und schränken ihre *sozialen Kontakte* ein. Andere sprechen hingegen mit gleich- oder gegengeschlechtlichen Freunden und Verwandten über ihre Eheprobleme. Sie erfahren Verständnis, Empathie, Zuspruch und Unterstützung, die jedoch häufig die unbefriedigende Lebenssituation erleichtern und zu einem Herausschieben der endgültigen Entscheidung führen. Handelt es sich bei einer dieser Vertrauten um eine gegengeschlechtliche Person, dann kann die Beziehung zu ihr allerdings so intensiv werden, daß sie eine Alternative zur bestehenden Ehe wird und den Entscheidungsprozeß beschleunigt. Generell erleben Personen, die in der Vorscheidungsphase ein eigenes Netzwerk aufbauten, die Zeit nach der Trennung weniger negativ als solche, die ihre sozialen Kontakte einschränkten. Sie können weiterhin mit dem Zuspruch und der Hilfe ihrer Freunde rechnen.

In manchen Fällen beginnen beide Ehegatten etwa zur gleichen Zeit, sich mit Gedanken an eine mögliche Scheidung zu beschäftigen. Spricht einer von ihnen dieses Thema dann an, ist der andere wenig überrascht. Meistens ist dann eine relativ offene und rationale Diskussion möglich. Trägt sich nur ein Ehegatte mit Trennungsabsichten und erwähnt diese zum ersten Mal gegenüber seinem Partner, so mag dieser mit Überraschung, Wut, Haß, Schmerz, Angst, Verzweiflung oder Apathie reagieren. Bei einer amerikanischen Untersuchung über 210 geschiedene Personen kam beispielsweise für 28% der Frauen und 30% der Männer der Vorschlag des Partners, sich scheiden zu lassen, *ganz unerwartet* (SPANIER und THOMPSON 1984). Ziehen sie sich zurück, greifen sie zu Suchtmitteln oder setzen sie physische oder psychische Gewalt ein, dann verschlechtert sich die Ehebeziehung weiter. In anderen Fällen unternehmen sie verzweifelt den Versuch, die Zuneigung des Ehegatten zurückzugewinnen. Ein "klammerndes" Verhalten ist aber vielfach kontraproduktiv. Sieht der Partner allerdings noch positive Aspekte in der Ehebeziehung oder steht der möglichen Trennung recht ambivalent gegenüber, werden oft letzte Versuche zur Rettung der Ehe unternommen. Eventuell kommt es auch nur zu einer versuchsweisen Trennung.

In manchen Fällen trifft ein Partner für sich die Entscheidung, sich zu trennen, ohne mit seinem Ehegatten darüber zu sprechen. Er mag seine *Absicht für längere Zeit verheimlichen*, um die Trennung vorzubereiten. So beginnen nichterwerbstätige Frauen beispielsweise mit einer Berufsausbildung oder suchen eine Stelle, legen ein eigenes Konto an, sparen einen Teil des Haushaltsgeldes für die Zeit nach der Trennung oder suchen sich eine Wohnung. In diesen Fällen fallen die endgültige Trennung und das erste gemeinsame Gespräch über die geplante Scheidung zusammen oder der Partner wird mit dem Auszug aus der gemeinsamen Wohnung vor vollendete Tatsachen gestellt. Eine derartige Situation wurde von einem Drittel der in vorgenannter Studie befragten Personen beschrieben.

Für Kinder kommt die Entscheidung der Eltern, sich zu trennen, besonders häufig unerwartet - selbst wenn sie um deren Eheprobleme wußten oder häufig in Ehekonflikte einbezogen wurden. Oft werden sie aber auch von ihren Eltern im Dunkeln gehalten, wenn diese ihre Partnerprobleme verheimlichen. MITCHELL (1985) interviewte 50 schottische Jugendliche einige Jahre nach der Scheidung ihrer Eltern und berichtet: "Die Hälfte der Kinder konnten sich an keine Konflikte der Eltern vor der Trennung erinnern. Die Mehrheit glaubte, daß ihr Familienleben glücklich war. Einige, die Auseinandersetzungen beschrieben, hielten sie nicht für einen ausreichenden Grund für die Trennung ihrer Eltern" (S. 113).

2. Die Scheidungsphase

Die Scheidungsphase beginnt mit der endgültigen Trennung der Ehepartner und endet mit dem Scheidungsurteil. Sie dauert - von einigen Ausnahmen abgesehen - aufgrund gesetzlicher Vorschriften mindestens ein Jahr. In Einzelfällen, auf die nur in dem Exkurs über das Scheidungsrecht hingewiesen wird, kann sie sich auch über (mehr als) drei Jahre erstrecken. Über die Scheidungsphase liegen viel mehr Forschungsergebnisse und klinische Beobachtungen vor als über die Vorscheidungsphase. Bei der Übertragung amerikanischer Erkenntnisse auf die Situation in Deutschland muß beachtet werden, daß diese Phase in den USA aufgrund der anderen Rechtslage kürzer ist. Generell läßt sich die Scheidungsphase in den Zeitraum nach der endgültigen Trennung und in den Zeitraum um die gerichtliche Scheidung herum unterteilen.

Die Trennung und die Zeit danach

Zumeist wird die Trennung von der Ehefrau initiiert. In der Regel zieht ein Ehepartner aus der gemeinsamen Wohnung aus und lebt vielfach zunächst in einer provisorischen Unterkunft (zum Beispiel bei Verwandten oder Freunden). Manchmal zieht er in der ersten Zeit mehrfach um, bis er sich schließlich auf Dauer in einem Appartement oder Haus einrichtet. Vereinzelt müssen sich auch beide Partner neue Wohnungen suchen - beispielsweise wenn einer allein die alte nicht finanzieren kann. In einigen wenigen Fällen, die vor allem in Regionen mit Wohnungsknappheit und hohen Mieten vorkommen, sind die Ehegatten zur Trennung "unter einem Dach" gezwungen. Dabei entsteht eine höchst unnatürliche, spannungsgeladene und emotional belastende Situation. Die Getrenntlebenden kommunizieren wenig miteinander, sie geraten immer wieder in Konfliktsituationen. Da sie kaum Abstand voneinander gewinnen, ist die Wahrscheinlichkeit gering, daß sich mit der Zeit eine akzeptable Beziehung zwischen ihnen ausbildet. Leben Kinder in diesen Familien, so leiden sie zumeist stark unter der für sie unverständlichen Situation. Auch werden sie leicht in Konflikte hineingezogen.

Eine Trennung bedeutet für die Ehepartner eine *Vielzahl von Veränderungen* im psychischen, sozialen, finanziellen und beruflichen Bereich. Lebensweise, Gewohnheiten, Rollen, Selbstbild ändern sich; die interpersonale Umwelt verhält sich ihnen gegenüber anders. Jeder Getrenntlebende reagiert auf diese Veränderungen auf ganz individuelle und einzigartige Weise. Wohl sind viele Reaktionen typisch, sie treten beim einzelnen aber in einer unterschiedlichen Sequenz, Stärke und Dauer auf. Generell werden sie stark von der Art der Trennung bestimmt. So ist von großer Bedeutung, ob diese plötzlich und überraschend oder nach langen Diskussionen und Auseinandersetzungen erfolgte, ob sie einseitig oder gemeinsam entschieden wurde, und ob eine dritte Partei (Liebhaber) beteiligt ist oder nicht. Beispielsweise hat der Initiator der Trennung zumeist weniger Probleme, da er sich die neue Situation gewünscht hat, sich auf sie psychisch einstellen und notwendige Vorbereitungen treffen konnte. Rein emotional kann er sich aber als der "verlassene" Partner erleben, wenn zum Beispiel sein Ehegatte ein außereheliches Verhältnis hatte oder sich aus berufsbedingten Gründen kaum um ihn kümmerte. Dann mag er noch starke Bindungen und intensive positive Gefühle empfinden, also in seinen Reaktionen eher einem verlassenen Partner ähneln.

Da Geschlecht, Alter und die jeweilige Phase des Lebens- und Familienzyklus die Folgen einer Trennung entscheidend beeinflussen, sollen diese Faktoren in der nachfolgenden Darstellung besondere Berücksichtigung finden. Von großer Bedeutung ist ferner, ob in der Familie Kinder leben oder nicht. Im letztgenannten Fall treten zumeist weniger Probleme auf, sind die Getrenntlebenden nicht zu einer weiteren Zusammenarbeit und zur Umstrukturierung ihrer Beziehung gezwungen. Die Folgen der Trennung werden außerdem zu einem großen Teil dadurch bestimmt, welcher Schicht die Familie angehört und ob beide Ehepartner (voll-)erwerbstätig sind oder nicht.

Nach der Trennung haben viele Ehegatten *Probleme, das Ende ihrer Ehe zu akzeptieren.* Dieses gilt vor allem für Personen, die noch positive Gefühle für ihren Partner empfinden, die die letzten Monate als relativ ruhig erlebten, die nur den Gatten oder einen Dritten für die Trennung verantwortlich machen, die sich in der neuen Situation besonders einsam und unsicher fühlen oder die in ihrem Netzwerk auf viel Kritik stoßen. Selbst der Initiator bezweifelt oft, ob er die richtige Entscheidung gefällt hat. Auch mag er starke Schuldgefühle entwickeln, weil er das Auseinanderbrechen seiner Familie verursacht und den anderen Familienmitgliedern so großen Schmerz bereitet hat. Zumeist verspürt er aber Erleichterung, daß er seine Trennungsabsicht in die Tat umgesetzt hat. Er akzeptiert eher die nun entstandene Situation, sieht seine Zukunft relativ positiv und mag sich sogar auf das Leben als Single freuen.

Besonders schwer fällt es dem Partner, der sich als plötzlich verlassen erlebt, das Ende seiner Ehe zu akzeptieren. Er kann die Entscheidung des Ehegatten nicht nachvollziehen, fühlt sich zurückgewiesen und abgelehnt. Oft verneint er zunächst die für ihn unverständliche Situation, durchläuft dann eine Phase des Protests und versinkt schließlich in tiefer Verzweiflung. Manchmal hofft er auch, durch bestimmte Verhaltensweisen die Zuneigung des Partners wieder zu gewinnen. Wenn dieses nicht gelingt, fühlt er sich machtlos und hilflos. Er kann aber auch mit Wut und Haß reagieren, sich dem Ehegatten gegenüber aggressiv verhalten und ihn bestrafen wollen - wobei er vielfach nicht vor Gewalt und, im Einzelfall, auch nicht vor einem Mordversuch zurückschreckt. Natürlich kann auch der Partner brutal reagieren. WALLERSTEIN und BLAKESLEE (1989) berichten, daß in ihrer Stichprobe mehr als die Hälfte der Kinder Zeugen von Gewalttätigkeiten zwischen ihren Eltern wurden.

Befragt man Erwachsene, welche *Gefühle* sie nach der Trennung verspürten, so berichten sie von Schmerz, Trauer, emotionaler Erstarrung, Selbstmitleid, Depressivität, Hoffnungslosigkeit, Angst, Unsicherheit, Wut, Haß, Verbitterung, Rachegefühlen, Aggressivität, Minderwertigkeitsgefühlen, Selbstzweifeln, Schuldgefühlen. Zumeist dauern diese Gefühlszustände lange an und wechseln in Art und Intensität. Oft werden auch entgegengesetzte Emotionen erlebt. Die genannten Gefühle führen leicht zu unüberlegtem und irrationalem Verhalten. Die Beschäftigung mit ihnen zieht vielfach die berufliche Leistungsfähigkeit in Mitleidenschaft. Ferner wird häufig von psychischen und psychosomatischen Störungen berichtet. So sagten bei der amerikanischen Untersuchung von SPANIER und THOMPSON (1984) ein Drittel der Frauen und ein Fünftel der Männer, daß sie in der Zeit nach der Trennung unter *Symptomen* litten. Generell wird von Schlafstörungen, Erschöpfung, Apathie, Nervosität, Reizbarkeit, Kopfschmerzen, Drogen- und Medikamentenmißbrauch, erhöhtem Alkohol- und Nikotingenuß, Depressionen und so weiter berichtet. Nach verschiedenen Untersuchungen sind bei Getrenntlebenden und Geschiedenen erhöhte Selbstmordraten, eine größere psychiatrische Morbidität, eine überdurchschnittlich große Anfälligkeit für Krankheiten und eine höhere Unfallrate festzustellen (vgl. BOJANOVSKY 1983; DYER 1986; MOWATT 1987).

Es ist jedoch zu beachten, daß es neben den beschriebenen negativen Gefühlen und Symptomen auch *entgegengesetzte Entwicklungen* gibt. Das verdeutlicht eine Befragung von 132 geschiedenen Männern und 235 Frauen, die im Rahmen einer für die USA repräsentativen Umfrage bei rund 3.000 Singles erfolgte: Wohl kam es im ersten Jahr bei vielen zu einer Abnahme der Selbstwertgefühle (15% der Männer, 17% der Frauen), der Zufriedenheit (33% der Männer, 32% der Frauen), der inneren Energie (21% der Männer, 28% der Frauen) und des Gefühls einer positiven Weiterentwicklung (11% der Männer, 12% der Frauen), zu einer Verschlechterung des Gesundheitszustandes (19% der Männer, 21% der Frauen), zu Schlafstörungen (25% der Männer, 33% der Frauen) und zu Depressionen (41% der Männer, 51% der Frauen) - bei vielen kam es aber auch zu einer Zunahme des Selbstwertgefühls (49% der Männer, 64% der Frauen), der Zufriedenheit (50% der Männer, 60% der Frauen), der inneren Energie (35% der Männer, 53% der Frauen) und des Gefühls der eigenen positiven Weiterentwicklung (59% der Männer, 76% der Frauen), zu einer Verbesserung des Gesundheitszustandes (27% der Männer, 32% der Frauen), zu einem Rückgang der Schlafstörungen (16% der Männer, 33% der Frauen) und zu einer Abnahme von Depressionen (21% der Männer, 30% der Frauen) (SIMENAUER und CARROLL 1982).

Diese Unterschiede lassen sich auf verschiedene Weise erklären. So ist zum Beispiel die *subjektive Bewertung* der Trennung im Hinblick auf die eigene Gegenwart und Zukunft von großer Bedeutung. Sieht ein Getrenntlebender die Scheidung in erster Linie als Chance des Neubeginns, so wird er relativ schnell über sie hinwegkommen. Betrachtet er sie hingegen als Verstoß gegen Gottes Ordnung, als Folge des eigenen Versagens oder als Zeichen, daß er unattraktiv und nicht liebenswert ist, so wird er lang an der Trennung leiden. Außerdem bewältigt eine Person diese Situation besser, wenn sie ein großes Repertoire an coping-

Strategien besitzt, also schon viele kritische Lebensereignisse erfolgreich angegangen ist. Eine große Rolle spielt auch, inwieweit sie die Trennungssituation als Verbesserung gegenüber der Ehe erlebt. So verschwinden vielfach die in der Vorscheidungsphase erlebten psychischen und psychosomatischen Störungen, da Ehekonflikte, Angst vor dem Partner und ähnliche Belastungen nicht mehr von Bedeutung sind. Manche Getrenntlebende finden auch in einer neuen intimen Beziehung Zufriedenheit und Glück. Hingegen leiden Personen eher unter negativen psychischen Folgen der Trennung, wenn sie frühere Verlusterfahrung unzureichend verarbeitet haben, viel in ihre Ehe investierten, einen großen Statuswert erlebten oder mit den Herausforderungen der neuen Situation nicht fertig werden.

Von großer Bedeutung für das Ausmaß des emotionalen Wohlbefindens nach der Trennung sind ferner die *Netzwerkkontakte*. Verheimlichen Getrenntlebende ihre neue Lebenssituation vor Freunden, Kollegen und Bekannten, so können sie von diesen keine Unterstützung erfahren und sind in ihrem Schmerz allein. Sind sie Einzelgänger oder verlieren sie mit der Trennung die meisten Freunde und Bekannten, da diese eine engere Beziehung zum ehemaligen Partner haben oder dessen Partei ergreifen, werden sie ebenfalls wenig Rückhalt finden und sich einsam fühlen. Inwieweit sie in einem ausdifferenzierten Netzwerk Hilfe finden, hängt zu einem großen Teil davon ab, ob Verwandte, Freunde und Bekannte der Trennung eher zustimmten oder nicht. So berichteten bei der amerikanischen Studie von SPANIER und THOMPSON (1984) nur die Hälfte der Frauen und 35% der Männer, daß die eigenen Eltern der Trennung zustimmten. Hingegen stieß rund ein Drittel der Befragten auf Kritik und Ablehnung. Unabhängig von ihrer Haltung ergreifen die Mitglieder der Herkunftsfamilie jedoch in der Regel die Partei ihres Blutsverwandten und helfen ihm - sofern vor der Trennung noch engere Kontakte bestanden. Allerdings berichteten bei der vorgenannten Untersuchung auch ein Viertel der Männer und ein Drittel der Frauen von emotionaler Unterstützung durch die Schwiegereltern.

Bei Freunden und Bekannten ist es zumeist weniger wichtig, ob sie der Trennung zustimmen oder nicht. Aber auch sie entscheiden sich in der Regel für einen der beiden Partner, wobei sie sich von der Intensität und Qualität der Beziehungen leiten lassen. Sie bieten Verständnis und Empathie, vermitteln Gefühle der Sicherheit und Geborgenheit, helfen beim Umzug, bei der Arbeitsuche, im Haushalt und bei der Kinderbetreuung, ermöglichen eine befriedigende Freizeitgestaltung und versuchen, neue Partnerschaften zu stiften. Nach der genannten Studie erhielten 85% der Frauen und 65% der Männer Dienstleistungen sowie 65% beziehungsweise 30% eine finanzielle Unterstützung aus ihrem Netzwerk. Manchmal erleben Getrenntlebende aber auch das Mitleid und die Hilfsbereitschaft von Verwandten und Freunden als übertrieben. Auch fühlen sie sich bald sonderbar in der Gesellschaft von Ehepaaren. So nimmt der Kontakt zu verheirateten Freunden einige Monate nach der Trennung rapide ab (vor allem bei Frauen). Die Getrenntlebenden beginnen, ihr geschrumpftes Netzwerk auszubauen. Sie schließen neue Bekanntschaften, insbesondere mit Singles und Geschiedenen. Dabei ändern sie ihr Selbstkonzept und nehmen sich mehr und mehr als Alleinlebende (beziehungsweise Alleinerziehende) wahr. Zugleich verändern sie ihren Lebensstil, entwickeln neue Lebensziele und -inhalte.

In den ersten ein, zwei Monaten nach der Trennung haben Getrenntlebende in der Regel relativ wenig *Kontakt zu Sexualpartnern* - sofern nicht ein außereheliches Verhältnis fortgesetzt wird. Sie sind sich oft nicht im klaren, ob die Trennung endgültig ist und ob sie für neue Beziehungen frei sind. Nach der Untersuchung von SPANIER und THOMPSON (1984) über 210 geschiedene Personen begann aber die Mehrheit innerhalb von sechs Monaten nach der Trennung mit der Partnersuche. Ausnahmen sind vor allem Getrenntlebende, die noch starke Bindungen an den Ehegatten verspüren, intensiv mit sich selbst (ihrem Leiden, der Selbsterkenntnis, dem Aufarbeiten der Vergangenheit usw.) beschäftigt sind, in der Beziehung zu ihren Kindern aufgehen, ein starkes Mißtrauen gegenüber dem anderen Geschlecht entwickelt haben oder große Angst vor Zurückweisung oder einem erneuten Scheitern haben.

Viele Personen, insbesondere wenn sie lange verheiratet waren, fühlen sich bei der Partnersuche sehr unsicher. Sie wissen oft nicht, wo sie potentielle Partner treffen und wie sie mit ihnen Kontakt aufnehmen können. Auch bezweifeln sie häufig, daß sie auf andere Personen (sexuell) attraktiv wirken. Ihre Ängste, Zweifel und Schuldgefühle äußern sich in neuen Beziehungen vielfach in der Form sexueller Probleme. So wurde bei einer amerikanischen Untersuchung über 367 Geschiedene (SIMENAUER und CARROLL 1982) herausgefunden, daß 20% der Männer und 45% der Frauen im ersten Jahr des Alleinlebens einen Mangel an Lust erlebten. Auch berichteten 11% der Männer von Impotenz und 8% von vorzeitiger Ejakulation; 20% der Frauen waren unfähig, einen Orgasmus zu erleben. Etwa ein Viertel der Befragten begann zu masturbieren oder onanierte häufiger als vor der Trennung; 9% der Männer und 6% der Frauen berichteten das Gegenteil. Außerdem erwähnten 54% der Männer und 44% der Frauen eine Zunahme sowie 27% beziehungsweise 36% eine Abnahme von sexuellen Aktivitäten. Schließlich fanden fast zwei Drittel der Befragten, daß ihre sexuelle Attraktivität nach der Trennung wuchs.

Generell lassen sich mehrere Verhaltensmuster bei der Partnersuche beobachten. So erleben viele Getrenntlebende eine "zweite Adoleszenz": Sie wechseln häufig ihre Partner und experimentieren mit verschiedenen Ausdrucksformen von Sexualität. Sie wollen sich selbst bestätigen, daß sie noch begehrenswert sind und mit jüngeren Konkurrenten mithalten können - oft suchen sie sich sehr viel jüngere Partner. Getrenntlebende, die sich als wenig attraktiv und liebenswert erleben oder aufgrund ihrer Vorerfahrungen ein niedrigeres Anspruchsniveau haben, akzeptieren auch Sexualpartner, mit denen sie normalerweise keinen Kontakt aufnehmen würden. Da rasch wechselnde sexuelle Beziehungen das Bedürfnis nach Intimität nicht befriedigen und oft als enttäuschend oder desillusionierend erlebt werden, ändern viele bald wieder ihr Sexualverhalten. Auch steigt mit der Zeit das Anspruchsniveau wieder an. Die Getrenntlebenden suchen dann nach längerfristigen und intensiveren Beziehungen. Manche ändern ihr Verhalten jedoch nicht, weil sie große Bindungsängste haben, keine neuen Verpflichtungen übernehmen wollen oder ihre Kinder allein erziehen möchten.

In anderen Fällen haben die Getrenntlebenden schon vor der Trennung eine enge, intensive und intime Beziehung gefunden oder gehen eine solche so bald wie möglich ein. Sie erfahren in ihr Liebe, Zuneigung, Verständnis und Empathie, können in ihr die gescheiterte Ehe aufarbeiten und vergessen. Viele suchen auch von Anfang an einen neuen Ehepartner, insbesondere wenn sie sich einsam fühlen und mit sich selbst nichts anfangen können, wenn sie materielle Probleme haben oder es als schwierig erleben, Berufstätigkeit und Erziehung miteinander zu vereinbaren. Haben sie Kinder, halten sie nach einem Partner Ausschau, der mit diesen gut auskommt, und integrieren ihn langsam in ihre Familie. Nur selten heiraten sie direkt nach der Scheidung. Auch führt nur in Einzelfällen eine außereheliche Beziehung zur Heirat.

Im folgenden sollen einige *alters- und geschlechtsspezifische Unterschiede* herausgearbeitet werden. Während Personen, die noch relativ jung sind, nur kurze Zeit verheiratet waren und keine Kinder haben, sehr schnell in den Lebensstil von Singles zurückfallen, wenig Probleme mit der Partnersuche haben und leicht voneinander finanziell unabhängig werden, ergibt sich ein anderes Bild bei Ehepaaren, die lange zusammenlebten. So wurden 1987 beispielsweise in der Bundesrepublik 17 634 Ehen nach 16 bis 20 Ehejahren, 13 132 nach 21 bis 25 Jahren und 10 428 nach 26 und mehr Jahren geschieden (STATISTISCHES BUNDESAMT 1989a). In diesen Fällen wird die Trennung als ein großes Trauma und als Verlust an Lebenssinn erlebt, da die Partner viel in ihre Ehe investiert haben. Sie können ihren Lebensstil nur unter großen Schwierigkeiten ändern, weil es viele eingefahrene Verhaltensmuster und oft noch eine traditionelle Arbeitsteilung in der Familie gibt. So sind viele Frauen nicht erwerbstätig und haben aufgrund ihres Alters und mangelnder Berufserfahrung wenig Chancen auf dem Arbeitsmarkt - sie müssen von den Unterhaltszahlungen ihrer früheren Ehemänner leben, geraten oft in finanzielle Schwierigkeiten und erleben einen großen Statusverlust. Auch ist es für sie schwierig, ihr geschrumpftes Netzwerk auszuweiten. Beispielsweise berichtete die Hälfte von 204 kanadischen Frauen, die 20 Jahre und länger verheiratet waren, daß sie sich nach der Trennung einsam fühlten (LANGELIER und DECKERT 1980). Ein Drittel verlor viele verheiratete Freunde. Fast alle berichteten aber, daß sie mit der Zeit unabhängiger und durchsetzungskräftiger wurden. Ältere Männer erleben eine Trennung oft als Zeichen persönlichen Versagens. Sie besitzen aber zumeist eine sichere Selbstidentität und bessere coping-Strategien als jüngere Männer. Auch sind sie beruflich etabliert und können auf ausdifferenzierte Netzwerke zurückgreifen.

In der Regel ist es für Getrenntlebende schwer, ihren Kindern zu erklären, wieso sie sich nach mehr als 20 Ehejahren scheiden lassen wollen. Allerdings müssen sie weniger Rücksicht auf ihre Kinder nehmen, da diese selbständig und oft bereits finanziell unabhängig sind. Große Probleme bereiten aber die Beziehungen zu Schwiegereltern und deren Verwandten, da sie häufig im

Verlauf der Zeit sehr intensiv geworden sind. Auch gibt es vielfach Schwierigkeiten bei der Aufteilung des Besitzes, weil er recht groß sein kann und an viele Dinge Gefühle und Erinnerungen geknüpft sind. Eine besondere Situation entsteht, wenn die Ehepartner bereits im Ruhestand leben. Dann muß die Rente geteilt werden (finanzielle Probleme), sind die Getrenntlebenden weniger anpassungsfähig, wird die nach dem Eintritt in den Ruhestand eintretende Reduzierung des Netzwerkes noch verstärkt, ist das Unverständnis bei Kindern und Enkeln besonders groß.

Die Trennung ist auch für *Männer* und Frauen mit unterschiedlichen Folgen verbunden. So haben erstere oft große Schwierigkeiten mit der Haushaltsführung, insbesondere wenn sie in einer Ehe mit traditioneller Arbeitsteilung lebten. Sie sind frustriert und mit sich selbst wütend, wenn sie mit einfachen Hausarbeiten nicht fertig werden. Da ihnen das Kochen Probleme bereitet, verschlechtert sich ihre Ernährung. Auch essen sie unregelmäßig und nehmen häufig Mahlzeiten am Imbißstand oder in Restaurants zu sich. Hinzu kommt, daß sie ihre Wohnung nicht mehr als Heim erleben, weil sie zumeist umziehen mußten, ihre neue Unterkunft als ungemütlich empfinden und sich in ihr einsam fühlen. Deshalb verbringen sie so viel Zeit wie möglich außer Haus, stürzen sich also zum Beispiel in die Arbeit oder in das Nachtleben. Selbstverständlich ändert sich diese Situation, sobald sie die Haushaltsführung beherrschen oder eine Partnerin gefunden haben. Im Gegensatz zu Frauen unterdrükken getrenntlebende Männer eher Gefühle der Trauer und des Schmerzes, aber weniger Emotionen wie Zorn und Haß. Auch sind sie häufig von der Stärke ihrer Abhängigkeitsbedürfnisse überrascht. Zumeist fällt es ihnen schwer, mit anderen über ihr Gefühlsleben zu sprechen, da dieses der männlichen Geschlechtsrolle widerspricht und weil sie oft keine wirklich engen Beziehungen zu gleichgeschlechtlichen Freunden haben. So beginnen sie bald mit der Partnersuche und sind dabei in der Regel erfolgreicher als Frauen, die hingegen leichter vertrauenswürdige Freundinnen finden.

Frauen zeigen nach der Trennung meist Gefühle wie Trauer, Reue und Angst; hingegen verdrängen sie aggressive Impulse. Ältere Frauen, die viel in ihre Familie investiert haben, werden häufig depressiv, da sie ihren bisherigen Lebenssinn verlieren. Sie erleben es oft auch als sehr schwierig, die zuvor von ihren

Männern erfüllten Aufgaben zu übernehmen, insbesondere weil in ihren Familien seit langem bestimmte Muster der Arbeitsteilung praktiziert wurden. Sie fühlen sich in ihrer Rolle als Getrenntlebende lange unsicher, da sie von dem Mangel an Normen und Regeln über das Leben nach Trennung und Scheidung besonders betroffen sind (Anomie). Mit der Zeit entwickeln sie aber einen neuen Lebensstil, neue Hobbys und Freizeitaktivitäten. Jüngere Frauen erweitern ihr soziales Netzwerk und beginnen wieder mit der Partnersuche. Sie verändern oft ihr Aussehen, legen beispielsweise mehr Make-up auf, entscheiden sich für modernere Frisuren und kleiden sich entsprechend der neuesten Mode. Viele Frauen vernachlässigen aber auch ihre äußere Erscheinung und nehmen an Gewicht zu.

Heute wird von Frauen erwartet, daß sie sich nach Trennung und Scheidung selbst ernähren, sofern sie nicht Kleinkinder zu versorgen haben. Für ältere Getrenntlebende, die vor der Ehe nur niedrige berufliche Qualifikationen erworben hatten und dann Hausfrauen wurden, ist es jedoch sehr schwer, eine adäquate Stelle zu finden. So erleben sie oft einen *starken sozioökonomischen Abstieg.* Da sie ihre Position in Abhängigkeit von dem Beruf ihres Mannes definiert haben, bedeutet die Trennung für sie zugleich einen großen Status- und Selbstwertverlust. Aber auch Frauen, die nur schlecht bezahlte Teilzeitarbeit ausüben beziehungsweise finden, müssen große Einbußen in ihrem Lebensstandard verkraften. Sie haben wenig Geld für die Ergänzung der Wohnungseinrichtung, für Freizeitaktivitäten und Urlaubsreisen; oft benötigen sie staatliche Hilfen. Sozialer Abstieg, Arbeitslosigkeit und materielle Probleme verschärfen noch die Folgen der Trennung und führen zu einer schlechteren Anpassung an die neue Situation. Hinzu kommt, daß sich das Los von getrenntlebenden oder geschiedenen Frauen ohne adäquate Berufsausbildung zumeist im Verlauf der Zeit kaum bessert.

Jüngere Frauen haben heute in der Regel eine gute Schulbildung genossen und eine Berufsausbildung abgeschlossen. Sofern sie zum Zeitpunkt der Trennung nicht mehr erwerbstätig sind, finden sie leicht eine neue Stelle. Auch haben sie mehr Möglichkeiten des beruflichen Aufstiegs, so daß sich ihre materielle Situation mit der Zeit verbessert. Allgemein läßt sich sagen, *daß erwerbstätige Frauen eine Trennung psychisch besser überstehen,* da die gewohnte Berufssphäre Kontinuität bietet, die Arbeit als Quelle von Befriedigungen und positiven Selbstwertgefühlen erlebt wird, finanzielle Notlagen seltener auftreten und Kollegen vielfach verständnisvoll und hilfreich sind. Vor allem ältere erwerbstätige Frauen haben oft nach der Trennung weniger Probleme, da sie im Beruf gelernt haben, ihr Schicksal in die eigene Hand zu nehmen und Entscheidungen zu fällen.

Besonders problematisch ist die materielle und berufliche Situation von Getrenntlebenden, die Kinder haben und diese versorgen müssen. Wie wir bereits in der Einleitung gesehen haben, handelt es sich in etwa 85% der Fälle um Frauen. Da die Kinder zum Zeitpunkt der Trennung in der Regel noch recht jung sind (die meisten Ehen werden im ersten Ehejahrzehnt geschieden), haben viele Mütter ihre Erwerbstätigkeit aufgegeben oder auf Teilzeitarbeit beschränkt. Im ersten Fall erleben sie es als schwierig, eine mit der Kinderbetreuung zu vereinbarende Stelle zu finden, und sind oft lang arbeitslos. Aber auch im zweiten Fall müssen sie häufig mit der Arbeitssuche beginnen, wenn das Erwerbseinkommen sehr niedrig ist. Die *schlechte materielle Situation* dieser Teilfamilien wird in einer Studie von NEUBAUER (1988) verdeutlicht. Die Autorin ermittelte, daß im Jahr 1985 getrenntlebende Mütter mit Kindern unter 18 Jahren den überwiegenden Lebensunterhalt zu 49,8% aus Erwerbstätigkeit, zu 28,1% aus Unterhaltszahlungen, zu 13,9% aus Sozialhilfe und zu 5,5% aus Arbeitslosengeld beziehungsweise -hilfe bestritten. Waren die Kinder unter drei Jahren alt, lebten nur 32,6% der Teilfamilien von dem Erwerbseinkommen der Mütter, aber 25,3% von der Sozialhilfe. Und selbst bei Kindern im Alter von 10 bis unter 15 Jahren wurde der Lebensunterhalt nur in 52,5% der Fälle überwiegend über die Berufstätigkeit der Mütter finanziert. Hier wird deutlich, daß etwa jede achte Mutter - und ein noch höherer Prozentsatz der Mütter von Kleinkindern - nach der Trennung das Sozialamt aufsuchen muß. Oft erlebt sie diesen Gang als Erniedrigung, Kränkung und Ausdruck des Versagens. Unterhaltszahlungen sind nur in jedem vierten Fall von Bedeutung. Allerdings kommt es immer wieder vor, daß Unterhaltspflichtige ihren Verpflichtungen nicht oder nur teilweise nachkommen. Bei Kindern unter sechs Jahren springt dann unter bestimmten Umständen der Staat ein: So wurde zum 31.12.1987 in 21 207 Fällen Unterhalt nach dem Unterhaltsvorschußgesetz (UVG) an Kinder dauernd getrenntlebender Ehepaare gezahlt (Statistik des BMJFFG).

Erwerbstätige Getrenntlebende mit Kindern haben wohl weniger finanzielle Probleme, sind aber häufig *überlastet* und am Ende ihrer seelischen und körperlichen Kräfte. Nach einer Studie über 100 geschiedene Mütter und 50 Väter (NAPP-PETERS 1985) bestand für rund 40% der Alleinerziehenden die schwierigste Aufgabe nach der Trennung darin, Beruf, Kindererziehung und Haushalt miteinander in Einklang zu bringen. Dieses gilt vor allem für solche Personen, die erst zum Zeitpunkt der Trennung wieder erwerbstätig werden. So macht die Familie zunächst einen desorganisierten Eindruck: Die Wohnung wirkt unordentlich und ungepflegt; die Familienmitglieder essen unregelmäßig und selten gemeinsam; Bettzeiten werden nicht eingehalten; die Kinder kommen zu spät in Kindergarten oder Schule. Besondere Schwierigkeiten macht auch die Betreuung kleinerer Kinder, da es an Plätzen in Kindertagesstätten und Horten mangelt und da die Öffnungszeiten dieser Einrichtungen vielfach zu kurz sind. Grundschüler haben unregelmäßige Schulzeiten; zudem gibt es zu wenig Ferienangebote für sie. Bei der zuvor erwähnten Untersuchung berichteten auch 38% der Alleinerziehenden, daß sie niemanden haben, der bei ihrer Erkrankung einspringen und die Kinderbetreuung übernehmen könnte.

Erschwerend kommt hinzu, daß viele Mütter nach der Trennung mit ihren Kindern *umziehen*. Besonders häufig wechseln sie vom Land in die Stadt, da es dort mehr Berufsmöglichkeiten für Frauen gibt, weil die Kinderbetreuungsangebote in der Stadt besser sind und da sie in der dörflichen oder kleinstädtischen Umgebung stärker diskriminiert werden. Aber auch in größeren Städten werden sie mit Vorurteilen konfrontiert und bei der Wohnungssuche benachteiligt. Zumeist dauert es recht lang, bis sie sich von der negativen Haltung ihrer Umwelt distanzieren können. Insbesondere nach einem Umzug, oder wenn sie wegen der Versorgung kleinerer Kinder nur selten die Wohnung verlassen können, fühlen sich Getrenntlebende einsam und isoliert - wobei diese Emotionen besonders stark bei nichterwerbstätigen Elternteilen auftreten. Sie haben wenig Kontakt zu anderen Erwachsenen und wenig Freizeitmöglichkeiten. Hinzu kommt, daß sich Mütter häufig als unattraktiv erleben und deshalb in die Partnersuche wenig Energie investieren.

Eine problematische Situation kann entstehen, wenn Getrenntlebende mit Kindern *zu ihren Eltern* ziehen. Wohl sind Probleme finanzieller Natur und hinsichtlich der Kinderbetreuung größtenteils gelöst; die neue Situation kann aber viel Konfliktstoff enthalten. So wetteifern Mütter und Großmütter oft miteinander, wer am besten die Kinder erziehen kann. Vielfach kommt es auch zu Auseinandersetzungen, wenn sie unterschiedliche Erziehungsstile praktizieren oder favorisieren. Außerdem lehnen es manche Großmütter ab, ihre Enkel zu bestrafen. Selbst wenn sie zu diesen zuvor ein positives Verhältnis hatten, empfinden sie das Zusammenleben mit ihnen oft bald belastend und überfordernd. Sie haben mehr Arbeit, erleben mehr die negativen Seiten ihrer Enkel und geraten häufiger mit ihnen in Auseinandersetzungen. Schließlich kann sich problematisch auswirken, wenn die Mütter wieder eine Tochterrolle einnehmen und einen großen Teil ihrer Erziehungsfunktion abtreten. Sie werden dann zu "älteren Schwestern" ihrer Kinder, die vielfach Orientierungsprobleme haben, Loyalitätskonflikte empfinden oder den Eindruck gewinnen, daß sie nun auch noch den zweiten Elternteil verloren haben. Natürlich kann sich diese Situation aber auch positiv entwickeln, zum Beispiel wenn die Großeltern einen großen Teil der aus der Trennung resultierenden Probleme auffangen und den Kindern viel Liebe, Verständnis und Empathie entgegenbringen.

Abschließend soll noch kurz auf die Situation von *sorgeberechtigten Vätern* eingegangen werden, die rund 15% aller Getrenntlebenden mit Kindern ausmachen. Sie erleben zum einen ähnliche Probleme wie die zuvor beschriebenen. Erschwerend kommt aber zum anderen hinzu, daß sie in der Regel nur schlecht auf ihre Rolle als Haupterzieher der Kinder vorbereitet sind, da in den meisten Familien noch immer die Mütter den größten Teil der Erziehungsfunktion ausüben. So müssen die Väter oft erst die alltäglichen Aufgaben der Versorgung, Pflege und Erziehung von Kindern erlernen. Hinzu kommt, daß sie es schwer haben, ihre Hilfsbedürftigkeit in diesem Bereich vor sich und anderen einzugestehen. Viele Väter, die sich in dieser Situation befinden, suchen besonders intensiv nach einer neuen Partnerin, die ihnen die Last der Kindererziehung und Haushaltsführung abnehmen soll. Bei einem hohen Einkommen lassen sie sich dazu aber mehr Zeit, da sie zum Beispiel eine Kinderfrau einstellen können. Väter, die kleine Kinder versorgen und deshalb ihren Beruf aufgeben müssen, erleben einen besonders starken wirtschaftlichen und sozialen Abstieg. Häufig fühlen sie sich von ihrer Umwelt geächtet.

Von großer Bedeutung für das psychische Wohlbefinden ist auch die Beziehung zum ehemaligen Partner. Sie muß individuell und aktiv bestimmt werden, da diese Rolle gesellschaftlich nicht definiert ist. Erschwerend kommt hinzu, daß das soziale Umfeld Kontakte zwischen früheren Ehegatten negativ sieht. Dennoch gelingt es vielen Personen, nach der Trennung eine wenig belastende Beziehung zum ehemaligen Partner aufzubauen. Das ist besonders häufig der Fall, wenn sie sich gemeinsam für die Scheidung entschieden haben und ohne größere Konflikte auseinandergegangen sind. Sie können in der Regel Beschlüsse über die Aufteilung des Eigentums, die Unterhaltsregelungen und die Erziehung der Kinder (Sorgerecht) auf rationale Weise fassen.

In vielen Fällen spüren Getrenntlebende noch *starke positive Gefühle* füreinander. Nach einer amerikanischen Studie (SPANIER und THOMPSON 1984) empfanden vor allem Männer noch Liebe für ihre früheren Ehefrauen, die eher von einer Mischung aus Liebe und Haß berichteten. Nach einer anderen Untersuchung (BLOOM und HODGES 1981) über 153 Personen, die sich gerade von ihrem Ehegatten getrennt hatten, sprachen 45% der Befragten mit ihrem früheren Partner über die Möglichkeit einer Versöhnung - wobei das eher auf Eltern als auf kinderlose Paare zutraf. Nach amerikanischen Forschungsergebnissen bleiben enge Beziehungen auch noch nach der Scheidung bestehen, die in den USA kurze Zeit nach der Trennung erfolgen kann (im Gegensatz zu Deutschland). So berichten beispielsweise HETHE-RINGTON, COX und COX (1982), die 72 Scheidungsfamilien untersuchten: "Sechs Paare hatten Geschlechtsverkehr in den 2 Monaten nach der Scheidung. Vierunddreißig Mütter und 29 Väter berichteten, daß im Falle einer Krise der frühere Ehegatte die erste Person wäre, die sie anrufen würden. Acht Väter halfen weiterhin der Mutter im Haushalt und vier paßten auf die Kinder auf, wenn sie andere Männer traf" (S. 250).

Hier wird deutlich, wie stark die Bindungen an den früheren Partner noch sein können. Vor allem Männer erkennen oft jetzt erst ihre Abhängigkeitsbedürfnisse, derer sie sich vor der Trennung nicht bewußt waren. Auch viele Initiatoren stellen zu ihrer eigenen Überraschung fest, daß sie ihre früheren Partner vermissen und sich allein fühlen. "Es ist sehr einleuchtend, daß der

Prozeß der Auflösung der Beziehung zu einer primären Bezugsperson das Gefühlsleben und Selbstbild durcheinander bringt. Bedenkt man die zentrale Rolle, die der Bindungsprozeß für die eigene Identität hat, ist es auch nicht verwunderlich, daß ein sich trennendes Individuum ein Fortdauern der Bindung trotz einer Abnahme der Liebe erfährt ..." (GRANVOLD 1989, S. 200). Hinzu kommt, daß bestimmte Situationen und Gegenstände immer wieder die Erinnerung an den früheren Partner wecken. Es ist offensichtlich, daß für Personen mit intensiven Bindungen und verbleibenden positiven Gefühlen die Trennungssituation besonders belastend ist.

Das Wohlbefinden von Getrenntlebenden ist fraglos stark beeinträchtigt, wenn es zu *häufigen Auseinandersetzungen* mit dem früheren Partner kommt. Dabei brechen oft heftige negative Emotionen hervor, mangelt es an Urteilsvermögen, gerät das Verhalten leicht außer Kontrolle, führt jede zu klärende Frage zu einem Machtkampf. Häufig kommt es zu Kommunikationsstörungen (wie Inkongruenz oder Fehlen von Rückmeldung), wird über Dritte kommuniziert, die leicht Botschaften verzerren und eine Eskalation von Konflikten hervorrufen können. Viele Getrenntlebende denken das Schlechteste über ihren ehemaligen Partner, begegnen ihm mit tiefstem Mißtrauen und weisen ihm die Schuld für die Trennung und alle von ihnen derzeit erlebten Belastungen zu.

Unter diesen Bedingungen können viele nach der Trennung anstehende Fragen nicht rational geklärt werden. Dennoch müssen *vorläufige Regelungen* hinsichtlich der Aufteilung des Besitzes, des Ehegatten- beziehungsweise Kindesunterhalts und des Verbleibs der Kinder (Sorge- und Besuchsrecht) getroffen werden. Dieses ist in solchen Fällen oft nur unter Einschaltung von Rechtsanwälten, Gerichten und Jugendämtern möglich. Dabei werden viele Konflikte auf dem Rücken der Kinder ausgetragen: So mag der Elternteil, bei dem die Kinder leben, Besuchs-, Brief- und Telefonkontakte zu dem abwesenden Elternteil zu unterbinden versuchen, weil der ehemalige Partner keinen oder nur einen Teil des Unterhalts zahlt, den Betrag zu spät auf das Konto überwiesen oder die Besuchsregelungen nicht eingehalten hat. Oft handelt er auch so, weil er die Elternrechte des früheren Ehegatten nicht anerkennt, dessen Erziehungs- oder Lebensstil ablehnt oder seiner Wut auf ihn Ausdruck verleihen will. Oder er kann vielfach nicht akzeptieren, daß die Kinder den abwesenden Elternteil lieben, oder befürchtet, daß er sie an ihn verlieren könnte. Dieser mag in solchen Fällen die Kinder aufhetzen, indem er ihnen attraktive Freizeitunternehmungen bei Besuchen in Aussicht stellt und deren Undurchführbarkeit beklagt.

Eltern-Kind-Beziehung

Das Ehe- und das Eltern-Kind-System sind zwei unterschiedliche Subsysteme der Familie. Bei der Trennung lösen die Ehegatten wohl die Partnerbeziehung auf, bleiben aber weiterhin die Eltern ihrer Kinder. Jedoch ändern sich in den folgenden Monaten und Jahren auch die Eltern-Kind-Beziehungen. Sofern ein Kontakt zu beiden Elternteilen besteht, können der mütterliche und der väterliche Haushalt für die Kinder zu Teilen eines "binuklearen Familiensystems" werden (AHRONS und WALLISCH 1987b). Die Getrenntlebenden müssen sich weiterhin über die Erziehung ihrer Kinder verständigen. Manchen gelingt es, die Elternrolle von der Partnerrolle zu trennen und die Kinder aus Konflikten mit dem früheren Ehegatten herauszuhalten; andere sind hierzu nicht fähig. In diesem Unterkapitel soll nun die Entwicklung der Eltern-Kind-Beziehungen nach der Trennung beleuchtet werden. Da die meisten Kinder bei der Mutter bleiben (s.o.), werde ich den anwesenden Elternteil als Mutter und den abwesenden als Vater bezeichnen. Für die 15% der Fälle, in denen die Kinder beim Vater bleiben, gilt zumeist Analoges.

Nach der Trennung haben Mütter plötzlich mehr oder minder die alleinige Verantwortung für ihre Kinder. Jedoch ist diese Situation nicht so neu für sie, da sie schon in der Ehe die Hauptlast der Kindererziehung und Haushaltsführung trugen. Vielmehr geben die vielen Routineaufgaben (und der häufige Verbleib in der Familienwohnung) ihrem Leben Kontinuität und machen Veränderungen im Selbstkonzept weniger dringend. Hinzu kommt, daß Kinder oft eine Quelle von Lebensmut und emotionaler Unterstützung sind. Vor allem eine positive Mutter-Kind-Beziehung läßt die Trennung leichter ertragen und bewältigen. Allerdings besteht in dieser Situation die Gefahr, daß Mütter ihre ganze Liebe auf die Kinder übertragen oder sich auf sie konzentrieren, um die innere Leere zu füllen. Vor allem Mütter, die selbst Trennungen oder Abwesenheiten von Elternteilen in ihrer Kindheit erlebt haben, reagieren oft auf den Partnerverlust mit einem überängstlichen, anklammernden oder *überbehütenden Erziehungsverhalten* (LANGENMAYR 1987). So kommt es leicht zur Ausbildung symbiotischer Beziehungen. Manchmal werden Kinder auch zu Ersatzpartnern gemacht und abhängig gehalten, weil sie als Vertraute oder Gesprächspartner benötigt werden.

In anderen Fällen kommt es zur *Vernachlässigung* der Kinder, zu mangelnder Verhaltenskontrolle oder zur Ausbildung eines inkonsistenten Erziehungsstils. Hierfür kann es viele Ursachen geben:

(1) Die Mutter ist wieder erwerbstätig geworden oder hat eine neue Stelle angetreten. Nun hat sie weniger Zeit für ihre Kinder, mußte sie plötzlich in einer Krippe, einer Tagesstätte oder einem Hort unterbringen. Sie ist durch all die Umstellungen überlastet und gestreßt, hat weniger Geduld mit ihren Kindern und reagiert häufiger mit körperlicher Züchtigung.

(2) Die Mutter ist so sehr mit sich selbst und den aus der Trennung resultierenden Problemen beschäftigt, daß sie die Bedürfnisse ihrer Kinder nach Zuneigung, Liebe, Ermutigung und so weiter nicht erfüllt. Dieses gilt besonders für den Fall, daß sie depressiv geworden ist oder unter psychischen Störungen leidet. In all diesen Fällen wird oft auch ein älteres Kind parentifiziert: Es übernimmt einen mehr oder minder großen Anteil an der Hausarbeit und der Erziehung jüngerer Geschwister.

Bei einer amerikanischen Studie über 36 Jungen und 36 Mädchen aus Scheidungsfamilien (HETHERINGTON, COX und COX 1982) wurde festgestellt, daß ihre Mütter weniger Gespräche mit ihnen in der Zeit nach der Trennung führten, weniger gut mit ihnen kommunizierten, weniger von ihnen verlangten und weniger Zuneigung zeigten als Mütter aus vollständigen Familien (Vergleichsgruppe). Vor allem fielen die hohe Rate und lange Dauer von negativen Interaktionen zwischen Müttern und Söhnen auf. Diese wurden auch häufiger bestraft als Töchter. Mädchen erhielten mehr Zuwendung und Unterstützung, wurden aber auch häufiger als Vertraute überfordert.

Viele Mütter erwarten, daß sich ihre Kinder nach der Trennung normal weiterentwickeln. Sie machen sich wenig Gedanken über deren Gefühlsreaktionen oder "übersehen" sie. So ergab eine Untersuchung über 71 schottische Eltern und ihre Kinder (MITCHELL 1985), daß fast zwei Drittel der Kinder unter der Trennung litten - aber daß weniger als ein Drittel der Eltern dies bemerkten. Viele Kinder erfahren in dieser Krisensituation also *keine Unterstützung seitens ihrer Mütter*. In anderen Fällen machen sich diese aber große Sorgen um ihr Wohlergehen. Dazu trägt die öffentliche Meinung bei, die in den Kindern die Hauptleidtragenden von Trennung und Scheidung sieht. Auch beobachtet die soziale Umwelt Alleinerziehende aufmerksamer, mischen sich Lehrer und Jugendamtsmitarbeiter häufiger in ihre Erziehung ein. So haben manche Mütter starke *Schuldgefühle* gegenüber ihren Kindern, beobachten sie genau hinsichtlich ihrer Reaktionen auf die Trennung und versuchen, negative Folgen zu kompensieren. Oft möchten sie auch perfekte Eltern sein, um negative Selbstwertgefühle auszugleichen, oder um ihre Stärken gegenüber dem ehemaligen Partner herauszustellen. Für die Mütter ist es jedoch besonders belastend, wenn ihre Kinder verhaltensauffällig werden. Sie fühlen sich dann inkompetent, entwickeln Ängste oder werden depressiv.

Vor allem bei kleineren Kindern wird der *Einfluß des abwesenden Elternteils von dem anwesenden bestimmt*. Wenn beispielsweise Mütter das Ende ihrer Ehe akzeptieren, die elterlichen Rechte ihrer ehemaligen Partner anerkennen und Besuche ihrer Kinder bei ihnen als Zeiten der Entspannung, der Muße, der Selbstverwirklichung oder der Pflege neuer Beziehungen definieren, fördern sie oft den Kontakt. In anderen Fällen verbieten sie ihren Kindern, Gefühle des Schmerzes über die Abwesenheit des Vaters zu äußern. Sie versuchen, Besuche zu unterbinden, indem sie besonders attraktive Alternativen anbieten oder Fragen stellen wie "Du willst doch nicht wirklich Vater treffen wollen?" Vielfach erwarten sie, daß die Kinder ihre Partei ergreifen, die Trennung gutheißen und den Vater für diese verantwortlich machen. Dabei können sie auf das menschliche Bedürfnis zurückgreifen, bei tiefgreifenden Entscheidungen - wie der Trennung - die Schuldfrage zu klären. Selbst wenn man im Scheidungsrecht vom Schuldprinzip abgerückt ist, gilt nämlich weiterhin die Beobachtung: "Ich bin jedoch noch keinem Mann, keiner Frau und keinem Kind begegnet, die emotional eine Scheidung ohne Schuldzuweisung akzeptiert hätten" (WALLERSTEIN und BLAKESLEE 1989, S. 29). In vielen Fällen wird auch die Abneigung von (kleineren) Kindern gegenüber dem Vater von der Mutter induziert oder durch psychischen Druck, Drohungen, Lügen, Verleumdungen oder das Zeigen von Mißbilligung und Abneigung bei Fragen nach dem Vater erreicht.

Es ist nicht verwunderlich, daß Kinder unter diesen Umständen *intensive Loyalitätskonflikte* erleben. Sie lieben in der Regel beide Elternteile, wollen es beiden recht machen und die Beziehung zu beiden aufrechterhalten. Nun sollen sie sich unter starkem Druck für einen entscheiden. Einige Kinder können diese psychischen Konflikte offen ausdrücken und mit vertrauten Personen besprechen, während andere sie nicht zeigen dürfen und in ihrem Innern lösen müssen. Jugendliche können sich auch von den Erwartungen ihrer Eltern aufgrund ihrer größeren Selbständigkeit distanzieren: Sie setzen die Beziehung zum Vater gegen den Widerstand der Mutter fort, fällen unabhängig Urteile über das Verhalten ihrer Eltern, widersetzen sich, wenn sie in Konflikte hineingezogen werden sollen, und zeigen offen ihre Wut, wenn ein Elternteil den anderen schlecht macht. Zudem entziehen manche sich ihren Eltern, indem sie sich in Hobbys stürzen, viel mit Gleichaltrigen unternehmen und sich frühzeitig von daheim ablösen.

Während viele Kinder die Beziehung zu beiden Elternteilen fortsetzen (können), entscheiden sich andere aus folgenden Gründen für einen von beiden:

(1) Kleinere Kinder sind noch stark von ihrer Mutter abhängig, können sich weniger ihrer Einflußnahme entziehen und ergreifen deshalb ihre Partei.

(2) Bei jüngeren Kindern wird mit der Trennung der Mythos von den perfekten Eltern zerstört. Oft lenken sie die aus dieser Erfahrung resultierenden Gefühle wie Wut und Enttäuschung auf den abwesenden Elternteil und lehnen ihn ab - vor allem wenn ein derartiges Verhalten von dem Anwesenden gefördert wird.

(3) Manche Kinder solidarisieren sich mit der Mutter, weil sie bei ihr leben, ihre Probleme hautnah erleben und sich gedrängt fühlen, Empathie zu zeigen und emotionale Unterstützung zu geben.

(4) Einige Kinder wählen den schwächeren oder unter größeren Problemen leidenden Elternteil, da dieser eher ihrer Hilfe bedarf.

(5) Jüngere Kinder wenden sich manchmal dem Vater zu, weil dieser sie bei Besuchen verwöhnt, mit Geschenken überschüttet und weniger auf Gehorsam Wert legt. Das tägliche Zusammenleben mit der Mutter wirkt bei weitem weniger attraktiv, da sie Hausarbeiten zuteilt, die Schulaufgaben kontrolliert, auf Ordnung achtet und eher straft.

(6) Ältere Kinder ergreifen für einen Elternteil Partei aus der inneren Notwendigkeit heraus, die Frage nach Recht und Unrecht zu klären. Dabei mag jedoch auch ein Elternteil idealisiert werden. Das daraus resultierende Verhalten wird oft von diesem bestätigt und belohnt.

Viele Kinder übernehmen in der Trennungsphase *bestimmte Rollen* wie die des Bündnispartners, Vermittlers, Informanten, Nachrichtenkuriers oder Mitwissers von Geheimnissen - sofern sie diese nicht schon vorher innegehabt haben. Sie genießen anfangs die mit der jeweiligen Rolle verbundene Macht, merken vielfach aber auch vorbewußt, daß sie ausgebeutet werden. Rollen wie die des Ersatzpartners oder parentifizierten Kindes können die kindliche Entwicklung beschleunigen, überfordern es jedoch häufig und verhindern die Teilhabe an altersentsprechenden Aktivitäten. Kinder, die vor der Trennung mit dem Vater verbündet waren, werden nun oft zu Sündenböcken gemacht oder erhalten weniger Unterstützung.

Vor allem jüngere Kinder zeigen in der Trennungsphase ein *anklammerndes Verhalten*. Sie fühlen sich, trotz Versicherung des Gegenteils, vom Vater verlassen. Nun haben sie Angst, daß auch die Mutter sie im Stich lassen könnte - wobei diese Angst oft noch dadurch geschürt wird, daß die Mutter erwerbstätig wird und weniger Zeit als zuvor für ihre Kinder hat. Oft müssen sie auch ihre Liebe und Zuneigung mit Liebhabern oder neuen Interessen teilen. Unter solchen Umständen werden manche Kinder verhaltensauffällig: Sie wollen die Aufmerksamkeit ihrer Mütter auf sich lenken und deren Liebe testen. Dabei erleben sie auch negative Reaktionen als Verstärkung - als Beweis, daß sich diese noch um sie kümmern. Einige Kinder werden in der Trennungsphase ihren Müttern (oder anderen Personen) gegenüber aggressiv, weil sie nur auf diese Weise ihre Wut auf den abwesenden Vater ausdrücken können oder weil sie Angst vor zu großer Nähe haben (wie der Vereinnahmung in einer symbiotischen Beziehung). Manche Kinder regredieren aber auch, um Gratifikationen aus früheren Entwicklungsphasen wiederzuerlangen oder weil sie Angst vor neuen Anforderungen haben. Diese Reaktionen werden oft durch ein überbehütendes und verwöhnendes Verhalten der Mütter gefördert. Haben Kinder Angst um die psychische Gesundheit ihrer Mütter oder befürchten sie, daß diese Selbstmord begehen könnten, bleiben sie manchmal unter fadenscheinigen Gründen daheim - ihr Verhalten erinnert dann an eine Schulphobie.

Besonders stark *verändert sich die Beziehung zwischen Kindern und Vätern* (den abwesenden Elternteilen). Zumeist treffen sie einander nur am Wochenende. Viele Väter fühlen sich entwurzelt, erleben die Trennung von ihren Kindern als traumatisch, entwickeln Schuldgefühle ihnen gegenüber und glauben, als Väter versagt zu haben. Auch verlieren sie an Selbstachtung, da sie nicht mehr den Status eines verantwortlichen Familienmannes innehaben. Selbst Väter, die sich vor der Trennung kaum um ihre Kinder gekümmert haben, vermissen oft zu ihrer eigenen Überraschung deren tägliche Nähe. Sie bereuen, daß sie bisher so wenig mit ihnen unternommen haben, verspüren starken Schmerz und haben Angst, daß sie bald von ihnen vergessen werden. So beginnen sie plötzlich, sich intensiv ihren Kindern zu widmen. Dabei stellen sie häufig fest, daß sie *bei Besuchen wenig mit ihren Kindern anfangen können*. Da ihre Wohnung nicht kindgemäß eingerichtet ist, verbringen sie viel Zeit mit ihnen auf Spiel- oder Sportplätzen, in Restaurants, im Kino oder im Zoo. Sie wandern mit ihnen oder nehmen sie auf Ausflügen mit. Zumeist übernehmen sie keine Verantwortung mehr für ihre Erziehung, sind also permissiv und kümmern sich nicht um ihre Schulleistungen.

Andere Väter, die vor der Trennung wenig Erfahrung mit ihren Kindern gesammelt haben, bitten zunächst Großeltern oder Freundinnen um Hilfe. So lernen sie im Verlauf der Zeit, wie man am besten mit Kindern umgeht. Viele Väter *reduzieren aber auch Zahl und Dauer der Kontakte*, wenn sie merken, daß ihre Kinder bei Besuchen gelangweilt und unzufrieden sind, wenn sie die Treffen als Belastung erleben oder durch sie immer wieder an ihren früheren Partner erinnert werden. Sie sind wenig geneigt, um ihre Kinder zu kämpfen, falls die Mütter Kontakte einzuschränken versuchen. Dieses gilt besonders für Väter sehr junger Kinder, die generell von ihrem Besuchsrecht seltener Gebrauch machen (LEHMKUHL 1988).

Väter, die vor der Trennung viel Zeit mit ihren Kindern verbrachten, erleben besonders *starke Verlust- und Einsamkeitsgefühle*. "Viele können mit ihrem intensiven Schmerz nur dadurch umgehen, indem sie sich zurückziehen und weniger Besuche zulassen" (JACOBS 1983, S. 1296). So geraten sie in einen Teufelskreis. Andere Väter versuchen jedoch, unter diesen Umständen die enge Beziehung zu ihren Kindern zu wahren. Sie richten in ihrer Wohnung ein Kinderzimmer ein, involvieren ihre Kinder in ihr alltägliches Leben (lassen sie zum Beispiel im Haushalt helfen), kümmern sich um ihre Hausaufgaben und spielen viel mit ihnen. Für sie ist besonders problematisch, wenn ihre ehemalige Partnerinnen Besuchskontakte zu unterbinden versuchen. Dann kämpfen sie mit aller Kraft um das Recht, ihre Kinder weiter erziehen zu dürfen. Väter mit kontinuierlichem Kontakt zu ihren Kindern leiden seltener unter Depressionen (MYERS 1988). Sie erleben die Kinder oft als Quelle von emotionaler Unterstützung.

Für Kinder ist die Trennung vom abwesenden Elternteil (zumeist also vom Vater) ein besonders großer Verlust, vor allem wenn sie noch recht jung sind, eine intensive Beziehung zu ihm hatten oder bereits zuvor größere Verluste erlitten (wie den Tod eines geliebten Großelternteils). "Die äußere wie die innere Welt des Kindes ist erschüttert. Der Trauerprozeß ist für ein Kind besonders schwierig - und dies unterscheidet ihn von dem der Erwachsenen -, weil das Kind nicht nur eine Person verliert, auf die es alle seine Gefühle gerichtet hatte. Es *verliert zugleich auch eine Identifikationsfigur,* also eine Person, an der das Kind sein Wertsystem und seine Verhaltensweisen orientiert, ja, jemanden, der ein Teil der eigenen, noch ungefestigten Identität ist" (TIEMANN 1986, S. 10). So ist es für Kinder besser, wenn der Kontakt zum Vater erhalten bleibt, möglichst häufig, lange und alltäglich ist - wobei die Qualität der Besuche in der Regel wichtiger als die Quantität ist.

In vielen Fällen kommt es zur Entfremdung zwischen Vätern und Kindern. Vor allem bei stark eingeschränktem Kontakt kann es dann zur Idealisierung des abwesenden Elternteils kommen. Manche Kinder identifizieren sich auch mit ihm und nehmen sogar dessen Eigenarten und Eigenschaften an. Andererseits kann der Vater zum Negativmodell und Sündenbock gemacht werden. Dann werden die mit ihm gemachten positiven Erfahrungen verdrängt, wird er heftig abgelehnt. Manche Kinder haben zudem Angst, Charakterzüge des "bösen" Elternteils geerbt zu haben. Es ist offensichtlich, daß auch in diesen Fällen intensive Bindungen an den Vater fortbestehen. Problematisch ist, daß aufgrund des mangelnden Kontaktes weder das Idealbild und die positiven Phantasien noch die negativen Haltungen und Vorstellungen an der Realität überprüft werden können. Während erstere zu Konflikten mit den anwesenden Elternteilen führen, werden letztere von diesen oft noch gefördert.

Kinder *verhalten sich beim Besuch ihrer Väter höchst unterschiedlich.* Kleinkinder freuen sich auf das Zusammentreffen, sofern bereits Bindungen bestehen. Sie werden aber oft unruhig, wenn der Besuch länger als einen halben Tag dauert, falls sie nicht an längere Trennungen von ihren Müttern gewöhnt sind. Auch ältere Kinder freuen sich auf die Treffen, vor allem wenn diese interessant und abwechslungsreich verlaufen. Sie genießen es, wenn ihre Väter sich ihnen ausschließlich widmen, mit ihnen ausgehen und sie verwöhnen - manchmal möchten sie dann sogar zu ihnen ziehen und dem eher alltäglichen, entbehrungsreichen und mit mehr Verpflichtungen verbundenen Zusammenleben mit ihren Müttern entfliehen. Ältere Kinder sind oft auch neugierig auf das neue Leben ihrer Väter. Sie suchen vielfach nach Zeichen der Zuneigung und Anerkennung. Manchmal sind sie bestrebt, das Weggehen beim Ende des Besuchs hinauszuzögern oder eine Versöhnung ihrer Eltern herbeizuführen. Schreiben sie ihren Vätern die Schuld für die Trennung zu, sind sie ihnen gegenüber voreingenommen; fühlen sie sich von ihnen abgelehnt, dann sind sie häufig ungehorsam und grob. Ältere Kinder und Jugendliche lehnen in solchen Situationen oft auch einen Kontakt ab, insbesondere wenn Väter gegenüber ihren Müttern gewalttätig waren oder noch sind. Jugendliche freuen sich nur auf Besuche, wenn sie ähnliche Interessen wie ihre Väter haben und gut mit ihnen kommunizieren können. Sie wollen Zeit und Häufigkeit der Kontakte mitbestimmen.

Bei einer Untersuchung über 128 zumeist jüngere Kinder (LEHMKUHL 1988) wurden auch die Erfahrungen mit der Besuchsregelung mindestens sechs Monate nach der Trennung erfaßt: "In 9 Familien hat der nichtsorgeberechtigte Elternteil kein Besuchsrecht. 12 sorgeberechtigte Eltern beurteilen die gefundene Regelung positiv, haben aber Verbesserungswünsche und -vorschläge. In 50 Familien reagieren die Kinder zum Teil mit erheblichen Irritationen, die in 18 Fällen als auffangbar eingeschätzt werden. Etwa zwei bis drei Stunden nach Rückkehr in die Familie sind die Kinder wieder unauffällig. In 26 Familien ist der Alltag nachhaltig durch die Besuche beim nichtsorgeberechtigten Elternteil gestört" (S. 131). So sind manche Kinder vor oder nach Besuchen laut den Aussagen ihrer Mütter unkontrollierbar oder verstört und leiden unter psychosomatischen Beschwerden.

Jedoch scheinen viele Eltern *negative Effekte von Besuchen zu übertreiben*: So sind nach ARNTZEN (1980) Angaben über psychosomatische Störungen in fast allen Fällen nicht verifizierbar. Hinzu kommt, daß Eltern oft die Reaktionen ihrer Kinder entgegengesetzt interpretieren. Sind die Kinder zum Beispiel am Ende des Besuchs traurig, so mag der Vater diese Gefühle als Zeichen von Trennungsschmerz bezeichnen, während die Mutter aus ihnen schließt, daß der Besuch schrecklich verlaufen ist. Hier wird

die Bedeutung negativer Voreinstellungen und die Folgen fort-
bestehender Partnerkonflikte deutlich. Auch lassen sich viele
Verhaltensauffälligkeiten von Kindern, die vor oder nach Besuchen auftreten, aus dem zuvor beschriebenen Verhalten der
Mütter erklären (wie Induzieren von Abneigung gegenüber den
Vätern; Verbot, über positive Gefühle diesen gegenüber zu sprechen; Zeigen von Schmerz oder Wut, wenn Besuche als schön
und abwechslungsreich geschildert werden). So sind nach einer
amerikanischen Untersuchung über 72 Kleinkinder (HETHERING-
TON, COX und COX 1982) negative Reaktionen nach Besuchen
beim abwesenden Elternteil sehr selten, wenn der sorgeberechtigte Elternteil nur noch wenige Konflikte mit ihm erlebt, dessen
Bedeutung im Leben der Kinder akzeptiert und seinen Erziehungsstil toleriert. In diesen Fällen ist übrigens auch die Beziehung zwischen anwesendem Elternteil und den Kindern besser,
wird die Erziehungsaufgabe als weniger anstrengend erlebt.

Abschließend soll noch anhand von zwei empirischen Untersuchungen verdeutlicht werden, daß die in diesem Unterkapitel
beschriebenen negativen Entwicklungen nur auf einen kleinen
Teil der Fälle zutreffen. So wurde in der Studie von LEHMKUHL
(1988) bei 128 Kindern - die Hälfte bis sechs Jahre alt - ermittelt,
daß im ersten halben Jahr nach der Trennung die Beziehung zur
Mutter bei 44% der Kinder unverändert blieb und bei 23% intensiver wurde; 33% erlebten mehr Spannungen. Das Verhältnis
zum Vater blieb in 76% der Fälle unverändert und wurde bei
12% besser. Bei einer amerikanischen Untersuchung über 367
Geschiedene (SIMENAUER und CARROLL 1982) berichteten 54% der
Frauen und 39% der Männer von einer Verbesserung, aber nur
12% der Frauen und 18% der Männer von einer Verschlechterung der Eltern-Kind-Beziehung im ersten Jahr nach der Scheidung (in den USA gibt es kein gesetzlich vorgeschriebenes Trennungsjahr).

Reaktionen der Kinder

Kinder *erleben eine Trennung anders* als Erwachsene. Sie sehen sie
nicht als Chance für einen Neubeginn, sondern als Verlust eines
Elternteils, als Verlust an Liebe, Zuneigung, Hilfe und Zugehö-
rigkeit. Da die meisten Kinder zum Zeitpunkt der Trennung
noch recht jung sind, fällt diese in die für ihre Entwicklung wich-

48

tigsten Jahre und prägt dementsprechend ihr Verhalten und Erleben, ihr Selbstbild und ihre Einstellungen. Sie wirkt aber auch stark auf Jugendliche und bereits erwachsene Kinder. Generell sind die Reaktionen von Kindern von ihrem Geschlecht, ihrem Alter, ihrem Verhältnis zu beiden Elternteilen, deren Verhalten, der Qualität der Beziehung zwischen den früheren Ehegatten, den Rahmenbedingungen der Trennung (ob sie zum Beispiel plötzlich oder nach langem Streit erfolgte) und äußeren Faktoren (wie Wohnort- oder Schulwechsel, Anmeldung im Hort oder starkes Absinken des Lebensstandards) abhängig. Auch ist von Bedeutung, wie andere Bezugspersonen der Kinder auf die Trennung reagieren (ob sie diese zum Beispiel als normalen Vorgang oder als Katastrophe für die Betroffenen bezeichnen) und inwieweit sie negative Folgen derselben kompensieren.

Für viele Kinder ist die Trennung ihrer Eltern eine *verwirrende und verunsichernde Situation*. Zum einen ist sie für diejenigen ein großer Schock, die nur wenige Ehekonflikte miterlebt oder die Beziehung ihrer Eltern als stabil eingeschätzt haben. Zum anderen werden viele Kinder nicht über die Hintergründe und Ursachen der Trennung aufgeklärt und erhalten kaum Informationen über die zu erwartenden Veränderungen in ihrem Leben. Selbst ältere Kinder und Jugendliche werden häufig nur mangelhaft, einseitig oder unvollständig informiert. Sie haben oft kein Mitspracherecht, was zum Beispiel die zukünftigen Lebensverhältnisse und die vorläufigen Sorge- und Besuchsrechtsregelungen betrifft. So müssen viele Kinder für sich ein Erklärungsmodell für die gescheiterte Ehe ihrer Eltern entwerfen. Sie zeichnen in ihrer Phantasie ein negatives Bild von ihrer Zukunft und entwickeln große Ängste - so fürchten sie beispielsweise, daß sie nicht mehr geliebt werden, daß ihre Bedürfnisse nicht mehr befriedigt werden, oder daß sie auch noch den anwesenden Elternteil verlieren werden. Ihre Angst und Unsicherheit werden oft noch durch ihre Eltern verstärkt, die wenig Zeit für sie haben und oft gereizt oder ungeduldig reagieren. Besonders groß ist ihre Verwirrung, wenn die Trennung nicht eindeutig ist oder unter einem Dach erfolgt. Dann wird die neue Realität besonders langsam als dauerhaft akzeptiert.

Wie Erwachsene reagieren viele Kinder auf die Trennung ihrer Eltern mit *Trauer*. Das bindet innerlich Kraft, die dann in anderen Lebensbereichen und bei der Erfüllung anstehender Entwicklungsaufgaben fehlt. Oft führt sie auch zu Depressivität, insbesondere wenn die Eltern depressiv sind, wenn sich das Kind zurückgewiesen und verlassen fühlt, oder wenn es die Wut auf einen Elternteil gegen sich selbst lenkt, weil es sie nicht zeigen darf. Oft leiden Kinder länger unter ihrem Kummer als ihre Eltern: "Einige klinische Beobachtungen haben beispielsweise zu der Hypothese geführt, daß Kinder typischerweise einen Teil ihrer Trauerarbeit aufschieben müssen, bis die Eltern ihre Reaktionen auf die Trennung/Scheidung verarbeitet haben. Kinder können anscheinend in den meisten Fällen nicht schneller als die Erwachsenen voranschreiten ..." (NICHOLS 1984, S. 32).

Viele Kinder erleben nach der Trennung Gefühle der *Wut* und des Zorns. Sie sind ärgerlich, weil sie sich abgelehnt fühlen, da beide Elternteile weniger Zeit für sie haben oder weil sie aufgrund der schlechten materiellen Situation mehr Frustrationen in Kauf nehmen müssen. Sie mögen ihre Wut gegenüber dem abwesenden Elternteil (*hat die Familie verlassen*), dem anwesenden (*hat den anderen vertrieben*) oder gegenüber beiden zeigen. Jungen agieren ihren Zorn auch aus, insbesondere wenn ihr Vater gewalttätig ist und sie sich mit ihm identifizieren, wenn sie auf diese Weise ein Gefühl der Macht und Männlichkeit erlangen, oder wenn sie so den Eindruck gewinnen, daß sie eine Situation kontrollieren können, der sie letztlich ohnmächtig gegenüber stehen. Manche Kinder verdrängen auch ihre Wut, verneinen sie oder drücken sie indirekt aus (zum Beispiel in Alpträumen, Tics, Zwängen oder Depressionen).

Nach einer amerikanischen Studie über 126 Kinder von getrenntlebenden Eltern (KURDEK und SIESKY 1979) traten bei 21% der Kinder *Schuldgefühle* auf. Sie glaubten, daß sie für die Scheidung verantwortlich seien - zum Beispiel, weil sie vor der Trennung verhaltensauffällig oder "böse" waren, weil sie behindert sind, oder weil sie gezeugt wurden, um die Ehe ihrer Eltern zu retten. Jüngere Kinder, die ihre Eltern noch für perfekt halten und deren negativen Seiten nicht sehen wollen, klagen sich selbst an, da sie auf diese Weise eher ein Gefühl der Sicherheit und Geborgenheit erlangen. Schuldgefühle können aber auch dadurch verursacht werden, daß Kinder Partei für einen Elternteil ergriffen, der Trennung zugestimmt oder feindselige Emotionen gegenüber ihren Eltern erlebt beziehungsweise geäußert haben. Die Aussage "Ich bin schuld" vermittelt den Eindruck der Kontrolle über eine eigentlich unkontrollierbare Situation. Schuldgefühle können dazu führen, daß Kinder eine Sündenbockrolle übernehmen oder durch Verhaltensauffälligkeiten ihre Bestrafung zu erreichen versuchen.

Die Trennung der Eltern führt bei vielen Kindern zur Ausbildung *niedriger Selbstwertgefühle*. Sie haben erlebt, daß sie von einem Elternteil verlassen wurden, erklären das mit ihrer eigenen Wertlosigkeit, halten sich für nicht liebenswert und entwickeln dementsprechend ein negatives Selbstbild. Niedrige Selbstwertgefühle können aber auch daraus resultieren, daß sie von anderen Personen stigmatisiert werden, daß sie sich plötzlich arm fühlen, oder daß sie sich als Versager erleben, weil sie die Familie nicht zusammenhalten konnten. Ferner kann ein negatives Selbstbild dadurch entstehen, daß Kinder sich einem Elternteil gegenüber illoyal verhalten haben oder die Erfahrung machten, daß sie als Ersatzpartner, Vertraute oder parentifizierte Kinder einen Erwachsenen nicht ersetzen können.

Andere Reaktionen auf die Trennung der Eltern sind Angst vor der Zukunft, Verwirrung, Unglaube und *Hoffnung auf eine Versöhnung* der Eltern. Für manche Kinder bedeutet die Scheidung eine Entlastung, da sie nun nicht länger in einer konfliktgeladenen (oder sogar gewalttätigen) Atmosphäre leben müssen. Wurden Ehekonflikte vor ihnen verborgen oder verneint und konnten sie diese nur erahnen, so können sie nun wieder ihren eigenen Wahrnehmungen trauen. Einige Kinder nehmen die Trennung ihrer Eltern als unvermeidbar hin und verhalten sich recht passiv. Andere wenden sich nach außen und konzentrieren sich auf Schulleistungen, Sport, Musik, Kunst oder andere Aktivitäten. Viele Kinder wirken nach der Trennung ihrer Eltern *überangepaßt*: Sie verhalten sich wie Erwachsene. Dieses Verhalten wird oft durch den anwesenden Elternteil verstärkt, der das Kind als Ersatzpartner oder Vertrauten gebraucht oder ihm nur wenig Zeit und Energie widmen kann. Überangepaßtheit kann ferner daraus resultieren, daß Kinder auf diese Weise Gefühle der Ohnmacht und Hilflosigkeit abwehren oder besonders brav sein wollen, weil sie nicht auch noch von dem ihnen verbleibenden Elternteil verstoßen werden möchten. Besonders problematisch ist, daß ein derartiges Verhalten häufig nicht als auffällig erkannt wird.

Viele Kinder verneinen oder verdrängen ihre gefühlsmäßigen Reaktionen auf die Trennung ihrer Eltern: *Ihr Leiden findet im Verborgenen statt* und oft in großer Einsamkeit. Manche dieser Kinder glauben, daß ihre Eltern von ihnen erwarten, daß sie ihre

Emotionen und Probleme verbergen - andere werden dazu mit Aussagen wie "Sei tapfer" oder "Jungen weinen nicht" ermutigt. Einigen Kindern wird verboten, Gefühle gegenüber dem abwesenden Elternteil zu äußern. Andere wollen ihre problembeladenen und depressiven Eltern nicht auch noch mit ihren eigenen Sorgen belasten. In den meisten dieser Fälle äußern sich aber die verdrängten Gefühle und Probleme indirekt - vielfach auf wenig akzeptable Weise.

So treten bei vielen Kindern nach der Trennung ihrer Eltern *Verhaltensauffälligkeiten* auf, die je nach Alter (s.u.) und Geschlecht der Kinder unterschiedlich sein können. Beispielsweise reagieren Jungen eher aggressiv, während sich Mädchen eher zurückziehen oder überangepaßt sind - ihre Symptome werden dann leichter übersehen. Jedoch wird oft bei einer genaueren Untersuchung festgestellt, daß die Verhaltensauffälligkeiten schon vor der Trennung auftraten. Dieses ist vor allem dann der Fall, wenn Kinder lange Familienkonflikten ausgesetzt waren oder in pathogene Rollen verwickelt wurden. Ansonsten liegen die Ursachen für Verhaltensauffälligkeiten weniger in der Tatsache der Trennung als in der Art und Weise, wie mit dieser Situation umgegangen wird. So ist die Wahrscheinlichkeit des Auftretens von Verhaltensstörungen geringer, wenn während der akuten Trennungszeit (bei jüngeren Kindern) oder bereits in der Kleinkindheit (bei älteren Kindern) eine gute Beziehung zu einer konstanten Bezugsperson bestanden hat (LEHMKUHL 1988), oder wenn die Kinder nach der Trennung in einer strukturierten Umwelt mit klar definierten Regeln, Rollen und Verantwortlichkeiten leben (HETHERINGTON, COX und COX 1982). Hingegen ist die Wahrscheinlichkeit von Verhaltensauffälligkeiten größer, wenn es nach der Trennung zu vielen und immer wieder auftretenden Veränderungen kommt. Sie führen zu einem Verlust an Kontinuität und Geborgenheit, wodurch Kindern die Bewältigung von Krisen erschwert wird. Für kleinere Kinder ist der Verlust besonders groß, wenn die Mutter nach der Trennung erwerbstätig wird. Die meisten Verhaltensauffälligkeiten treten aber nur kurzfristig auf - sie sind oft ein unbewußter Versuch, die Eltern in der Sorge um das Wohlergehen ihres Kindes zusammenzuführen. Nur selten bedürfen sie einer therapeutischen Behandlung (LEHMKUHL 1988). Auch ist festzuhalten, daß zum Beispiel bei der Studie von NAPP-PETERS (1985) über 268 Scheidungskinder in 43% der Fälle keine unmittelbare Reaktion auf die Trennung von den Eltern beobachtet wurde. Nur bei 7% traten Verhaltensstörungen auf.

Wie bereits erwähnt, sind bei Kindern auch *altersspezifische Reaktionen* auf die Trennung ihre Eltern festzustellen. *Säuglinge* dürften die Abwesenheit des Vaters kaum bemerken. Für sie besteht die größte Gefahr darin, daß die Mütter durch die Trennung, die daraus resultierenden Probleme und ihre psychischen Konflikte so belastet sind, daß sie ihre Kinder nicht mehr angemessen versorgen: "Säuglinge reagieren auf jede Veränderung in ihrer Routine mit Verärgerung oder Kummer. Sie sind empfänglich für die Gefühle und das Verhalten des sie versorgenden Elternteils und tendieren dazu, Befürchtungen, Ängste oder Qualen wahrzunehmen, die ihr Elternteil empfindet" (McNAMARA und MORRISON 1982, S. 74). Sie entwickeln dann manchmal Schlaf- oder Eßstörungen, werden reizbar oder lassen sich kaum beruhigen und trösten. Kleinstkinder haben häufig aber auch weniger Schwierigkeiten, sich an eine konstante Betreuungsperson zu gewöhnen oder einen neuen Partner des anwesenden Elternteils als psychologischen Elternteil zu akzeptieren (ROBSON 1982).

Kinder im Alter von zwei bis sechs Jahren sind sich des Verlustes eines Elternteils bewußt und bemühen sich, die Trennung und ihre Folgen zu verstehen. Aufgrund noch nicht entwickelter kognitiver Fertigkeiten können sie sich aber kein realistisches Bild von Art und Umfang des Verlustes machen. Sie werden von ihren Eltern zumeist unzureichend über die Trennung und deren Konsequenzen informiert, erfassen nicht die Gründe oder verstehen diese nicht: So ist Streit als Scheidungsgrund nicht einleuchtend, da Kinder sich auch mit ihren Spielkameraden und Geschwistern streiten, anschließend aber wieder versöhnen. Weil sie die Ursachen der Trennung ihrer Eltern nicht verstehen, geben sie sich oft selbst die Schuld. Das Verstehen der neuen Situation wird auch dadurch erschwert, daß Kleinkinder nicht über die Konfliktlösungsstrategien und Hilfsmöglichkeiten älterer Kinder verfügen - sie können sich beispielsweise nicht bei anderen aussprechen oder beraten lassen. Erschwerend kommt hinzu, daß sie aufgrund ihres noch nicht ausgebildeten Zeitgefühls und mangelnder Lebenserfahrung nicht wissen, daß es sich bei der Trennung um eine vorübergehende Krise handelt.

So machen sich manche Kleinkinder vor, "daß ihr Vater oder ihre Mutter immer noch bei ihnen wohne, oder daß er beziehungsweise sie heimlich zu ihnen komme, wenn sie allein sind"

53

(NAPP-PETERS 1985, S. 87). Von diesen Phantasien berichten sie oft auch im Kindergarten. Viele Vorschulkinder entwickeln starke Trennungsängste oder allgemeine Angstzustände, die sich in einem anklammernden Verhalten zeigen können. Sie fürchten, daß sie nun auch noch von dem anwesenden Elternteil im Stich gelassen werden könnten. Manche Kinder regredieren unter diesen Umständen, weil sie unbewußt wieder wie Säuglinge umsorgt und geliebt werden möchten. Es kommt zu Enuresis und Enkropesis, Eß- und Schlafstörungen. Diese werden oft dadurch verstärkt, daß die anwesenden Eltern mit Ärger und Strafen reagieren - also nicht die Symptome verstehen und ihren Kindern durch Liebe und Zuneigung zu helfen versuchen. Manche Vorschulkinder sind nach der Trennung ihrer Eltern verwirrt und verstört, aggressiv, irritiert oder trotzig, traurig und depressiv. Einige ziehen sich zurück und kapseln sich ab. Sie haben aus der Trennungserfahrung den unbewußten Schluß gezogen, daß Beziehungen zerbrechen können, und haben nun wenig Vertrauen in die Zuverlässigkeit menschlicher Beziehungen. Wenn sie sich immer wieder an neue Betreuungspersonen oder an wechselnde Partner ihrer Eltern gewöhnen müssen, kann ihre Bindungsfähigkeit im Verlauf der Zeit immer mehr abnehmen.

In vielen Fällen ändert sich auch das Spielverhalten von Vorschulkindern nach der Trennung ihrer Eltern. Sie zeigen weniger Ausdauer und Durchhaltevermögen, sind weniger kooperativ und schauen häufiger anderen Kindern beim Spielen zu, anstatt sich daran zu beteiligen. Außerdem übernehmen sie seltener Aufgaben und setzen weniger ihre Phantasie ein (HETHERINGTON, COX und COX 1982). Im Kindergarten suchen diese Kleinkinder häufiger die Aufmerksamkeit, Unterstützung und Nähe der Erzieherinnen. Sie sind öfters ängstlich, weinerlich, unaufmerksam und inaktiv. Vor allem Jungen zeigen vielfach aggressive Verhaltensweisen, die dazu führen können, daß sie von Gleichaltrigen gemieden werden. Sie erfahren manchmal weniger Hilfe seitens der Erzieherinnen (a.a.O.). LEHMKUHL (1988) stellte in ihrer bereits mehrfach erwähnten Untersuchung fest, daß Kleinkinder mit Geschwistern weniger Verhaltensauffälligkeiten zeigten. Sie beobachtete aber auch: "Unregelmäßige oder fehlende Kontakte zum nichtsorgeberechtigten Elternteil führen bei Kindern bis zum siebten Lebensjahr zu vermehrter psychiatrischer Auffälligkeit" (S. 134).

Kinder zwischen sieben und 12 Jahren verstehen eher die aus der

Trennung ihrer Eltern resultierenden Umstellungen als jüngere Kinder. Oft machen sie sich Sorgen, ob sich ihre Eltern wie bisher um sie kümmern werden. Da sie die Trennung als Bedrohung ihrer Existenz erleben, fühlen sie sich häufig verlassen und hilflos, haben Angst vor der Zukunft. Wie Kleinkinder verspüren sie ein starkes Verlangen nach der Versöhnung ihrer Eltern, erkennen aber eher die Endgültigkeit einer Trennung und akzeptieren eher die neue Situation. Zugleich tendieren sie aber auch dazu, die eigenen Familienverhältnisse mit denen anderer Kinder zu vergleichen und sich damit zu beschäftigen, was Gleichaltrige von ihnen denken. Vielfach schämen sie sich, verheimlichen die Trennung ihrer Eltern oder fühlen sich isoliert - insbesondere wenn sie glauben, die einzigen in ihrer Klasse mit getrenntlebenden Eltern zu sein.

Im Gegensatz zu Kleinkindern werden ältere Kinder eher zu Vertrauten, Verbündeten oder Ersatzpartnern ihrer Eltern gemacht, ergreifen sie eher Partei und machen einen Elternteil für das Zerbrechen der Familie verantwortlich. Vor allem wenn Eltern depressiv werden oder mit Selbstmord drohen, machen sie sich große Sorgen um sie, verlagern alle Energie auf die Familie und vernachlässigen dementsprechend Schule und Freundeskreis. Aber auch in anderen Fällen kommt es vielfach zu einer Verschlechterung der Schulleistungen, zu Verspätungen, Schuleschwänzen, Tagträumerei, Problemen mit Gleichaltrigen oder Störungen im Sozialverhalten - manche Kinder verhalten sich auch überangepaßt und werden leicht zum Liebling ihrer Lehrer. Viele Schüler erfahren bei der Trennung ihrer Eltern kein Verständnis und keine Unterstützung in der Schule, da die Lehrer über die neue Familiensituation nicht informiert werden oder - wie die Eltern - erwarten, daß die Kinder die gleichen Leistungen wie zuvor erbringen werden. Viele Lehrer rechnen aber auch mit negativen Folgen von Trennung beziehungsweise Alleinerzieherschaft und reagieren dementsprechend anders auf die betroffenen Schüler, so daß häufig sich selbst erfüllende Prophezeiungen vorkommen.

Reaktionen von sieben- bis zwölfjährigen Kindern auf die Trennung ihrer Eltern können ferner Ruhelosigkeit, Nervosität, Gereiztheit, Launenhaftigkeit, Konzentrationsstörungen, Trauer, Schmerz, Depressivität, Wut, Aggressivität, Abkapselung (Einsamkeit), Schuldgefühle, Loyalitätskonflikte, Schlafstörungen, Alpträume, Magenbeschwerden, Kopfschmerzen und ähnliche

Symptome sein. Manche Kinder lassen sich daheim nur noch schwer disziplinieren oder laufen von zu Hause weg; andere zeigen ein anklammerndes Verhalten. Mädchen entwickeln oft eine negative Haltung gegenüber dem männlichen Geschlecht, Jungen werden in ihrem Sozialverhalten unsicher (wenn der Vater geht). Bittet der anwesende Elternteil den abwesenden um Hilfe wegen der Symptome der Kinder, oder ruft er ihn immer wieder herbei, um über deren Verhalten zu sprechen, so werden Hoffnungen der Kinder auf Versöhnung der Eltern und damit das Auftreten der Verhaltensauffälligkeiten und Schulprobleme verstärkt. Da ältere Kinder von sich aus die Unterstützung anderer Menschen suchen und eher von hilfsbereiten Personen (wie Lehrern, Beratern, Schulpsychologen) erreicht werden können, wird häufig aufgrund von deren positivem Einfluß die Ausbildung von Verhaltensstörungen verhindert oder rückgängig gemacht. So zeigen beispielsweise Großeltern oft Liebe und Zuneigung. Sie helfen ihnen, ihre Eltern zu verstehen und ihnen gegenüber eigene Bedürfnisse und Wünsche zum Ausdruck zu bringen. Viele Großeltern schüren aber auch Loyalitätskonflikte.

Kinder ab 13 Jahren erleben verhältnismäßig selten die Trennung ihrer Eltern, da die meisten Scheidungen in den ersten Ehejahren erfolgen. Oft haben sie diese erwartet, so daß sie weniger überrascht reagieren. Manchmal sind sie sogar froh, daß die Zeit der Spannungen und häufigen Konflikte vorbei ist. Im Gegensatz zu jüngeren Kindern ist bei Jugendlichen in der Regel eine realistische Sicht der Scheidung festzustellen. Sie akzeptieren eher die neue Situation und machen sich nur selten Illusionen hinsichtlich einer möglichen Versöhnung ihrer Eltern. Jedoch verspüren auch sie Reaktionen wie Zorn, Trauer, Schmerz oder Scham, wobei deren Stärke und Qualität vor allem von der Intensität der Beziehung zum abwesenden Elternteil und von dessen Bedeutung als Vorbild abhängen.

Viele Jugendliche werden nach der Trennung ihrer Eltern besonders schnell erwachsen. Andere erleben es als schwierig, die phasenspezifischen Entwicklungsaufgaben zu bewältigen, da sie das "Sicherheitsnetz" der Familie verloren haben: Sie fühlen sich mit den Problemen der Pubertät und Jugend alleingelassen, erfahren nur wenig Rückhalt und Unterstützung auf dem Weg ins Erwachsenenalter. Manche Jugendliche greifen in dieser Situation zu Alkohol und Drogen, gehen verfrüht sexuelle Beziehungen ein, werden aggressiv oder delinquent. Oft denken sie auch über die eigene Partnerfähigkeit nach. So haben sie Angst, die Fehler ihrer Eltern in ihren Beziehungen zu wiederholen.

Im Gegensatz zu jüngeren Kindern können sich Jugendliche eher emotional oder durch vermehrte Aktivitäten im Freundeskreis von ihren Eltern distanzieren. Sie weigern sich, in deren Konflikte hineingezogen zu werden. Auch betonen sie ihre Selbständigkeit und reagieren zum Beispiel sehr verärgert, wenn sie hinsichtlich der Sorge- und Umgangsrechtsregelung nicht konsultiert werden oder sich an feste Besuchszeiten halten sollen. Viele Jugendliche reagieren einfühlsam auf ihre Eltern und leisten konstruktive Beiträge zur Bewältigung der Trennungssituation. Manche übernehmen dann jedoch zu viel Verantwortung für das psychische Wohl ihrer Eltern oder die Führung der Familie (Parentifizierung). Sie werden zu Ersatzpartnern, vernachlässigen Schule, Berufsausbildung und Freundeskreis. Im Gegensatz zu jüngeren Kindern haben Jugendliche aber auch besonders viele Möglichkeiten, aus der Trennung ihrer Eltern resultierende Probleme mit Gleichaltrigen, Großeltern, erwachsenen Bekannten oder Fachleuten zu besprechen.

NICHOLS (1986) macht auf die bisher kaum erforschte Bedeutung von Geschwistern in der Trennungssituation aufmerksam. So helfen diese einander häufig beim Verarbeiten von Trauer, Schmerz, Angst und Wut. Sie kooperieren miteinander aufgrund der Erwartung ihrer Eltern, daß sie einander unterstützen. Ältere Geschwister führen oft die jüngeren dazu, die neue Situation realistisch zu beurteilen und den teilweisen Verlust eines Elternteils zu akzeptieren. In anderen Fällen bilden Geschwister Koalitionen gegen einen oder beide Elternteile, teilen einander zwischen beiden auf (aus ihrem Gerechtigkeitsempfinden heraus) oder ergreifen die Partei jeweils einen Elternteils. Das Geschwistersubsystem kann aber auch von den Eltern gespalten werden. Schließlich kann es dazu kommen, daß sich die Geschwister einander entfremden und separate Wege gehen, da sie die Trennungssituation von verschiedenen Standpunkten aus beurteilen und unterschiedlich reagieren.

Jeder Berater oder Therapeut, der beruflich mit Scheidungsfamilien zu tun hat, muß auch Grundkenntnisse im Scheidungsrecht besitzen. Sonst besteht die Gefahr, daß wesentliche Bereiche der Scheidungsproblematik ausgeklammert werden. Auch trägt der juristische Ablauf der Scheidung zu psychischen Problemen und zur Erschütterung des Familiensystems bei. An dieser Stelle kann nur ein grober Überblick über wichtige Gesetzesbestimmungen gegeben werden.

Im Bürgerlichen Gesetzbuch heißt es lapidar: "Eine Ehe kann geschieden werden, wenn sie gescheitert ist" (§ 1565 Abs. 1 Satz 1 BGB). Dieser "Scheidungsgrund" wird folgendermaßen erläutert: "Die Ehe ist gescheitert, wenn die Lebensgemeinschaft der Ehegatten nicht mehr besteht und nicht erwartet werden kann, daß die Ehegatten sie wiederherstellen" (§ 1565 Abs. 1 Satz 2 BGB). Vier Fallgruppen werden unterschieden:

(1) Im Regelfall - wenn beide Ehepartner die Scheidung beantragen oder wenn einer die Scheidung beantragt und der andere diesem Antrag zustimmt - wird nach einer *Trennungsfrist von einem Jahr* davon ausgegangen, daß die Lebensgemeinschaft nicht mehr besteht und die Ehe somit gescheitert ist. Eine derartige "einverständliche Scheidung" setzt voraus, daß sich die Ehegatten über bestimmte Scheidungsfolgen (vor allem Unterhalt, Wohnung/ Hausrat, Sorge-/Umgangsrecht) geeinigt haben (die übrigen können gerichtlich geregelt werden) und die Einigung im Scheidungsantrag enthalten ist.

(2) Will nur ein Ehepartner geschieden werden, und stimmt der andere dessen Antrag nicht zu, gilt die Ehe erst dann als gescheitert, wenn die Ehegatten *seit drei Jahren* getrennt leben. Bei einer derartigen "strittigen Scheidung" kann der Scheidungswillige jedoch nach mindestens einem Trennungsjahr versuchen, das Scheitern der Ehe zu beweisen. So kann er zum Beispiel auf sein Verschulden der Zerrüttung (Ehebruch, unüberwindbare Abneigung gegenüber dem Ehegatten, endgültige Zuwendung zu einem neuen Partner), auf geistige Störungen oder langwierige Krankheiten Bezug nehmen. Auch bei einer strittigen Scheidung spielt die "Schuldfrage" keine Rolle; immer gilt das "Zerrüttungsprinzip". Die Scheidungsfolgen werden vom Gericht geregelt.

Sowohl bei der Fallgruppe (1) als auch bei der Fallgruppe (2) hat ein kurzzeitiges Zusammenleben der Ehepartner, das der Versöhnung dienen soll, keine Auswirkungen auf die ein- beziehungsweise dreijährige Trennungsfrist.

(3) Ein scheidungsunwilliger Ehepartner kann unter Berufung auf eine *Härteklausel* eine Verlängerung der Dreijahresfrist erreichen - wobei es in der Rechtsprechung nur außerordentlich selten zu einer derartigen Verlängerung kommt. Ein möglicher Antragsgrund ist das "Interesse der aus der Ehe hervorgegangenen minderjährigen Kinder" (§ 1568 Abs. 1 BGB), wobei diese Aussage im Gesetz nicht weiter spezifiziert wurde. Nach der Konkretisierung durch

die Rechtsprechung kommen hier zum Beispiel folgende Fälle in Frage: ein Kind, das durch die Scheidung schwere seelische Schäden erleiden würde; ein besonders labiler Pubertierender; ein Kind, das große finanzielle Nachteile erfahren würde. Ein weiterer möglicher Grund ist, wenn die Scheidung für den Antragsgegner "auf Grund außergewöhnlicher Umstände eine so schwere Härte darstellen würde, daß die Aufrechterhaltung der Ehe auch unter Berücksichtigung der Belange des Antragstellers ausnahmsweise geboten erscheint" (§ 1568 Abs. 1 BGB). Nach der Rechtsprechung kommen beispielsweise folgende Fälle in Frage: schwere Krankheit; Häufung von Schicksalsschlägen bei labiler seelischer Verfassung; Selbstmordgefahr; planmäßige und bewußte Zerstörung der Ehe durch den Antragsteller; große wirtschaftliche Härten.

(4) Eine Scheidung ist im Einzelfall auch *vor Ablauf der einjährigen Trennungsfrist* möglich, "wenn die Fortsetzung der Ehe für den Antragsteller aus Gründen, die in der Person des anderen Ehegatten liegen, eine unzumutbare Härte darstellen würde" (§ 1565 Abs. 2 BGB). Dies wäre beispielsweise der Fall bei Mißhandlung, Mordversuch, ansteckenden unheilbaren Erkrankungen oder Hospitalisierung wegen Geisteskrankheit.

Nach dem Scheidungsrecht leben die Ehegatten getrennt, "wenn zwischen ihnen keine häusliche Gemeinschaft besteht und ein Ehegatte sie erkennbar nicht herstellen will, weil er die eheliche Lebensgemeinschaft ablehnt" (§ 1567 Abs. 1 Satz 1 BGB) - es gibt also eine objektive und eine subjektive Seite. Die Trennungszeit kann sowohl in verschiedenen Haushalten als auch in einem gemeinsamen (zum Beispiel wenn das Einkommen nicht für zwei Mieten reicht) verbracht werden. Im ersten Fall wird der Hausrat geteilt. Können sich die Ehepartner nicht einigen, wer in der gemeinsamen Wohnung bleibt, muß das Gericht eine Entscheidung treffen; es kann die Wohnung auch einem Ehegatten zuweisen, wenn der andere der alleinige Eigentümer ist.

Rechtsfolgen der Trennung sind vor allem *Aufhebung der Schlüsselgewalt* (ein Ehepartner verpflichtet nur noch sich selbst durch Rechtsgeschäfte) und *Unterhaltsansprüche*, insbesondere bei Kindererziehung, höherem Alter (lange Ehe als nichterwerbstätiger Partner), Krankheit oder Arbeitslosigkeit. Die Ehegatten haben das Recht, während der Trennungszeit finanziell weiter so gestellt zu sein, als wenn die Ehe fortbestünde. Arbeiten beide und verdienen sie etwa gleich viel, besteht kein Anspruch auf Ehegattenunterhalt - bei Vorhandensein von Kindern erhält aber derjenige Partner Kindesunterhalt, bei dem diese wohnen. Verdient ein Partner mehr, muß dieser Geldbetrag aufgeteilt werden. Ist ein Ehegatte nicht erwerbstätig, hat er Anspruch auf etwa drei Siebtel oder zwei Fünftel vom "bereinigten Nettoeinkommen" des alleinverdienenden Partners. Wenn er jedoch arbeitsfähig ist und keine kleineren Kinder zu versorgen hat, ist eine Berufstätigkeit zumutbar (s.u.). Auch kann ein Unterhaltsanspruch wegen grober Unbilligkeit ausgeschlossen werden (zum Beispiel bei Zusammenleben mit neuem Partner). Schließlich müssen sich die Ehegatten zu Beginn der Trennungszeit über das elterliche Sorgerecht einigen. Falls es zu keiner Einigung kommt, oder wenn das Kindeswohl gefährdet ist, muß das Familiengericht eine vorläufige Regelung treffen.

Das Scheidungsverfahren erfolgt an dem mit einem Einzelrichter besetzten Familiengericht. Dieses ist auch für die Regelung aller Scheidungsfolgen zuständig. Es besteht grundsätzlich für beide Parteien *Anwaltszwang*. Jedoch kann ein Ehegatte auf einen eigenen Rechtsanwalt verzichten, wenn er zum Beispiel mit den vorab getroffenen und dem Scheidungsantrag beigefügten Regelungen einverstanden ist und keine eigenen Anträge stellen will. Allerdings kann das Gericht ihm einen Rechtsanwalt beiordnen, wenn dies zu seinem Schutz unabweisbar erscheint. Auch kann der Familienrichter das Verfahren *aussetzen*, wenn er den Eindruck gewinnt, daß noch eine Versöhnung trotz Vorliegens der Scheidungsvoraussetzungen möglich ist. Bei einer einverständlichen Scheidung nach einjähriger Trennungszeit ist dies aber nicht gegen den Widerspruch beider Ehegatten möglich. Ansonsten kann eine Aussetzung für bis zu sechs Monate (Trennung länger als drei Jahre) oder bis zu einem Jahr (Trennung kürzer als drei Jahre) erfolgen, wobei den Partnern der Besuch einer Eheberatungsstelle nahegelegt werden kann.

Ein vom Familiengericht als erster Instanz ergangenes *Scheidungsurteil* wird auch dann rechtswirksam, wenn nur ein Teil der Entscheidung angefochten wird, nicht aber die Scheidung an sich. Berufungen oder Beschwerden werden vom Familiensenat des Oberlandesgerichts behandelt. Wird ein Scheidungsantrag (oder eine Berufung) abgewiesen, trägt der unterlegene Antragsteller alle Kosten. Ansonsten werden diese geteilt, wobei das Gericht andere Regelungen (zum Beispiel bei "Hausfrauenehen") treffen kann. Ein Ehepartner ohne eigenes Einkommen kann von dem anderen auch einen Prozeßkostenvorschuß (als Teil des Unterhaltsanspruchs) verlangen, wobei dieser nach der Scheidung nicht mehr geleistet werden muß und etwa beim Zugewinnausgleich zurückverlangt werden kann.

Im Scheidungsverfahren werden die Scheidungsfolgen geregelt. Der Versorgungsausgleich (durch Rentenanwartschaftsübertragung, Rentenanwartschaftsbegründung, Realteilung des Rentenrechts, schuldrechtliche Regelungen oder Abfindungen) sowie das Aufteilen des Hausrats sollen uns hier aber nicht beschäftigen. Wichtiger dürfte es sein, auf Sorgerechts-, Umgangsrechts- und Unterhaltsregelungen einzugehen. Der *Ehegattenunterhaltsanspruch* soll finanzielle Nachteile beim wirtschaftlich schwächeren Partner ausgleichen: "Wer gemeinsame Kinder erzieht, wer zu alt oder zu krank ist, um zu arbeiten, wer seine Ausbildung wegen der Ehe abgebrochen oder gar nicht erst begonnen hat, wer arbeitslos ist oder wer sonst aus schwerwiegenden Gründen seinen Lebensunterhalt nicht selbst verdienen kann, der kann von seinem geschiedenen Ehepartner Unterhalt verlangen" (MÜNCH 1986, S. 36). Dabei müssen auch die Kosten für eine angemessene Krankheits- und Alterssicherung übernommen werden.

Jedoch ist der Anspruch auf Ehegattenunterhalt mit Einschränkungen verbunden: Beispielsweise wird von einer nichterwerbstätigen Frau mit abgeschlossener Berufsausbildung erwartet, daß sie umgehend mit der Arbeitssuche beginnt. Hat sie keine Berufsausbildung absolviert oder ist diese veraltet, muß sie sich ausbilden, fortbilden oder umschulen lassen. Sie verliert ihren Unterhaltsanspruch, wenn sie keine zumutbare Erwerbstätigkeit aufgenommen oder die Bedürftigkeit mutwillig (wie durch eine Kündigung) herbeigeführt hat. Der Unterhaltsanspruch kann auch wegen grober Unbilligkeit (wenn beispielweise die Ehe sehr kurz war) versagt, herabgesetzt oder zeitlich begrenzt werden. Unterhalt wegen Kindererziehung muß einem Ehegatten nur gewährt werden, "solange und soweit von ihm wegen der Pflege oder Erziehung eines gemeinschaftlichen Kindes eine Erwerbstätigkeit nicht erwartet werden kann" (§ 1570 BGB). Jedoch wird erwartet, daß er berufstätig wird, wenn die Kinder bereits zwischen acht und 14 Jahren alt sind. Allerdings kann auch schon früher eine Teilzeitbeschäftigung zumutbar sein - falls diese möglich ist, die Kinderbetreuung sichergestellt werden kann, die Kinder psychisch gesund sind und der Unterhaltspflichtige nur ein geringes Einkommen bezieht. Immer muß das Kindeswohl beachtet werden.

Erwähnenswert ist noch, daß die Ehegatten über die Unterhaltspflicht für die Zeit nach der Scheidung Vereinbarungen treffen können, die jedoch notariell beurkundet und vom Familiengericht genehmigt werden sollten. In ihnen können zum Beispiel die gesetzlichen Bestimmungen über Unterhaltsansprüche geändert, oder es kann auf diese verzichtet werden. Auch können die Vereinbarungen Zusagen Dritter enthalten - daß zum Beispiel der zukünftige Ehemann der scheidungswilligen Frau Unterhalt gewähren wird.

Unterhaltsansprüche der Kinder leiten sich von der allgemeinen elterlichen Unterhaltspflicht ab, die so lange gilt, wie die Berechtigten bedürftig und die Verpflichteten leistungsfähig sind. Nach der Scheidung haften die Eltern anteilig: Sind beide erwerbstätig, muß jeder einen bestimmten Prozentsatz des Unterhalts zahlen. Wenn ein nicht berufstätiger Elternteil die Versorgung und Erziehung der Kinder übernimmt, muß der andere die Unterhaltszahlungen allein übernehmen. Dies gilt in der Regel auch, wenn der erziehende Elternteil teilzeitbeschäftigt ist. Der "laufende Unterhalt" dient der Deckung des Lebensbedarfs und der Kosten für eine angemessene Berufsausbildung. Er muß bei behinderten oder pflegebedürftigen Kindern unter Umständen lebenslang gezahlt werden. Ein erhöhter Unterhaltsanspruch besteht, wenn beispielsweise Nachhilfeunterricht notwendig ist oder das Kinderzimmer altersgerecht umgestaltet werden muß. Aber auch zum Beispiel bei kieferorthopädischer Behandlung, bei der Teilnahme an Legasthenikerkursen oder bei einer anstehenden Konfirmations- oder Kommunionsfeier kann ein Sonderbedarf geltend gemacht werden.

Generell ist die Höhe des Kindesunterhalts vom Alter der Berechtigten sowie von den Einkommens- und Vermögensverhältnissen der Eltern abhängig. Es gibt hier keine gesetzlichen Regelungen; die meisten Familiengerichte halten sich aber an die sogenannte "Düsseldorfer Tabelle". Diese Unterhaltssätze werden von Zeit zu Zeit heraufgesetzt - wobei die erhöhten Forderungen jedoch geltend gemacht werden müssen, was unter Umständen nur auf dem Wege einer Abänderungsklage möglich ist. Dies gilt auch für den Fall, daß eine Erhöhung der Unterhaltszahlungen verlangt wird, weil das Einkommen des Unterhaltspflichtigen gestiegen ist: "Sowohl das unterhaltsberechtigte Kind als auch ein unterhaltsverpflichteter Elternteil hat das Recht, vom anderen Auskunft über Einkommen und Vermögen zu verlangen, soweit eine solche Auskunft zur Feststellung des Unterhaltsanspruchs erforderlich ist" (MÜNCH 1986, S. 225 f.).

Der Nachweis über das Einkommen kann durch eine Bescheinigung des Arbeitgebers, über das Vermögen durch ein Verzeichnis (auf Verlangen mit eidesstattlicher Erklärung) erfolgen.

Auch die Unterhaltspflicht zwischen Eltern und Kindern kann vertraglich geregelt werden, wobei die Rechte Minderjähriger durch den (vorläufig) sorgeberechtigten Elternteil vertreten werden. Die Vereinbarungen müssen sich im Rahmen des nach dem Gesetz geltenden Unterhaltsanspruchs bewegen: Es darf also nicht auf den Kindesunterhalt oder einen Teil desselben verzichtet werden, wohl aber darf ein Elternteil vom anderen oder von einer dritten Person von seiner Unterhaltspflicht freigestellt werden. Die Vereinbarungen bedürfen keiner besonderen Form, sollten aber schriftlich niederlegt werden und müssen dem Familiengericht zusammen mit dem Scheidungsantrag zugeleitet werden.

Bei der Regelung des *elterlichen Sorgerechts* durch das Familiengericht kann zwischen drei Alternativen gewählt werden:

(1) Alleiniges Sorgerecht: In der Regel wird einem Elternteil das Sorgerecht für die Kinder zugesprochen. Dies ist zumeist der Fall, wenn der andere die Kinder nicht versorgen kann oder möchte, wenn er krank ist, wenn er mit den Kindern nicht fertig wird, oder wenn sein neuer Partner nicht die Stiefelternrolle übernehmen will.

(2) Geteiltes Sorgerecht: In seltenen Fällen werden ein oder mehrere Kinder der Mutter und die übrigen dem Vater zugesprochen. Jeder Elternteil erhält dann das Sorgerecht für die bei ihm lebenden Kinder.

(3) Gemeinsames Sorgerecht: Bei dieser ebenfalls recht seltenen Regelung, die erst 1982 durch eine Entscheidung des Bundesverfassungsgerichts ermöglicht wurde, behalten beide geschiedenen Elternteile das Sorgerecht für ihre Kinder. Voraussetzungen hierfür sind, daß beide Eltern weiterhin die Verantwortung für ihre Kinder gemeinsam tragen wollen, beide voll erziehungsfähig sind, und das Kindeswohl die Übertragung des Sorgerechts auf einen Elternteil nicht angezeigt erscheinen läßt. Beide Elternteile sollten während der Trennungsphase eine positive Beziehung zu den Kindern aufrechterhalten haben.

Zentrales Kriterium für die Sorgerechtsregelung ist das *Kindeswohl*, das sowohl Eingriffslegitimation als auch Rechtsmaßstab ist: "Das Familiengericht muß prüfen, wo die Kinder am besten und gesündesten aufwachsen, die beste Erziehung und Ausbildung erhalten können. Hierbei sind die Bindungen des Kindes insbes. an seine Eltern und Geschwister zu berücksichtigen" (BEITZKE 1988, S. 186). So sollten Geschwister möglichst zusammenbleiben. Auch sollten die Kinder in der gewohnten Umgebung bleiben (Kontinuität). Bei der Prüfung der erzieherischen Eignung wird auch berücksichtigt, ob ein Elternteil vorher Elternpflichten verletzt hat (beispielsweise seine Kinder mißhandelt hat) oder sich als unzuverlässig erwies. Hingegen spielt bei der Entscheidung des Familiengerichts keine Rolle, welcher Elternteil die Scheidung "verschuldet" hat, oder ob beide "gerecht" behandelt wurden: Immer ist das Kindeswohl ausschlaggebend. Auch die Berufstätigkeit eines Elternteils ist kein Hinderungsgrund, ihm das Sorgerecht zuzusprechen, falls die Kinderbetreuung in Zeiten der Abwesenheit sichergestellt ist. Kleinere Kinder werden jedoch eher einem nichterwerbstätigen Elternteil zugesprochen. In hochstrittigen Fällen kann der Richter auch das Gutachten eines Sachverständigen einholen, ist aber an dessen Vorschlag nicht gebunden.

Da davon ausgegangen wird, daß Eltern am ehesten das Wohl ihrer Kinder kennen und berücksichtigen, wird einem *gemeinsamen Vorschlag* derselben zur Sorgerechtsregelung eine besondere Bedeutung beigemessen. Eine vorgeschriebene Form gibt es nicht: "Die diesbezüglichen Erklärungen der Parteien können privatschriftlich niedergelegt oder zu Protokoll ... oder in den Anwaltsschriftsätzen abgegeben werden" (GÖPPINGER 1985, S. 396). Der Vorschlag sollte klar und eindeutig formuliert werden. Er kann jederzeit widerrufen werden - auch wenn er Bestandteil einer Vereinbarung über die Scheidungsfolgen ist. Nach GÖPPINGER (1985) sind Vorschläge unzulässig, wenn ein Elternteil das Sorgerecht bekommen, das Kind aber die meiste Zeit beim anderen leben soll, wenn der sorgeberechtigte Elternteil das Sorgerecht dem anderen übergeben muß, falls er in eine weiter entfernte Gemeinde umzieht, oder wenn das Sorgerecht an bestimmte Bedingungen geknüpft wird, vom anderen Elternteil jederzeit für sich beansprucht werden kann oder nach einer festgelegten Zeit an diesen übergehen soll. Zudem sollten Personen- und Vermögenssorge möglichst nicht aufgeteilt werden. Der gemeinsame Vorschlag kann auch Vereinbarungen über die Regelung des Umgangsrechts enthalten, wobei diese der üblichen Praxis entsprechen, das Alter der Kinder und den Willen älterer Kinder berücksichtigen und auch Einzelheiten enthalten sollten wie die Häufigkeit von Besuchen. Diese Bestimmungen sind ohne gerichtliche Entscheidung wirksam, sofern sie nicht das Kindeswohl gefährden. Sie können auf Antrag aber auch in die gerichtliche Entscheidung übernommen werden. Das Familiengericht darf nur von dem gemeinsamen Vorschlag der Eltern zur Regelung des Sorgerechts abweichen, wenn das Kindeswohl gefährdet ist. Wird er abgelehnt, sind die übrigen Scheidungsvereinbarungen davon nicht betroffen.

Schließlich soll das Familiengericht bei der Regelung des Sorgerechts den *Willen des Kindes* berücksichtigen. So werden nahezu immer Kinder angehört, sobald sie eine eigene Meinung äußern oder über ihre Bindungen, Neigungen und Gefühle Auskunft geben können. "Vom 14. Geburtstag an kann ein Kind auch von sich aus einen Vorschlag darüber machen, bei welchem Elternteil es leben möchte. Widerspricht dieser Vorschlag des Kindes einem einverständlichen Vorschlag beider Eltern, so braucht der Richter sich an keinen der Vorschläge zu halten" (MÜNCH 1986, S. 212).

Ein nichtsorgeberechtigter Elternteil behält das Recht auf *persönlichen Umgang* mit seinen Kindern. Auf dieses Recht kann nicht verzichtet werden (es kann also auch nicht verkauft oder getauscht werden); man ist aber nicht verpflichtet, es auszuüben. Der nichtsorgeberechtigte Elternteil darf weder seine Kinder weiterhin erziehen, noch die Besuche zur Überwachung und Kontrolle des anderen Elternteils mißbrauchen. Beide Seiten haben die "Wohlverhaltensvorschrift" zu beachten: Jeder Elternteil soll alles "unterlassen, was das Verhältnis des Kindes zum anderen beeinträchtigt oder die Erziehung erschwert" (§ 1634 Abs. 1 Satz 2 BGB). So sollten fortbestehende Konflikte zwischen den geschiedenen Partnern nicht auf dem Rücken der Kinder ausgetragen werden. Wenn sich die Eltern nicht selbst über Art und Umfang des Umgangsrechts einigen können, kann das Familiengericht auf Antrag eine Regelung treffen. Dann wird zumeist für ein- bis zweimal im Monat ein Besuch von einigen Stunden in der Wohnung des umgangsberechtigten Elternteils oder ein gemeinsames Wochenende "verordnet". Bei größeren Problemen, die zu einer Gefährdung des Kindeswohls führen, kann das Familiengericht auch das Besuchsrecht einschränken oder zeitweise und sogar auf Dauer ausschließen. Dabei ist ein dem Umgangsrecht entgegenstehender Wille der Kinder aber nicht ausschlaggebend. Dem Elternteil verbleibt in der Regel aber noch ein Auskunftsrecht hinsichtlich der persönlichen Verhältnisse seiner Kinder.

Mit "gerichtlicher Scheidung" ist hier der zweite Abschnitt der Scheidungsphase gemeint, in dem das Scheidungsverfahren vorbereitet und das Scheidungsurteil ausgesprochen wird - Verfahren über abgetrennte Scheidungsfolgesachen und Berufungsverfahren können sich noch bis weit in die Nachscheidungsphase hinein hinziehen. In der Regel beauftragt jeder getrenntlebende Ehepartner einen Rechtsanwalt, seine Rechte wahrzunehmen. Da dieser in *Kategorien der "Gegnerschaft"* denkt, versucht er, für seine Partei das bestmögliche Ergebnis zu erzielen, und berücksichtigt somit das Wohl des gesamten Familiensystems und der Kinder eher am Rande. Häufig werden überzogene Forderungen an die andere Partei gestellt, die von dieser mit ebensolchen Forderungen beantwortet wird, so daß es zu einer Polarisierung und Eskalation in der Auseinandersetzung kommt. Oft werden unrealistische Erwartungen geweckt oder der Eindruck vermittelt, daß man vom Partner belogen und betrogen wird. Manchmal werden die Klienten angehalten, zum Beispiel bestimmte Informationen zu verschweigen oder im Grunde nicht gewünschte Forderungen zu stellen, um ein besseres Verhandlungsergebnis zu erzielen. So mag beispielsweise ein Vater das alleinige Sorgerecht für seine Kinder beantragen - obwohl er dies überhaupt nicht will. Macht die Mutter dann bei den ihn interessierenden Scheidungsfolgesachen Zugeständnisse, zieht er seinen Antrag wieder zurück.

Es ist offensichtlich, daß derartige juristische Abläufe und Empfehlungen von Anwälten zu einer *Verschlechterung der Beziehung* zwischen den getrenntlebenden Partnern führen. Diese Situation wird oft noch dadurch verschärft, daß Ehegatten das Scheidungsverfahren dazu nutzen wollen, um sich an ihrem Partner zu rächen, ihn zu verletzen und zu erniedrigen, oder um verlorengegangene Selbstachtung wiederzugewinnen ("Der Richter meint, ich wäre der bessere Elternteil"). Auch wenn ein Ehegatte dem Scheidungsantrag seines Partners nicht zustimmt, liegen diesem Handeln - neben verständlichen Beweggründen, wie Angst vor den Folgen einer Scheidung, anhaltender Liebe, Hoffnung auf Versöhnung oder religiös fundierter Glaube an eine Ehe auf Lebenszeit - häufig negative Motive zugrunde: Wut und Enttäuschung, Rachegelüste, der Wunsch, den Partner für seine Untreue zu bestrafen oder ihn daran zu hindern, seinen

Willen durchzusetzen etc. Derartige Beweggründe und die ihnen zugrundeliegenden Emotionen und psychischen Konflikte werden in der Regel von Rechtsanwälten ignoriert, sie unterstützen letztlich "die am wenigsten ausgereiften oder am meisten unterentwickelten Persönlichkeitsaspekte ihrer Klienten" (YAHM 1984, S. 62).

Erschwerend kommt hinzu, daß Rechtsanwälte einen Austausch zwischen getrenntlebenden Partnern und deren Suche nach Kompromissen dadurch verhindern, daß sie diese anhalten (und damit Abhängigkeitsbedürfnisse wecken), nur über sie mit der anderen Partei beziehungsweise deren Rechtsanwalt zu kommunizieren. So verschlechtert sich die Beziehung zwischen den Ehegatten, wird eine unter Umständen noch zu erreichende Versöhnung unmöglich gemacht. Bei einer Untersuchung über 210 getrenntlebende oder geschiedene Amerikaner (SPANIER und THOMPSON 1984) gaben 26% der Befragten an, daß die Einschaltung eines Rechtsanwalts zur Verschlechterung der Ehebeziehung führte. Auch verspürte ein Drittel negative Gefühle ihren Rechtsanwälten gegenüber und fühlte sich von ihnen nicht unterstützt. Hier wird deutlich, daß Juristen in der Regel nicht fähig oder bereit sind, sich auf psychische Probleme ihrer Klienten und den inneren Trennungsprozeß einzulassen: "Die Orientierung des juristischen Systems an rationalen und logischen Lösungen ... ist einer Lösung der auf der Beziehungsebene ablaufenden Konflikte nicht förderlich, sondern kann zu verschärften Feindseligkeiten führen" (SOKACIC-MARDORF 1983, S. 142). In den USA wenden sich deshalb immer mehr Scheidungswillige an Vermittler, die ihnen helfen, gemeinsam und selbstverantwortlich die notwendigen Scheidungsvereinbarungen zu treffen und vertraglich niederzulegen.

Da viele Scheidungsfolgesachen bereits vor Beginn des Verfahrens (über die Rechtsanwälte) geregelt oder in separaten Verfahren verhandelt werden, *kommen die meisten Scheidungsverfahren vor Familiengerichten mit wenigen Terminen aus*: Im Jahr 1987 dauerten 64,3% der Verfahren, die mit einem Scheidungsurteil endeten, nur einen Termin und weitere 31,1% bis zu drei Terminen - 99% der Verfahren dauerten bis zu fünf Terminen (STATISTISCHES BUNDESAMT 1989b). 5864 Scheidungsurteile erfolgten vor Ablauf der einjährigen Trennungszeit, 25 699 nicht einverständlich nach einjähriger Trennung, 84 381 einverständlich nach einjähriger Trennung und 14 217 nach dreijähriger Trennung. Neben den Scheidungsverfahren wurden 184 939 Verfahren über allein anhängige andere Familiensachen und 24 088 Verfahren über abgetrennte Scheidungsfolgesachen gemeldet. Von den Oberlandesgerichten wurden 846 Berufungsverfahren in Scheidungssachen und 23 138 Verfahren über abgetrennte Scheidungsfolgesachen oder allein anhängige andere Familiensachen durchgeführt (a.a.O.). Hier wird deutlich, daß sich Gerichtsverfahren über eine lange Zeit hinziehen können.

Eine Auswertung von 236 Verfahren am Amtsgericht Hannover (MÜLLER-ALTEN 1984), die im ersten Halbjahr 1980 mit einem Scheidungsurteil endeten, ergab, daß in 205 Fällen *Scheidungsvereinbarungen* vorlagen - auch bei 67% der 58 strittigen Scheidungen. Bei 85% der 110 Fälle, bei denen Kinder betroffen waren, gab es einen übereinstimmenden Vorschlag der Eltern zur Sorgerechtsregelung, der immer vom Gericht akzeptiert wurde. Bei 22% dieser Fälle wurde auch das Umgangsrecht in der Vereinbarung geregelt, aber nur zum Teil genauer spezifiziert. In 68% der Fälle lagen zudem Vereinbarungen über den Kindesunterhalt vor, wobei dessen Höhe aber nicht immer festgelegt wurde. Ansonsten gab es in 77% der 236 Fälle Einigungen über den Ehegattenunterhalt, in 23% über die Wohnung und in 69% über den Hausrat. Hier fällt auf, daß nicht nur bei den meisten Verfahren von Scheidungsvereinbarungen Gebrauch gemacht wird, sondern daß sie auch zu einem großen Teil ohne gerichtlichen Streit ablaufen. Berater und Therapeuten kommen natürlich mit Problemfällen viel eher in Berührung, auf die wir uns - wie bereits erwähnt - in diesem Buch konzentrieren.

Zu Beginn der Trennung spielen noch viele Väter mit dem Gedanken, das Sorgerecht für ihre Kinder zu beantragen, aber nur wenige stellen schließlich einen Antrag. So werden bei circa 85% aller Scheidungen die *Kinder der Mutter zugesprochen;* die Väter erhalten etwa in 10% der Fälle das Sorgerecht (TIEMANN 1986; MARTINY und VOEGELI 1988). Eine Aufteilung der Kinder und die gemeinsame Sorge sind noch seltener: So ergab beispielsweise eine Untersuchung (LIMBACH 1988) über alle Verfahren der Jahre 1983 bis 1985, in denen über ein gemeinsames Sorgerecht verhandelt wurde, daß nur in circa 1,5% aller Sorgerechtsentscheidungen das Sorgerecht beiden Eltern gemeinsam belassen wurde. LIMBACH (1988) kam zu dem Ergebnis, daß die meisten Richter wohl ein gemeinsames Sorgerecht nicht für praktikabel halten und dies gegenüber interessierten Eltern zum

Ausdruck bringen. Auch bei einer Befragung von 169 amerikanischen Scheidungsanwälten und 44 Familienrichtern (Weitzman 1985) wurde festgestellt, daß die alleinige Sorge der Mutter (insbesondere bei Vorhandensein kleinerer Kinder) als Sorgerechtsregelung bevorzugt wird.

Weitzman (1985) kritisiert die Regelung, daß generell beide Elternteile gleichermaßen bei der Vergabe des Sorgerechts zu berücksichtigen sind: "Ein Problem mit den gegenwärtigen Sorgerechtsgesetzen ist, daß sie alle Männer und alle Frauen so behandeln, als ob sie gleich fähig wären, für ihre Kinder nach der Scheidung zu sorgen. Dadurch wird die gesellschaftliche Realität ignoriert, daß in den meisten Familien ein Elternteil, typischerweise die Mutter, in erster Linie die Kinder versorgt. Kinder erleiden wahrscheinlich einen großen Verlust, wenn sie von der primären Bezugsperson getrennt werden, und primäre Bezugspersonen leiden wahrscheinlich mehr, wenn sie ihre Kinder verlieren" (S. 394). Die derzeitige Regelung gäbe Vätern mehr Verhandlungsmacht, da sie einen Antrag auf Sorgerecht dazu benützen könnten, von den Müttern Zugeständnisse auf anderen Gebieten zu erpressen.

In manchen Fällen *wollen beide Elternteile das alleinige Sorgerecht* - sei es aus prozeßtaktischen Gründen oder aus den folgenden Motiven heraus: Liebe zu den Kindern, starke Bindungen, Wunsch nach Kontinuität im eigenen Leben, Erhalt des positiven Selbstbildes als Elternteil, Schutz vor Einsamkeit durch Anwesenheit der Kinder, Schuldgefühle ihnen gegenüber, Rachegelüste, Machtkämpfe, Unfähigkeit, den Partner als guten Elternteil anzuerkennen, und so weiter. Ferreiro, Warren und Konanc (1986) machen auch auf folgendes aufmerksam: "Das gesetzliche Sorgerecht ist ein emotional geladenes Thema, das mit symbolischer Bedeutung gefüllt ist. Gesetzliche Sorge bedeutet Kontrolle, Macht, Besitz und Autorität" (S. 443). In den genannten Fällen kann es zu einem erbitterten Kampf um das Sorgerecht kommen, unter dem vor allem die Kinder leiden: Sie fühlen sich zwischen beiden Elternteilen hin- und hergerissen, geraten in starke Loyalitätskonflikte und haben Schwierigkeiten, ihre Beziehung zu beiden Elternteilen aufrechtzuerhalten.

In strittigen Sorgerechtsfällen kommt dem Gutachten des Jugendamtes eine besondere Bedeutung zu, das im Rahmen der *Familiengerichtshilfe* für jedes Verfahren erstellt werden muß, in dem über das Sorgerecht für minderjährige Kinder oder über das Umgangsrecht entschieden wird. Das Jugendamt als fachkundige Behörde soll das Wohl und die Interessen der betroffenen Kinder vertreten. Es prüft die Lebensverhältnisse beider Elternteile, die Qualität der jeweiligen Eltern-Kind-Beziehung, die Stärke der Bindungen, die Erziehungsfähigkeit der Eltern und ihre Persönlichkeit. Für das Familiengericht sachdienliches Material wird dann in einem Gutachten zusammengestellt, das auch einen Vorschlag für die Sorgerechtsentscheidung und diesbezügliche Prognosen enthält. Problematisch ist, daß der Jugendamtsmitarbeiter zuverlässige Informationen häufig nur schwer sammeln kann: Die Eltern verhalten sich ihm gegenüber strategisch, zeigen also nur ihre besten Seiten und machen die andere Partei schlecht, während Kinder oft voreingenommen oder verschüchtert sind. Auch sind die zuständigen Jugendamtsmitarbeiter vielfach überlastet und ungenügend geschult. Beratungsfunktionen werden erst ansatzweise übernommen.

Bei sehr strittigen Verfahren - in circa 3% aller Fälle (TISCHER-BÜCKING 1989) - wird ein *Gutachter* vom Familienrichter bestellt. Hier handelt es sich in der Regel um einen Psychologen, der intensive Gespräche mit Eltern und Kindern führt, familien- und kinderpsychologische Tests (auch projektiver Art) einsetzt und das Verhalten der Familienmitglieder beobachtet. Er kann auch Auskünfte von Dritten einholen. Aufgrund seiner Erfahrung, der Verwendung verschiedener Untersuchungsmethoden und im Rückgriff auf mehrere Quellen ist sein Gutachten in der Regel verläßlicher als das des Jugendamtsmitarbeiters, der sich dann leicht als zweitklassiger Fachmann erlebt. Jedoch können auch diese Experten zu unterschiedlichen Ergebnissen kommen, da sie möglicherweise anderen Theorien folgen, verschiedene Einstellungen zu den Sorgerechtsalternativen haben oder Daten anders interpretieren.

So muß letztlich der Familienrichter die Sorgerechtsentscheidung fällen, der jedoch die Parteien kaum kennt, und dem es an familien- und kinderpsychologischem Wissen mangelt. Auch fehlt ihm die Zeit, sich mit einem Fall intensiver zu beschäftigen - im Jahr 1984 führte beispielsweise jeder Familienrichter im Durchschnitt 597 Verfahren durch (PROKSCH 1989). So orientiert er sich zumeist an bestimmten Mustern - wie bereits erwähnt, sieht er beispielsweise in der alleinigen Sorge der Mutter den Normalfall, von dem in der Regel nicht abzuweichen ist. Meistens versucht er auch, sich selbst ein Bild davon zu machen, was für die Kinder die beste Sorgerechts- und Umgangsrechts-regelung wäre, indem er diese anhört. Dabei besteht die Gefahr, daß er *die Kinder überfordert oder in starke Loyalitätskonflikte stürzt*, wenn er sie fragt, bei welchem Elternteil sie leben wollen (eine Aussage zugunsten des Vaters oder der Mutter kann zu starken Gefühlen der Treulosigkeit, des Verrats oder der Schuld führen). Auch verstehen die meisten Kinder nur schwer, weshalb bloß ein Elternteil das Sorgerecht bekommen soll. Hinzu kommt: "Kinder werden auch durch die juristische Sprache und durch die ganze geheimnisvolle Atmosphäre verwirrt, die das Gericht und alles, was damit zusammenhängt, umgibt. Für die meisten Kinder sind Gerichte dazu da, zu entscheiden, wer der Gute und wer der Böse ist - wer dafür bestraft werden muß, daß er das Gesetz gebrochen hat. Irgendeiner muß schuldig sein. Ein Kind kann sich leicht vorstellen, daß eine Scheidung eine Art Verbrechen ist" (RICCI 1984, S. 86).

In manchen Fällen muß das Familiengericht auch über den Versorgungsausgleich, die Aufteilung des Hausrats, den Verbleib in der vormals gemeinsamen Wohnung oder güterrechtliche Fragen entscheiden. Eine besondere Bedeutung kommt der Regelung von *Unterhaltsansprüchen* zu: "Nur in 10% aller Scheidungsehen ohne minderjährige Kinder - und das betrifft ca. die Hälfte aller Scheidungsfälle - und in 30-40% solcher mit minderjährigen Kindern, müssen Männer Unterhalt für ihre Ex-Ehefrau zahlen. In zwei Dritteln dieser Fälle zahlen sie allerdings auch Kindesunterhalt" (MARTINY und VOEGELI 1988, S. 186).

WEITZMAN (1985) macht darauf aufmerksam, daß hier Frauen und Kinder benachteiligt würden: Diese würden in ihrem Lebensstandard einen sehr viel stärkeren Rückgang als geschiedene Männer erleben und oft sogar verarmen, da einerseits die Männer in der Regel nun einen geringeren Teil ihres Einkommens als vor der Scheidung an ihre Frauen und Kinder abtreten müßten, und da andererseits heute von geschiedenen Frauen erwartet wird, daß sie sich selbst ernähren und einen Teil der Kinderkosten übernehmen - in der Realität den größeren Teil, da bei der Festlegung des von Vätern zu zahlenden Kindesunterhalts zumeist die Kinderkosten zu niedrig angesetzt würden. Dabei würde nicht beachtet, daß Frauen in der Regel ein niedrigeres Einkommen als Männer erzielen, insbesondere wenn sie nach einer längeren Berufsunterbrechung auf den Arbeitsmarkt zurückgekehrt sind. WEITZMAN (1985) stellte für die USA fest, daß, "wenn das Einkommen mit dem Bedarf verglichen wird, geschiedene Männer einen Anstieg in ihrem Lebensstandard um durchschnittlich 42 Prozent im ersten Jahr nach der Scheidung erleben, während geschiedene Frauen (und ihre Kinder) einen Rückgang um 73 Prozent erfahren" (S. 323). Auch das gemeinsame Eigentum würde nicht gerecht aufgeteilt, da zumeist der Mann die eine Hälfte, die Frau und die Kinder (also mehrere Personen) die andere Hälfte erhielten. Zudem wären heute oft berufliche Kenntnisse und Erfahrungen der wichtigste (und nicht teilbare) Besitz, den Männer eher während der Ehe ansammeln könnten als Frauen. Zu ergänzen ist, daß Alleinerziehende auch viel stärker durch ihren Anteil an den Scheidungskosten belastet sein dürften als Männer.

3. Die Nachscheidungsphase

Nach der Scheidung empfinden viele Geschiedene weiterhin Schmerz, Selbstmitleid, Verzweiflung, Angst, Schuldgefühle oder Reue. Sie erleben sich als Versager, leiden unter Depressionen und abruptem Stimmungswechsel, fühlen sich einsam, entfremdet, desorientiert, hilflos und unsicher. Oft führt ihr emotionaler Zustand zu Konzentrationsstörungen, ständiger Müdigkeit, Erschöpfung, Rückgang der Leistungsfähigkeit, psychosomatischen Störungen oder Alkohol-, Drogen- und Medikamentenmißbrauch. Beim verlassenen Partner sind diese Scheidungsprobleme zumeist weiterhin etwas stärker ausgeprägt. Auch der nichtsorgeberechtigte Elternteil mag weiter unter dem Verlust der Kinder leiden.

Bei dem größeren Teil der Geschiedenen nehmen negative Gefühle und Symptome innerhalb eines Zeitraumes von sechs Monaten bis zu vier Jahren nach der Scheidung ab und verschwinden schließlich ganz. Eine amerikanische Untersuchung über 210 geschiedene Personen (SPANIER und THOMPSON 1984) ergab, daß sich zwei Jahre nach der Scheidung etwa vier Fünftel der Befragten *wieder wohl fühlten*. Eine andere amerikanische Studie (HETHERINGTON, COX und COX 1982), bei der insgesamt 102 geschiedene und vollständige Familien miteinander verglichen wurden, kam zum Ergebnis: "Zufriedenheit, Selbstachtung und Gefühle der Kompetenz im heterosexuellen Verhalten stiegen gleichmäßig über einen Zweijahreszeitraum bei geschiedenen Männern und Frauen an, aber waren selbst im zweiten Jahr nicht so hoch wie bei verheirateten Ehepaaren" (S. 249) - mit Ausnahme von denjenigen, die in der Zwischenzeit wieder geheiratet hatten. Selbst zehn Jahre nach der Trennung wurde bei einer Längsschnittuntersuchung (WALLERSTEIN und BLAKESLEE 1989) über 52 Scheidungsfamilien festgestellt, daß ein Viertel der Mütter und ein Fünftel der Väter ihr Leben noch nicht wieder in den Griff bekommen hatten und stark von der emotionalen Unterstützung ihrer Kinder abhängig waren. Generell erschien das Leben nach der Scheidung in der Rückschau viel schwieriger als erwartet. Besonders viele ältere Personen, die sich nach langen

Ehejahren scheiden ließen, waren einsam und unglücklich. Sie sahen mit Angst in die Zukunft. Nur etwa die Hälfte der Befragten waren mit ihrem derzeitigen Leben zufrieden.

Hinzu kommt, daß viele Geschiedene *nicht mit dem Leben als Single zurechtkommen*. Beispielsweise ergab eine für die USA repräsentative Umfrage bei rund 3000 Singles (SIMENAUER und CARROLL 1982), daß nur 6% der einmal geschiedenen im Vergleich zu einem Viertel der unverheirateten Frauen sagten, daß das Leben als Single "wunderbar" sei. Nur ein Viertel der geschiedenen im Gegensatz zu fast der Hälfte der unverheirateten Frauen gab an, daß sie die mit dem Leben als Single verbundenen Probleme meistern. Nur etwa ein Fünftel der geschiedenen Männer meinte, daß ihr Leben als Single trotz Problemen gut verlaufe. Rund 6% bevorzugten den Lebensstil als Single, während mehr als die Hälfte der Männer (insbesondere ältere und besser verdienende) wieder heiraten wollte.

Nach diesen Forschungsergebnissen dürfte nicht überraschen, daß Geschiedene in psychiatrischen Kliniken überrepräsentiert sind und auch häufiger ambulant behandelt werden (BOJANOVS-KY 1983). Sie leiden öfter unter *psychischen Störungen* (vor allem Frauen) oder Alkoholismus und unternehmen häufiger Selbstmordversuche. Allerdings traten die psychischen Probleme häufig schon vor der Scheidung auf (a.a.O.). Auch überrascht nicht, daß viele Geschiedene im Nachhinein die Scheidung als einen Fehler bezeichnen (HETHERINGTON, COX und COX 1982). Bei einer Befragung von 210 Geschiedenen (SPANIER und THOMPSON 1984) gaben fast 30% an, daß die Ehescheidung eines der tragischsten Ereignisse sei, die einem Menschen zustoßen könnten.

Ein Teil der Geschiedenen erlebt die Nachscheidungsphase aber auch (ab einem bestimmten Zeitpunkt) *positiv*. Einige konzentrieren sich auf die eigene Person, entdecken neue Seiten ihrer Persönlichkeit und erleben eine große innere Weiterentwicklung. Andere empfinden ein starkes Gefühl der Freiheit, des Ungebundenseins, der Euphorie und des Glücks. Sie experimentieren mit neuen Lebensstilen, mit einer anderen Kleidung und Frisur, neuen Hobbys und sozialen, sexuellen oder kreativen Aktivitäten. So durchleben viele eine zweite Jugend, suchen einen neuen Freundeskreis, definieren die Beziehung zu ihren Kindern um, folgen anderen Lebenszielen und bilden eine neue Identität aus. Sie sind mit ihrem Leben zufrieden und haben innere Ruhe gefunden. Aber auch hier brechen manchmal noch Gefühle wie direkt nach der Trennung hervor, insbesondere wenn der frühere Ehegatte eine feste Bindung eingeht oder wieder heiratet, wenn er ein Kind bekommt oder wenn im eigenen Leben eine größere Veränderung eintritt.

Generell verläuft die individuelle Entwicklung Geschiedener in der Nachscheidungssituation *besser*, wenn diese bereits vor der Trennung oder in der Scheidungsphase relativ wenig psychische und interpersonale Probleme erlebten, wenn die Trennung mit relativ wenig Streß verbunden war, wenn die Betroffenen viel Unterstützung in ihrem Netzwerk fanden oder bald eine neue Partnerbeziehung eingingen. Auch Persönlichkeitscharakteristika wie Durchsetzungsfähigkeit, Selbstsicherheit, Problemlösungsfähigkeit, Kreativität oder Selbstgenügsamkeit wirken sich positiv auf die Weiterentwicklung aus. Bei Frauen sind positive Faktoren zudem niedrigeres Alter, Kinderlosigkeit und eigene Entscheidung zur Trennung. Bei Männern verläuft die Anpassung besser, wenn sie nicht von ihren Frauen abhängig waren (FERREIRO, WARREN und KONANC 1986; KASLOW und SCHWARTZ 1987; COYSH et al. 1989). Aber auch die subjektive Bewertung der eigenen Situation spielt eine Rolle.

Von großer Bedeutung für die Weiterentwicklung nach der gerichtlichen Scheidung ist ferner, ob die Geschiedenen auch eine "*psychische Scheidung*" von ihrem ehemaligen Ehegatten erreichen. Sie müssen sich mit ihrer gescheiterten Ehe auseinandersetzen, Trauerarbeit leisten, Gefühle des Versagens und der Schuld verarbeiten, den eigenen Anteil am Scheitern ihrer Ehe erkennen und akzeptieren, ein der Realität entsprechendes Bild von ihrem früheren Partner zurückgewinnen und sich von seinem Einfluß auf ihr psychisches Leben befreien. Nach einer amerikanischen Studie über 210 Geschiedene (SPANIER und THOMPSON 1984) gelang es mehr als 90% der Befragten, innerhalb von zwei Jahren nach der Trennung das Ende ihrer Ehe zu akzeptieren. Nur 9% waren noch auf ihren früheren Partner wütend. Generell fällt die psychische Scheidung schwerer, wenn die Trennung überraschend kam, die Ehe zuvor scheinbar problemarm war, viel in sie investiert worden war oder wenn der ehemalige Ehegatte immer noch geliebt wird. Gelingt sie, kann eine konfliktarme Beziehung zum früheren Partner etabliert werden, die für eine positive Weiterentwicklung der Kinder von Bedeutung ist.

Auf die psychische Situation Geschiedener wirken sich auch

die allgemeinen Lebensumstände aus. Zumeist gelingt es in der Nachscheidungsphase, den eigenen Haushalt voll auszustatten, die in der Scheidungsphase noch schmerzlich vermißten (da zuvor nur vom Partner beherrschten) Fertigkeiten zu erlernen, *die meisten Umstellungsprobleme zu bewältigen*, sich mit dem neuen Lebensstil anzufreunden und die mit dem Status als Geschiedener verbundenen Rollenmodifikationen wahrzunehmen. Frauen, die erst während der Trennungsphase wieder erwerbstätig wurden, haben sich nun in der Regel beruflich etabliert und neue Freunde unter ihren Kollegen gefunden. Sie sind auf ihre beruflichen Erfolge, ihre Unabhängigkeit und Selbständigkeit stolz. Eine andere Situation ist gegeben, wenn Frauen keine adäquate Beschäftigung finden, arbeitslos sind oder wegen der Versorgung kleiner Kinder nicht erwerbstätig werden können. Die erlebten materiellen Einschränkungen - insbesondere wenn Unterhaltszahlungen unregelmäßig oder unvollständig eingehen - wirken sich auch auf das psychische Wohlbefinden aus. Generell berichten geschiedene Frauen eher von finanziellen Problemen als unverheiratete (SIMENAUER und CARROLL 1982).

Von großer Bedeutung für das Wohlbefinden Geschiedener ist ihr *Sozialleben*. Auch in der Nachscheidungsphase setzt sich die Aufteilung des familialen Netzwerkes in zwei nur wenig miteinander verknüpften Netzwerken fort. Oft sind die gemeinsamen Kinder das einzige Verbindungsglied, aber auch Schwiegereltern (insbesondere die Eltern nichtsorgeberechtigter Ehegatten) versuchen vielfach, mit der anderen Seite in Kontakt zu bleiben. Gelingt dies, stehen die Kinder über die Großeltern auch eher mit den Verwandten des nichtsorgeberechtigten Elternteils in Verbindung. Die andere Netzwerkhälfte kann aber auch weiterhin Spannungen verschärfen, indem sie die geschiedenen Partner aufeinander hetzt, "ihre" Seite von jeglicher Schuld an der Trennung freispricht und die "andere" Seite schlechtmacht, die Kinder dem umgangsberechtigten Elternteil zu entfremden versucht oder sich bei Besuchen einmischt.

Die geschiedenen Partner finden zumeist in ihrer Netzwerkhälfte weiterhin emotionale Unterstützung und praktische, aber auch materielle Hilfe. In der Regel werden Frauen und Eltern mit Kindern mehr unterstützt als Männer oder kinderlose Personen (SPANIER und THOMPSON 1984). Sie erfahren Hilfe bei der Kinderbetreuung, im Haushalt, bei notwendigen Reparaturen, bei Umzügen und bei der Suche nach Arbeit oder einer anderen

Wohnung. Bei viel Unterstützung durch das Netzwerk fühlen sich Geschiedene in der Regel wohler und haben ein positiveres Selbstkonzept. So stellten DANIELS-MOHRING und BERGER (1984) nach der Untersuchung von 42 Scheidungsfällen fest: "Mehr Beziehungsbedürfnisse werden durch weniger Personen befriedigt in der Untersuchungsgruppe mit hoher Anpassung. Zusätzlich wird von der besser angepaßten Gruppe berichtet, daß sie mehr als doppelt so viele Beziehungen hat, in denen Bedürfnisse nach emotionaler Integration und Bestätigung des Selbstwerts befriedigt werden" (S. 27).

Während viele Geschiedene in der Nachscheidungsphase ihr Netzwerk vergrößern, fühlen sich andere einsam und isoliert. So ermittelten SPANIER und THOMPSON (1984) bei ihrer Untersuchung über 210 geschiedene Amerikaner, daß 30% starke Einsamkeitsgefühle in den ersten zwei Jahren nach der Trennung erlebten und 55% sich etwas einsam fühlten. Viele wünschten sich zwei Jahre nach der Trennung weitere gleich- und gegengeschlechtliche Freunde, selbst wenn sie bereits mehrere gefunden hatten (wobei Männer im Durchschnitt eine größere Zahl neuer Freunde angaben). HETHERINGTON, COX und COX (1982) stellten bei ihrer Vergleichsuntersuchung fest: "Das Sozialleben nahm in unserer Gesamtgruppe geschiedener Frauen im Zweijahreszeitraum zu; es war jedoch immer schwächer ausgeprägt als das verheirateter Frauen. Geschiedene Männer hatten ein eingeschränktes Sozialleben zwei Monate nach der Scheidung, gefolgt von einem raschen Anstieg der Aktivität ein Jahr nach der Scheidung und einem Rückgang der Aktivität bis auf die Stufe der Frauen nach zwei Jahren" (S. 249). Manche einsame Personen schließen sich Selbsthilfegruppen an, um Menschen in der gleichen Situation kennenzulernen.

Ein Teil der Geschiedenen wird auf sexuellem Gebiet sehr aktiv. Jedoch scheinen die meisten Geschiedenen weniger *Sexualpartner* zu finden als unverheiratete Personen. So ergab eine für die USA repräsentative Studie über rund 3 000 Singles (SIMENAUER und CARROLL 1982), daß einmal geschiedene Männer häufiger als unverheiratete eine Zahl von 1 bis 19 Sexualpartnern während der Zeit des Alleinlebens (68% zu 56%) und seltener eine Zahl von mehr als 20 Partnern (31% zu 43%) angaben. Einmal geschiedene Frauen nannten im Vergleich zu unverheirateten häufiger 1 bis 4 Sexualpartner (44% zu 36%) und seltener 5 und mehr Partner (43% zu 51%) für die Zeit des Alleinlebens.

Zweimal geschiedene Personen gaben hingegen eine größere Zahl von Sexualpartnern an als unverheiratete Singles. Generell erlebten sich geschiedene Singles seltener als attraktiv, bezeichneten sich aber häufiger als gute Liebhaber. Sie waren seltener als unverheiratete Singles zu flüchtigen oder auf eine Nacht beschränkten sexuellen Abenteuern bereit; geschiedene Frauen lehnten es auch häufiger ab, einen Mann anzusprechen oder mit ihm schon am ersten Abend zu schlafen.

Nach amerikanischen Untersuchungen wollen rund zwei Drittel aller Geschiedenen *wieder heiraten* und wünschen sich häufig weitere Kinder (ROSENTHAL und KESHET 1981; SIMENAUER und CARROLL 1982; SPANIER und THOMPSON 1984). Bei einer deutschen Studie über 100 geschiedene Mütter und 50 geschiedene Väter (NAPP-PETERS 1985) gaben jedoch 72% der Frauen und knapp die Hälfte der Männer an, daß sie nicht wieder heiraten wollen. Nach statistischen Erhebungen gehen in Westdeutschland aber fast zwei Drittel aller Geschiedenen eine Zweitehe ein (ROTTLEUTHER-LUTTER 1989). Die Suche nach einem neuen Lebenspartner ist oft dadurch belastet, daß der Geschiedene noch zu wenig Vertrauen in das andere Geschlecht aufbringt, nur geringe Selbstwertgefühle hat und sich somit als für einen guten Partner nicht geeignet erlebt, daß er ein zu niedriges Anspruchsniveau hat, Angst vor dem erneuten Scheitern einer Beziehung empfindet oder zu große Rücksicht auf seine Kinder nimmt. Diese mischen sich oft auch in neue Partnerschaften ein und versuchen, sie zu sabotieren, weil sie zum Beispiel die Zuneigung des Elternteils nicht mit einer anderen Person teilen wollen, ihre zentrale Stellung in der Teilfamilie nicht verlieren möchten, noch auf eine Versöhnung ihrer Eltern hoffen oder den Elternteil vor einer erneuten Enttäuschung bewahren wollen.

Generell wirkt sich eine befriedigende neue Beziehung positiv auf das Wohlbefinden Geschiedener aus. So stellten COYSH und Mitarbeiter (1989) bei einer Untersuchung über 149 kalifornische Scheidungsfamilien fest: "Die psychische Anpassung von Männern scheint besonders durch eine positive, unterstützende Beziehung gefördert zu werden. Das klinische Fallmaterial läßt vermuten, daß diese neuen Beziehungen mit überraschender Schnelligkeit die durch die Ehescheidung hervorgerufene narzißtische Verletzung rückgängig machen können. Die psychische Anpassung von Frauen scheint hingegen nicht so sehr durch neue unterstützende Beziehungen gefördert zu werden, ...

Frauen scheinen mehr durch die übriggebliebene Feindseligkeit aus der früheren Ehe und problematische Beziehungen zwischen Partnern und Kindern in ihren neuen Ehen oder Verhältnissen beeinträchtigt zu werden" (S. 68). Aber auch bei Frauen wurden positive Auswirkungen einer neuen Partnerschaft festgestellt, beispielsweise weniger negative Gefühle.

Die Beziehung zwischen geschiedenen Ehegatten

Als bei einer Studie über 210 geschiedene Amerikaner SPANIER und THOMPSON (1984) zwei Jahre nach der Trennung danach fragten, "wie sie über Kontakte mit ihren früheren Ehepartnern empfänden, sagte etwa die Hälfte der Männer und Frauen, daß sie geringen Kontakt bevorzugen, aber nur wenn nötig. Die andere Hälfte teilte sich fast gleich auf in solche mit Wunsch nach engerem Kontakt und solche mit überhaupt keinem Kontaktwunsch" (S. 131). Knapp 60% der Befragten hatten in den letzten paar Wochen mit ihren früheren Partnern am Telefon und rund 50% persönlich gesprochen. Rund 10% hatten einen Brief von ihnen empfangen, und 7% hatten einen an sie abgesandt. Jeder zehnte war mit dem ehemaligen Ehegatten ausgegangen, und 4% hatten sogar mit ihm geschlechtlich verkehrt. Zumeist hatten die *Spannungen zwischen beiden Seiten abgenommen;* 30 % der Befragten berichteten jedoch von keiner Veränderung oder einem Anstieg der Spannungen. Eine deutsche Untersuchung (NAPP-PETERS 1988, 1989) über 100 Mütter und 50 Väter, die vor durchschnittlich viereinhalb Jahren geschieden wurden, ergab, daß bei 54% kein Kontakt mehr zum früheren Ehepartner bestand - er riß oft schon in weniger als 12 Monaten ab. Bei 27% der Befragten war eine "ko-elterliche Interaktion" festzustellen: Beide Eltern nahmen aktiv am Leben ihrer Kinder teil, hatten für sie Kinderzimmer eingerichtet und trafen gemeinsam Entscheidungen über deren Erziehung. Allerdings hatten nur 63% der betroffenen Kinder eine enge und herzliche Beziehung zum nichtsorgeberechtigten Elternteil; bei den übrigen lagen keine Beziehung oder eine gewissen Entfremdung vor. Interessant ist, daß eine ko-elterliche Interaktion eher bei sozial schwachen Familien, bei einem größeren sozialen Netzwerk und bei Eltern vorgefunden wurde, die eine neue Partnerbeziehung eingegangen waren.

Bei einer amerikanischen Studie (AHRONS und WALLISCH

1987a) über 80 Männer und Frauen, die ein und drei Jahre nach ihrer Scheidung interviewt wurden, gaben etwa 30% der Befragten an, daß sie noch etwas Liebe oder freundschaftliche Gefühle für ihren früheren Partner empfanden. Circa die Hälfte war indifferent und ein Viertel erlebte negative Gefühle. Ein Jahr nach der Scheidung sprachen 21% relativ häufig über ihre Kinder, 59% etwas und 21% wenig. Drei Jahre nach der Scheidung berichteten nur noch 9% von häufigen Interaktionen über ihre Kinder. Zu diesem Zeitpunkt verbrachten noch etwa 30% (gegenüber 45% ein Jahr nach der Scheidung) gelegentlich Zeit gemeinsam mit dem früheren Ehegatten und den Kindern, und zwar vor allem an Feiertagen und bei Festen, Gaststättenbesuchen und Schulaktivitäten. In diesen Fällen hatte sich laut AHRONS und WALLISCH (1987a) die ursprüngliche Familie zu einer "binuklearen" umorganisiert - zwei Haushalte bildeten ein Familiensystem.

Generell besteht mehr Kontakt zwischen Geschiedenen mit gemeinsamen Kindern. Sie sprechen vor allem über Entscheidungen, welche die Kinder betreffen, über Unterhaltszahlungen, alltägliche Ereignisse sowie praktische und persönliche Probleme. Hingegen werden Themen wie die frühere Ehe, die Scheidungsgründe, neue Beziehungen oder die Anpassung der Kinder an die Scheidungssituation gemieden. Geschiedene ohne Kinder sprechen eher über persönliche Fragen und schrecken weniger vor sensiblen Themen zurück. In vielen Interaktionen geht es aber auch um Spannungen. So berichtete bei der vorgenannten Studie von AHRONS und WALLISCH (1987a) etwa die Hälfte der Befragten von Auseinandersetzungen und Spannungen ein und drei Jahre nach der Scheidung.

Viele Konflikte beziehen sich auf Unterhaltszahlungen. So fand NAPP-PETERS (1985, 1988) heraus: "Nur 42 Prozent der Eltern erhalten vom geschiedenen Ehepartner regelmäßig Unterhalt für die gemeinsamen Kinder. Bei 18 Prozent wird der Unterhalt nicht regelmäßig oder vermindert gezahlt. 26 Prozent haben noch nie Unterhaltsleistungen erhalten. 14 Prozent der Eltern, vorwiegend Väter, legen keinen Wert auf Unterhalt ..." (1988, S. 24). In den meisten Fällen waren die Kinder Ansprechpartner oder Ventil für die hieraus resultierende Enttäuschung oder Verbitterung.

Viele Konflikte zwischen Geschiedenen entzünden sich auch am Umgangsrecht. Zum einen versuchen viele sorgeberechtigte

Elternteile, die Wahrnehmung dieses Rechts zu erschweren, weil sie sich auf diese Weise an ihrem früheren Partner rächen wollen, ihn für unregelmäßige oder unzureichende Unterhaltszahlungen bestrafen möchten oder ihn als Eindringling erleben - insbesondere wenn sie eine neue Kernfamilie bilden und diese gegenüber Außenstehenden deutlich abgrenzen wollen. Manche möchten nicht, daß ihre Kinder mit dem umgangsberechtigten Elternteil in Kontakt kommen, weil sie dessen Erziehungsstil oder neuen Partner ablehnen. Auch die Weiterentwicklung der beiden früheren Ehegatten kann zu unterschiedlichen Perspektiven hinsichtlich der Kindererziehung führen. Zum anderen sind viele umgangsberechtigte Elternteile bei Besuchen unpünktlich, sagen diese kurzfristig ab, erscheinen zu den vereinbarten Terminen nicht oder verhalten sich bei Besuchen ihren Kindern gegenüber wenig akzeptabel (sind zum Beispiel betrunken, bedrohen sie, fragen sie aus oder versuchen, sie negativ zu beeinflussen). WEITZMAN (1985) berichtete, daß es bei ihren Interviews mit 228 seit einem Jahr geschiedenen Männern und Frauen "zahlreiche spontane Äußerungen von Müttern gab, die versuchten, den Vater zu überzeugen (oder ihn baten), seinen Kindern mehr Aufmerksamkeit zu schenken und mehr Zeit mit ihnen zu verbringen. Mit großer emotionaler Besorgnis wurden Beschwerden über Väter vorgebracht, die nicht anriefen, ein wichtiges Baseballspiel oder eine Schultheateraufführung verpaßten, einen Geburtstag vergaßen, eine Reise absagten, auf die sich die Kinder schon seit Monaten gefreut hatten, oder einfach aufhörten, ihre Kinder zu besuchen" (S. 230). Knapp ein Viertel der Befragten, und zwar gleichermaßen sorge- und umgangsberechtigte Eltern, berichtete von Problemen hinsichtlich des Besuchsrechts.

Für den nichtsorgeberechtigten Elternteil ist oft auch problematisch, daß er sich gegenüber seinem früheren Ehepartner als Verlierer oder Bittsteller, als ohnmächtig und ungerecht behandelt erlebt. Er zieht sich dann häufig zurück. Aber auch der sorgeberechtigte Elternteil fühlt sich vielfach benachteiligt, da er die Last der Kindererziehung tragen muß und von seinem geschiedenen Ehegatten kaum entlastet wird. Viele Auseinandersetzungen resultieren daraus, daß Geschiedene nicht zwischen Partner- und Elternebene trennen können. So werden alte Partnerkonflikte über die Kinder ausgetragen. Besonders problematisch ist, wenn die früheren Ehegatten weiterhin nur negative Seiten am jeweils anderen sehen oder unakzeptable Aspekte ihrer selbst

auf ihn projizieren. Auch eine Wiederheirat kann zu neuen Auseinandersetzungen über Sorge- und Umgangsrecht, Unterhaltszahlungen und so weiter führen.

Greift man auf die vorgenannten Forschungsergebnisse zurück, so kann man sechs Arten der Beziehung zwischen geschiedenen Eltern unterscheiden:

(1) Es besteht kein Kontakt zwischen den früheren Ehepartnern. Der nichtsorgeberechtigte Elternteil kümmert sich nicht oder nur sehr wenig um seine
Kinder.

(2) Die geschiedenen Ehegatten bleiben miteinander verfeindet. Ihr Ärger,
ihre Wut und Enttäuschung zeigen sich in zahlreichen Konflikten, Machtkämpfen, dem häufigen Einschalten von Rechtsanwälten und Gerichten, Be-
strebungen, die Kinder zu Bündnispartnern zu machen, und im Versuch, Besuchskontakte zu unterbinden. Die Kinder müssen sich für einen der beiden
Elternteile entscheiden.

(3) Die geschiedenen Ehepartner empfinden noch negative Emotionen füreinander und versuchen, den Kontakt auf ein Minimum zu beschränken. Der
nichtsorgeberechtigte Elternteil kann aber ungehindert von seinem Besuchsrecht Gebrauch machen. Auch findet eine Abstimmung bei wichtigen Entscheidungen über den weiteren Lebensweg der Kinder statt. Diese erleben
häufig Loyalitätskonflikte.

(4) Die früheren Ehegatten haben sich noch nicht voneinander abgelöst
und empfinden positive Gefühle füreinander. Sie benutzen jede sich ihnen
bietende Gelegenheit, um miteinander ins Gespräch zu kommen oder einander zu treffen. Dabei werden - neben Erziehungsfragen - auch persönliche
und interpersonale Probleme sowie allgemeine Themen erörtert. Die Kinder
haben Kontakt zu beiden Elternteilen.

(5) Die früheren Ehepartner empfinden weder stärkere positive noch negative Gefühle füreinander. Sie haben aber erkannt und akzeptiert, daß beide
Elternteile für ihre Kinder wichtig sind und einen positiven Einfluß auf sie haben. Beide sind aktive und verantwortliche Eltern, stimmen wichtige Erziehungsfragen miteinander ab, haben aber ansonsten wenig Kontakt miteinander. Konflikte sind selten.

(6) Die früheren Ehepartner sind Freunde geworden - obwohl es für eine
derartige Entwicklung keine Rollenmodelle gibt und sie vom Netzwerk in der
Regel nicht gefördert wird. Sie respektieren einander als Eltern, erziehen ihre
Kinder weiterhin gemeinsam und verbringen viel Zeit mit ihnen (und miteinander). Auch die Kontakte zu den Schwiegereltern werden fortgesetzt.

Es ist offensichtlich, daß derartige Beziehungsqualitäten auch
bei kinderlosen Geschiedenen vorzufinden sind.

Die letztgenannte Beziehungsart (6) erinnert auf den ersten
Blick an die gemeinsame Sorge, kann aber unabhängig von einer
solchen Sorgerechtsregelung zustande kommen. Bei einer kali-

fornischen Untersuchung (COYSH et al. 1989) über 149 Familien zwei Jahre nach der Trennung wurde beim Vergleich der Fälle mit gemeinsamer Sorge (34%) und denen mit alleiniger Sorge der Mutter (66%) sogar festgestellt, daß die Sorgerechtsregelung keine Auswirkung auf die Beziehungsqualität zwischen den Geschiedenen und deren Weiterentwicklung hat. Zusammenfassend heißt es: "Trotz des Faktums, daß Väter mit gemeinsamer Sorge ihre Kinder im Durchschnitt an 10 Tagen pro Monat sahen im Vergleich zu nichtsorgeberechtigten Vätern, die durchschnittlich vier Tage pro Monat mit ihren Kindern verbrachten, zeigen die Ergebnisse dieser Studie, daß die gemeinsame Sorge und Besuchsregelungen nicht in Beziehung stehen zu der individuellen Anpassung sowohl der Männer als auch der Frauen, noch daß die Sorgerechtsarrangements ein wirksamer Faktor zu sein scheinen, der die Beziehung der Eltern zueinander nach der Scheidung beeinflußt" (S. 67).

Eltern-Kind-Beziehung

Direkt nach der Scheidung erleben sorgeberechtigte Eltern häufig noch große Probleme mit ihren Kindern, da diese zum Beispiel eine Versöhnung ihrer Eltern erreichen wollen, diese gegeneinander ausspielen, verhaltensauffällig oder symptomatisch sind. Auch haben sie oft noch zu wenig Zeit für sie, da Probleme wie das Einarbeiten in einen neuen Beruf, die Partnersuche oder die psychische Verarbeitung der Scheidung im Vordergrund stehen. Im Verlauf der Nachscheidungsphase werden viele sorgeberechtigte Eltern jedoch wieder *verständnisvolle und verantwortungsbewußte Erzieher*. NAPP-PETERS (1985) stellte bei ihrer Befragung fest: "Rund ein Drittel der Mütter hob den besseren Kontakt zu ihren Kindern hervor, der zuvor durch eheliche Auseinandersetzungen o.a. belastet war, und betonte die partnerschaftliche Struktur ihrer Beziehungen sowie die Hilfe und Unterstützung, die sie durch ihre Kinder erfahren" (S. 124). Bei einer amerikanischen Untersuchung (HETHERINGTON, COX und COX 1982) berichtete die Hälfte der Mütter (und ein Viertel der Väter), daß sich die Beziehung zu ihren Kindern im Vergleich zu der Zeit vor der Trennung verbessert hätte. Auch wurde das Erziehungsverhalten der Mütter zwei Jahre nach der Scheidung positiver beurteilt als zwei Monate oder ein Jahr danach. Die

Mütter wurden nach der Scheidung zunächst restriktiver und die Väter permissiver und verwöhnender, dann kam es zur entgegengesetzten Entwicklung.

In vielen Scheidungsfamilien dauert aber der Zustand verringerter elterlicher Fürsorge an, werden die Kinder *vernachlässigt* und müssen sie für sich selbst sorgen. Oft sind die sorgeberechtigten Elternteile überlastet, da sie Beruf, Haushalt, Erziehung und Partnersuche miteinander vereinbaren müssen und ihnen kaum Zeit zur Regeneration ihrer Kräfte bleibt. Aber auch in der (Vor-)Scheidungsphase entstandene *pathologische Erscheinungen* können in der Nachscheidungsphase fortbestehen: Beispielsweise werden weiterhin Kinder als Partnerersatz, Bundesgenossen, Spion oder Sündenbock mißbraucht. Ältere Kinder werden parentifiziert und müssen den Haushalt und jüngere Geschwister versorgen. Manchmal wird auch der elterliche Konflikt nach der Scheidung fortgeführt, wobei ein Kind den abwesenden Elternteil vertritt: Es eignet sich dessen Eigenschaften an, übernimmt oft die Täterrolle und wird fortwährend in Konflikte mit dem anwesenden Elternteil verwickelt.

In der Nachscheidungsphase löst sich häufig die Beziehung zwischen nichtsorgeberechtigten Elternteilen und ihren Kindern auf. So hatten nach einer Untersuchung des Deutschen Jugendinstituts 40% der Kinder geschiedener Mütter *keinen Kontakt mehr zu ihren Vätern* - gegenüber 17% der Kinder getrenntlebender Mütter (Sozialdienst Katholischer Frauen - Zentrale e.V. 1988). Napp-Peters (1988, 1989) stellte bei ihrer Studie fest, daß bei 45% der Kinder kein Kontakt mehr zum nichtsorgeberechtigten Elternteil bestand. "Nur bei 17 Prozent der Familien gibt es ein festes Besuchsschema für den nichtsorgeberechtigten Elternteil. Das ist in der Regel ein Besuchstag in der Woche oder alle 14 Tage ein Wochenende. 38 Prozent haben keine feste Vereinbarung getroffen, was in vielen Fällen dazu beigetragen hat, daß sich die Besuchstendenz rückläufig entwickelt hat" (1988, S. 44). Nur bei 27% der Fälle lag noch eine enge und herzliche Beziehung vor.

Auch nach amerikanischen Untersuchungen nimmt der Kontakt zwischen nichtsorgeberechtigten Eltern und Kindern nach der Scheidung ab und erlöscht in vielen Fällen. So ergab die repräsentative Längsschnittstudie "National Survey of Children" (Furstenberg et al. 1983), die 1976 mit 1747 Haushalten (mit 2279 Kindern im Alter von sieben bis 11 Jahren) begann und 1981 mit

1047 Haushalten (mit 1377 Kindern) endete, daß nur 16% der in diesem Sample enthaltenen Kinder aus geschiedenen Ehen wenigstens einmal pro Woche Kontakt zum nichtsorgeberechtigten Vater hatten. Knapp 17% hatten im vergangenen Jahr zwischen 12 und 51mal und 15% zwischen 1 und 11mal Kontakt. Etwa 16% hatten vor mindestens einem Jahr zum letzten Mal Kontakt und fast 36% vor mindestens fünf Jahren oder konnten sich an das letzte Treffen nicht mehr zurückerinnern. Der Kontakt nahm nach Ablauf des zweiten Jahres nach der Scheidung und nach der Wiederheirat eines oder beider Elternteile besonders stark ab. Er war generell schwächer ausgeprägt, wenn der nichtsorgeberechtigte Elternteil weiter entfernt wohnte oder keine Unterhaltszahlungen leistete, oder wenn es weiterhin Konflikte zwischen den geschiedenen Ehegatten gab. Der Kontakt zu nichtsorgeberechtigten Müttern war etwas intensiver; es gab aber nur 25 derartiger Fälle im Sample.

Eine Befragung von 227 Kindern aus geschiedenen Ehen (FURSTENBERG, MORGAN und ALLISON 1987) ergab, daß sich 22% ihrem nichtsorgeberechtigten Vater sehr nahe und 33% ziemlich nahe fühlten, wobei das Geschlecht, die Enge der Beziehung zur Mutter, das Vorhandensein eines Stiefvaters oder der Zeitraum, der seit der Trennung vergangen war, keinen Einfluß auf die Meinung der 11- bis 16jährigen Kinder ausübten. Auch "bestand nur eine schwache Korrelation zwischen der Menge an Zeit, welche die Kinder mit ihren nichtsorgeberechtigten Vätern verbrachten, und wie nah sie sich ihnen fühlten. Diese schwache Korrelation ist für sich wichtig, weil sie auf die Möglichkeit verweist, daß Kinder in ihrer Identität einen Elternteil bewahren können, den sie unregelmäßig sehen" (S. 698). Der Grad an erlebter Nähe hatte übrigens keine Wirkung auf die Anpassung der Kinder.

WEITZMAN (1985) stellte bei ihrer Untersuchung über 228 Personen ein Jahr nach der Scheidung einerseits fest, daß wohl 77% der nichtsorgeberechtigten Eltern ihre Kinder vermißten und 20% sich ihnen weniger nahe fühlten, jedoch keiner sie häufiger treffen wollte. Etwa 30% wollten sie gleich häufig sehen und 70% seltener (30% kamen mit ihnen mindestens einmal pro Woche und 33% ein- bis zweimal pro Monat zusammen). Da auch 43% der sorgeberechtigten Mütter einen geringeren Kontakt wünschten, ist also dessen Abnahme vorprogrammiert. Ursachen für den zurückgehenden Kontakt sind neben Abgrenzungsbestrebungen und Sabotageversuchen der sorgeberechtigten Elternteile auch nachlassendes Interesse der Umgangsberechtigten an den Kindern, Unfähigkeit, mit ihnen eine beidseitig befriedigende Zeit zu verbringen, ein neuer Lebensstil, der Kinder nicht einschließt, Umzug in einen weit entfernten Ort oder der Wunsch, Konflikten mit dem früheren Ehegatten aus dem Weg zu gehen. Oft wollen auch die Kinder einen geringeren oder keinen Kontakt, weil sie beispielsweise den nichtsorgeberechtigten Elternteil für die Scheidung verantwortlich machen, die Partei des anderen ergriffen haben, Besuche als unangenehm oder langweilig erleben, mit zwei verschiedenen Lebens- oder Erziehungsstilen nicht zurechtkommen, den neuen Partner des Elternteils ablehnen, oder auf diese Weise einer Rollenzuweisung als Vermittler, Spion oder Tröster entgehen wollen. Ältere Kinder und Jugendliche wollen auch selbst bestimmen, wie und mit wem sie ihre Freizeit verbringen, und lehnen vor allem feste Besuchsschemata ab.

Trotz des geringen Kontakts stehen viele nichtsorgeberechtigte Eltern ihrer Meinung nach ihren Kindern näher als vor der Trennung, *sprechen sich selbst einen größeren Erziehungseinfluß zu* und glauben, einen bedeutenden Teil der Erziehungsverantwortung übernommen zu haben - wobei die sorgeberechtigten Eltern meist anderer Meinung sind (Furstenberg und Spanier 1987). Jedoch ist durchaus möglich, daß der Besuchstermin zu intensiven Gesprächen und vielfältigen Aktivitäten genutzt wird und so eine engere Eltern-Kind-Beziehung als vor der Trennung entsteht. Bedenkt man, daß nach einer repräsentativen Studie über 1106 Familien (Krüsselberg, Auge und Hilzenbecher 1986) Väter - mit beliebig vielen Kindern und unabhängig vom Ausmaß der Erwerbstätigkeit ihrer Ehefrauen - nur rund 20 Minuten pro Tag für die Kinderbetreuung aufwenden, dann investiert ein nichtsorgeberechtigter Vater, der ein oder zwei Wochenenden pro Monat mit seinem Kind verbringt, sehr viel mehr Zeit für sein Kind. Jedoch wird manchmal diese Zeit auf wenig sinnvolle Weise verbracht. Auch scheuen sich manche umgangsberechtigten Eltern, ihre Kinder bei Besuchen zu disziplinieren oder in ihre Grenzen zu verweisen. Nachdem sie versucht haben, ihnen alle Wünsche zu erfüllen, sind sie beim Abschied oft richtig erleichtert. Anzumerken ist noch, daß vielfach aber auch ältere Kinder und Jugendliche die Beziehung zum nichtsorgeberechtigten Elternteil zu intensivieren versuchen, weil sie beispielsweise Hilfe bei der Ablösung und Identitätsentwicklung erwarten,

Spannungen mit dem sorgeberechtigten Elternteil entgehen wollen oder sich so gegen eine Vereinnahmung durch denselben wehren.

Nach einer amerikanischen Studie (KURDEK und SIESKY 1979) über 74 sorgeberechtigte Eltern, die sich vor durchschnittlich vier Jahren von ihren Ehegatten getrennt hatten, verhielten sich fast 24% der 126 Kinder undiszipliniert nach Besuchen beim umgangsberechtigten Elternteil, zeigten sich fast 13% erleichtert, zogen sich knapp 7% zurück und waren 4% ablehnend - nur 38% zeigten keine Reaktionen. Viele Probleme lassen sich darauf zurückführen, daß Kinder verschiedene Regeln, Werte und Einstellungen in beiden Haushalten erleben. Vielen gelingt es aber, damit zurechtzukommen.

Eine besondere Situation ist bei *gemeinsamer Sorge* gegeben. Hier wechseln die Kinder zwischen den Haushalten ihrer geschiedenen Eltern, verbringen einen Teil der Woche oder abwechselnd eine Woche, einen Monat oder ein Jahr in jeweils einem der beiden Haushalte. Vereinzelt bleiben auch die Kinder in der Familienwohnung und die Eltern wechseln. Wie bereits erwähnt, handelt es sich bei der gemeinsamen Sorge um seltene Fälle. Zudem wird sie nicht immer um der Kinder willen praktiziert, sondern zum Beispiel auch, weil die geschiedenen Ehegatten miteinander in Kontakt bleiben, nicht allein die volle Verantwortung für die Kinder übernehmen oder die Scheidung für die andere Seite nicht so schlimm machen möchten (WALLERSTEIN und BLAKESLEE 1989).

Bei einer amerikanischen Untersuchung (WOLCHIK, BRAVER und SANDLER 1985) über 133 Kinder, deren Eltern sich vor durchschnittlich 14,4 Monaten getrennt hatten, war bei 33% eine gemeinsame Sorgerechtsregelung vorgefunden worden. Allerdings hielten sich drei Viertel dieser Kinder in erster Linie bei einem Elternteil (zumeist der Mutter) auf. Sie verbrachten im Durchschnitt 20 Stunden pro Woche bei dem nicht mit ihnen zusammenlebenden Elternteil, während Kinder, deren Mütter das alleinige Sorgerecht erhalten hatten, nur 13 Stunden pro Woche bei ihren Vätern waren. Auch bei einer deutschen Untersuchung (BALLOFF und WALTER 1991) über 111 Kinder, die im Durchschnitt 10,9 Jahre alt waren und vor zwei oder drei Jahren die Scheidung ihrer Eltern erlebt hatten, wurde festgestellt, daß sich fast zwei Drittel der 29 Kinder bei gemeinsamer Sorge der Eltern überwiegend in einem Haushalt aufhielten: 38% gegenüber knapp 9% der Kinder bei alleiniger Sorge sahen den zweiten Elternteil mehr als 96 Stunden pro Monat; der Kontakt zu diesem war in keinem Fall abgebrochen (gegenüber fast 42% bei alleiniger Sorge). Laut einer anderen amerikanischen Studie (KLINE et al. 1989), bei der 25 Fälle mit gemeinsamer Sorge mit anderen Sorgerechtskonstellationen verglichen wurden, trafen Kinder (zwei Jahre nach der Trennung der Eltern) bei gemeinsamer Sorge den weniger gesehenen Elternteil sechs Tage mehr pro Monat als Kinder, deren Mütter die alleinige Sorge erhalten hatten - durchschnittlich acht Monate nach der Trennung betrug der Unterschied aber noch 10 Tage. In manchen Fällen wird später das gemeinsame Sorgerechtsverhältnis formell oder informell aufgelöst.

Bei einer Befragung (ROSENTHAL und KESHET 1981) von 127 geschiedenen Vätern berichteten diejenigen mit gemeinsamer Sorge, daß sie sich oft durch ihre Kinder eingeschränkt fühlten, insbesondere was die Partnersuche und Zeit für sich allein betraf. Sie erlebten häufiger Konflikte hinsichtlich der Vereinbarkeit von Familie und Beruf, mußten zum Beispiel um eine Kürzung ihrer Arbeitszeit bitten, mit der Kinderbetreuung zu vereinbarende Arbeit suchen oder auf eine Beförderung verzichten, wenn diese mit einer Versetzung verbunden war. WALLERSTEIN und BLAKESLEE (1989) stellten bei der Untersuchung von 25 Fällen mit gemeinsamer Sorge fest, daß sich die Eltern einig waren, "daß ihre Kinder echte Probleme damit hatten, von einem Haushalt in den anderen zu wechseln" (S. 309). Sie benötigten oft mehrere Stunden, um sich umzustellen. Probleme traten aufgrund unterschiedlicher Schlafenszeiten oder anderer Vorschriften hinsichtlich des Umgangs mit Fernsehen auf (es handelte sich um Geschiedene mit kleineren Kindern), aber auch aufgrund von Spannungen und Konflikten zwischen den Eltern. Weitere Probleme können aus Anpassungsschwierigkeiten resultieren, wenn die Eltern voneinander weit entfernt wohnen und das Kind jedes Jahr zwischen den Haushalten wechselt oder wenn sehr unterschiedliche Lebens- und Erziehungsstile praktiziert werden (FURSTENBERG et al. 1983; MORAWETZ und WALKER 1984). Positiv kann sich auswirken, daß die Kinder viel Zeit mit beiden Elternteilen verbringen und diese weiterhin als Erzieher und Bezugspersonen erleben. Auch muß nicht ein Elternteil die ganze Last der Versorgung seiner Kinder übernehmen, hat mehr Freizeit und ist bei Abwesenheit weniger auf einen Babysitter angewiesen.

Zu Beginn der Nachscheidungsphase erleben viele Kinder noch Gefühle wie Schmerz, Trauer oder Wut, fühlen sich zurückgewiesen, wenig liebenswert und machtlos. Diese Empfindungen lassen aber in der Regel im Lauf der Zeit immer mehr nach. Ein Teil der Kinder hält schließlich die Scheidung für eine positive Wendung ihres Schicksals, der andere aber für eine negative. Eine amerikanische Studie (WALLERSTEIN und BLAKESLEE 1989) über 110 Jugendliche und junge Erwachsene ergab, daß viele noch zehn Jahre nach der Scheidung von der Erinnerung an die Trennung ihrer Eltern gequält wurden und immer noch wenig Verständnis für deren Entscheidung aufbrachten. Sie wollten in ihrem eigenen Leben nicht denselben Fehler machen und trachteten nach einer guten Ehe, nach Verläßlichkeit, Treue und dauerhafter Liebe. Zumeist vertraten sie konservativere Moralvorstellungen als ihre Eltern. Die Wissenschaftler zeigten sich überrascht, "wie viele Kinder aus geschiedenen Ehen sich durch Offenheit, Aufrichtigkeit, Sanftmut und Freundlichkeit auszeichnen" (S. 53).

WALLERSTEIN (1983) stellte bei ihrer Längsschnittuntersuchung über 60 amerikanische Scheidungsfamilien fest, daß es den meisten Kindern und Jugendlichen in den ersten 12 bis 18 Monaten nach der Trennung ihrer Eltern gelang, *Abstand von den Problemen* derselben zu gewinnen, sich von der Familienkrise innerlich zu distanzieren, negative Gefühle zu beherrschen, alte Freunde zurückzugewinnen und vergleichbare Schulleistungen wie vor der Trennung zu erbringen. Viele hofften weiterhin auf eine Versöhnung ihrer Eltern. Auch nach einer Studie von KURDEK und SIESKY (1979) hatten vier Jahre nach der Trennung 11% der 126 Kinder noch immer nicht die Endgültigkeit der Scheidung akzeptiert. Rund 84% ihrer Eltern berichteten, daß die Kinder neue Kompetenzen und Stärken entwickelt hätten und selbstbewußter geworden wären. Allerdings wurde ihnen auch mehr Verantwortung übertragen als Kindern, die mit beiden Eltern zusammenlebten.

KURDEK (1989) wertete 10 Untersuchungen aus, bei denen Kinder aus Scheidungsfamilien zu einem einzigen Meßzeitpunkt mit Kindern aus vollständigen Erstfamilien verglichen wurden. Die Anpassung ersterer wurde in den Studien weniger positiv beurteilt, wobei jedoch nur 40 der 90 univariaten Vergleiche statistisch signifikant waren. Das bedeutet, daß "der durchschnittliche Anpassungs-Score eines Kindes aus einer Familie mit zwei Elternteilen nur um ein Viertel der Standardabweichung höher war als derjenige eines Kindes aus einer Teilfamilie. Anders gesagt, das durchschnittliche Kind aus einer Familie mit zwei Elternteilen (das also 50 Prozent der anderen Kinder aus dieser Gruppe übertrifft) übertrifft nur 60 Prozent der Kinder aus Familien mit einem Elternteil" (S. 86 f.). Dasselbe galt für die 13 Untersuchungen, bei denen Kinder aus Scheidungsfamilien mit Kindern aus anderen Familienkonstellationen (Erstfamilien, Stieffamilien, durch Verwitwung bedingte Teilfamilien) verglichen wurden: Hier waren nur 30 von 59 univariaten Vergleichen statistisch signifikant. Auch bei fünf Längsschnittstudien waren nur 14 von 78 Vergleichen signifikant. KURDEK (1989) kommt zu dem abschließenden Urteil, daß wohl Kinder aus Scheidungsfamilien *weniger gut angepaßt* seien als Kinder aus vollständigen Familien, daß die Unterschiede *aber weder groß noch durchgängig* wären. Die meisten Kinder würden sich einige Zeit nach der Scheidung ihrer Eltern normal entwickeln.

In der Regel verläuft die Entwicklung von Kindern in der Nachscheidungsphase positiv, wenn sie in einer engen Beziehung zu einem psychisch gesunden Elternteil leben, eine gute Erziehung erfahren und bei der Bewältigung der Scheidungssituation unterstützt werden. Auch wirkt sich positiv aus, wenn die Eltern ihre Probleme bald lösen, wenig Konflikte miteinander haben und hinsichtlich der Erziehung ihrer Kinder zusammenarbeiten können. Daneben spielen die individuellen Charakteristika der Kinder eine Rolle: So entwickeln sie sich normal weiter, wenn sie viele "coping skills", soziale Kompetenzen und Problemlösungsfertigkeiten besitzen sowie gut mit Streß umgehen können. Aber auch Umweltbedingungen sind von Bedeutung: So wirkt sich positiv aus, wenn die materiellen Lebensbedingungen angemessen bleiben, die Kinder nicht aus ihrer gewohnten Umgebung (mehrfach) herausgerissen werden und viel Unterstützung in ihrem Netzwerk finden.

Nach einer amerikanischen Untersuchung (HETHERINGTON, Cox und Cox 1985) entwickeln Scheidungskinder vor allem folgende *Symptome*: "In den ersten paar Jahren nach der Scheidung weisen Kinder aus geschiedenen Familien im Vergleich zu Kindern aus nicht geschiedenen Familien mehr antisoziales, impulsives Ausagieren, mehr Aggressionen und Ungehorsam, mehr Abhängigkeit, Angst und Depression, mehr Schwierigkeiten in

sozialen Beziehungen und mehr problematische Verhaltensweisen in der Schule auf. Von Unterschieden in externalisierenden,
impulsiven und antisozialen Verhaltensweisen wird regelmäßi-
ger berichtet als von solchen in internalisierenden Störungen wie
Rückzugsverhalten, Depression und Angst" (S. 518). NAPP-PE-
TERS (1988) Untersuchung ergab, daß bei 59 Kindern aus 52 Familien langfristige Störungen auftraten, und zwar bei 36% Aggressionen, bei 36% Depressionen, bei 19% Einkoten, Einnässen,
Suizidversuche und ähnliches sowie bei 9% Lügen, Stehlen und
so weiter. In zwei Dritteln der Fälle wurde eine Erziehungsbe-
ratungsstelle konsultiert. Bei einer Studie (SCHLEIFFER 1988) über
438 Kinder und Jugendliche sowie deren Familien, die zwischen
1980 und 1982 die Ambulanz der Abteilung für Kinder- und Ju-
gendpsychiatrie der Universität Frankfurt aufsuchten und von
denen 121 die Trennung bzw. Scheidung ihrer Eltern erlebt hatten, wurden bei Scheidungskindern seltener Entwicklungsstö-
rungen, aber häufiger Störungen des Sozialverhaltens, autoag-
gressive Symptome sowie Suizidgefährdung, dissoziale Verhaltensweisen, Schulphobie, Enkropesis (Einkoten) und "gemischte"
Syndrome diagnostiziert als bei anderen Patienten. Bei Sechs- bis
Zehnjährigen war es häufiger zu einer Externalisierung, bei Pu-
bertierenden zu einer Internalisierung gekommen. Scheidungskinder sind auch in Heimen und Pflegefamilien überrepräsentiert (TISCHER-BÜCKING 1989).
  Häufig sind *Unterschiede bei Jungen und Mädchen* hinsichtlich
der Verarbeitung der Scheidungsphase, ihrer Weiterentwicklung
und Symptomatik zu beobachten. So weisen Buben mehr Verhaltensauffälligkeiten auf (insbesondere aggressiver Natur), die zumeist für eine längere Zeit auftreten; sie sind auch häufiger ungehorsam und rebellisch. Generell tendieren Jungen eher zu externalisierenden und Mädchen zu internalisierenden Reaktionen. Bei
Buben, die bei ihren Müttern aufwachsen, ist oft auch eine "unty-
pische" Geschlechtsrollenentwicklung festzustellen: Sie weisen
zum Beispiel mehr feminine Züge auf und spielen häufiger mit
Mädchen. Das ist seltener der Fall, wenn sie viel Kontakt zu
ihren Vätern oder anderen männlichen Bezugspersonen haben
oder wenn "typisch männliche" Verhaltensweisen von ihren Müttern gefördert werden. Feminine Züge treten häufiger auf, wenn
sie von ihren Müttern überbehütet und infantilisiert werden oder
diese ihre Väter abwerten (HETHERINGTON, COX und COX 1982,
1985; KURDEK 1989).

Generell scheinen Verhaltensauffälligkeiten und psychische Probleme bei Einzelkindern, bei jüngeren Kindern und solchen mittleren Alters sowie bei Kindern häufiger zu sein, deren sorgeberechtigter Elternteil gegengeschlechtlich ist. Negativ wirken sich auch ein niedriger sozioökonomischer Status sowie Spannungen und Konflikte zwischen den geschiedenen Eltern aus. Zumeist wird davon berichtet, daß Verhaltensauffälligkeiten und psychische Probleme häufiger sind, wenn nur wenig Kontakt zum nichtsorgeberechtigten Elternteil besteht (NAPP-PETERS 1989). Es gibt aber Untersuchungen wie die von FURSTENBERG, MORGAN und ALLISON (1987), die nicht zu diesem Ergebnis kamen.

Viele verschiedene Faktoren werden dafür verantwortlich gemacht, daß Scheidungskinder verhaltensauffällig werden oder bleiben. Beispielsweise wird auf Vernachlässigung, Mangel an emotionaler Zuwendung, unzureichende oder inkonsistente elterliche Kontrolle und chaotische Familienverhältnisse verwiesen. In manchen dieser Fälle sind überstarke Bindungen zwischen Eltern und Kindern (Symbiosen) oder in Ablehnung verkehrte Bindungen festzustellen, aber auch Bündnisse, Ausstoßungstendenzen oder die Zuweisung von Rollen wie die des Ersatzpartners oder Sündenbocks. Oft kommt es auch zur Ausbildung von Symptomen, wenn die Eltern psychisch auffällig sind, unter Ängsten und Depressionen leiden. Belastend wirkt sich aus, wenn Kinder Gewalttätigkeiten zwischen ihren Eltern erlebten: Jungen identifizieren sich dann oft mit dem Aggressor und werden selbst gewalttätig, Mädchen übernehmen vielfach eine Opferrolle.

Kinder und Jugendliche leiden in der Nachscheidungsphase eher unter Verhaltensauffälligkeiten oder psychischen Störungen, wenn sie sich für die Trennung ihrer Eltern verantwortlich machen, noch immer auf eine Versöhnung hoffen, starke Trennungsängste erleben oder im Konflikt zwischen Ablösungsbestrebungen und starken Bindungen stehen. Negativ kann sich ferner auswirken, wenn sie sich als Bürde für den sorgeberechtigten Elternteil sehen, auf neue Partner ihrer Eltern eifersüchtig sind oder feindselige Gefühle gegenüber dem nichtsorgeberechtigten Elternteil empfinden. Manche Kinder interpretieren den Elternverlust oder die Einstellung von Unterhaltszahlungen auch so, als ob sie wertlos und nicht liebenswürdig wären. Solche Gefühle werden zudem geweckt, wenn nichtsorgeberechtigte Elternteile von sich aus auf ihr Umgangsrecht verzichten, häufig Besuche absagen oder zu den vereinbarten Terminen nicht erscheinen. Ältere Mädchen erleben sich auch als wenig attraktiv und als Frau abgelehnt, wenn sich ihre Väter nicht mehr um sie kümmern. Da ihre Mütter ebenfalls zurückgewiesen wurden, vergrößert die Identifikation mit ihnen noch den Eindruck, nicht liebenswert zu sein. Zumeist führt aber erst eine Kombination mehrerer der in den letzten Absätzen erwähnten Faktoren zu einer Konstellation, unter der Verhaltensauffälligkeiten und psychische Probleme ausgebildet werden und sich verfestigen.

Über die *Entwicklung von Kindern bei gemeinsamer Sorge* ihrer Eltern liegen erst wenige Forschungsergebnisse vor: Bei einer deutschen Untersuchung (BALLOFF und WALTER 1991) über 111 Kinder, die knapp 11 Jahre alt waren und vor zwei oder drei Jahren die Scheidung ihrer Eltern erlebt hatten, wurde festgestellt, daß sowohl bei ca. 55% der 29 Kinder mit gemeinsamer Sorge der Eltern als auch bei etwa 55% der 82 Kinder mit alleiniger Sorge Befindlichkeitsstörungen seitens der Eltern genannt wurden. Bei einem Vergleich der Erstgeborenen wurde ermittelt, daß 60% der 15 Kinder unter gemeinsamer Sorge im Vergleich zu 25% der 48 Kinder unter alleiniger Sorge zum Erhebungszeitpunkt noch Wiederversöhnungswünsche äußerten (vor allem bei intensiverem Kontakt zu beiden Elternteilen) und sich zu einem geringeren Prozentsatz (47% zu 77%) mit der Trennung der Eltern abgefunden hatten.

Bei einer amerikanischen Untersuchung (WOLCHIK, BRAVER und SANDLER 1985) über 133 Kinder, die vor etwa 14,4 Monaten die Trennung ihrer Eltern erlebt hatten und von denen sich ein Drittel in gemeinsamer Sorge befand, wurden keine Unterschiede hinsichtlich der Häufigkeit oder Art von Symptomen zwischen Kindern in alleiniger oder gemeinsamer Sorge gefunden. Bei gemeinsamer Sorge berichteten die Kinder jedoch häufiger über positive Erlebnisse innerhalb der letzten drei Monate und zeigten mehr Selbstachtung. WALLERSTEIN und BLAKESLEE (1989) berichteten aus zwei Forschungsprojekten, daß die 100 bzw. 25 Kinder in gemeinsamer Sorge zwei Jahre nach der Scheidung ihrer Eltern gleich viele Verhaltensauffälligkeiten und Anpassungsschwierigkeiten aufwiesen wie Kinder bei alleiniger Sorge eines Elternteils. Erstere hatten jedoch mehr Kontakt zu ihren Vätern. Auch KLINE und Mitarbeiter (1989), die 101 kalifornische Kinder - davon 35 in gemeinsamer Sorge - zwei Jahre nach der Trennung ihrer Eltern untersuchten, stellten keine nennenswerten Unterschiede fest: "Sorge- und Umgangsrechtsregelungen erklärten zusammen einen sehr kleinen und nichtsignifikanten Teil der Varianz bezüglich der kindlichen Anpassung, unabhängig davon, ob gleichzeitig andere Prädikatoren berücksichtigt wurden. Trotz des Zugangs zu beiden Elternteilen wiesen Kinder in gemeinsamer Sorge weder weniger Störungen noch eine bessere soziale und emotionale Anpassung nach der Scheidung als Kinder in alleiniger Sorge auf" (S. 435). LUEPNITZ (1986) fand bei seiner Studie über 43 Scheidungsfamilien (11 mit gemeinsamer Sorge) ebenfalls keine Unterschiede zwischen beiden Gruppen.

Abschließend ist festzuhalten, daß nur ein Teil der Scheidungskinder in der Nachscheidungsphase verhaltensauffällig bleibt oder weiterhin unter psychischen Problemen leidet - wobei Symptome oft schon vor der Trennung der Eltern festzustellen sind. Auch dürfen diese Auffälligkeiten nicht auf ein oder zwei größere Ereignisse wie Trennung oder gerichtliche Scheidung zurückgeführt werden. Zumeist entwickeln sie sich in einem langfristigen Prozeß, in dem eine Vielzahl unterschiedlicher negativer Veränderungen auftraten, die Familienbeziehungen, Netzwerkkontakte, psychische Gesundheit anderer Familienmitglieder, materielle Lebensbedingungen, Qualität der Kinderbetreuung, Wohnortwechsel u.ä. betrafen. Zu beachten ist auch, daß Forschungsergebnisse zeigen, "daß es bei Kindern weniger wahrscheinlich ist als bei ihren Eltern, daß sie sich vom Streß der Trennung erholen" (ISAACS, MONTALVO und ABELSOHN 1986, S. 6). Viele von ihnen leiden nicht nur zehn Jahre nach der Scheidung noch an deren Folgen, sondern scheitern später auch unverhältnismäßig häufig in ihren eigenen Ehen (LANGENMAYR 1987; WALLERSTEIN und BLAKESLEE 1989).

Scheidungsberatung

In den USA entstand Mitte der 70er Jahre die Scheidungsberatung als eigenständige Therapierichtung. Sie läßt sich als Antwort auf die rasch steigende Zahl von Scheidungsfamilien, auf die wachsende Nachfrage nach Beratung seitens Geschiedener und Alleinerziehender sowie auf Forschungsergebnisse über die Probleme und Verhaltensauffälligkeiten von Scheidungskindern verstehen. FERREIRO, WARREN und KONANC (1986) gehen davon aus, daß mehr als die Hälfte der Klienten amerikanischer Berater und Therapeuten bereits eine Scheidung erlebt hätten, da zum einen die Scheidungsraten einen sehr hohen Stand erreicht haben und zum anderen Geschiedene häufiger eine Beratungseinrichtung aufsuchen als Ledige oder Verheiratete. In der Zwischenzeit gibt es in den USA bereits eine große Zahl von Monographien und Sammelbänden über Scheidungstherapie sowie eine Fachzeitschrift ("Journal of Divorce"), die sich ausschließlich dieser Thematik annimmt.

In Deutschland beginnt die Scheidungsberatung, erst richtig Fuß zu fassen. Viele Ehe-, Familien- und Erziehungsberatungsstellen verstehen in der Regel ihren Auftrag noch so, daß sie ehe- und familien*erhaltend* wirken sollen - Scheidungsberatung gewinnt erst langsam in ihrem Konzept Platz. Auch sind sie mit ihrer "klassischen" Klientel bereits überlastet (daher die langen Wartezeiten); haben erst wenige Mitarbeiter eine Zusatzausbildung im Bereich der Scheidungsberatung. Zudem können die kirchlichen Wohlfahrtsverbände aus ihrem Verständnis von Scheidung heraus eine Scheidungsberatung in den von ihnen getragenen Beratungseinrichtungen wohl nur schwer akzeptieren. Es ist anzunehmen, daß auch Getrenntlebende und Geschiedene von Ehe-, Familien- und Lebensberatungsstellen keine Scheidungsberatung erwarten. Eine Auswertung der Daten über 24518 Klienten katholischer (und vereinzelt evangelischer) Beratungsstellen ergab, daß wohl rund 18% der Klienten Trennungswünsche, 11% Trennungsängste und 5% Probleme nach der Trennung als einen Beratungsanlaß nannten, jedoch nur bei 5% Trennungswünsche, bei knapp 3% Trennungsängste und bei etwas mehr als 1% Probleme nach der Trennung den *Schwerpunkt* der Beratung bildeten (KLANN und HAHLWEG 1987). Erst wenige frei praktizierende Psychologen haben sich auf Scheidungsberatung spezialisiert oder bieten diese als ein Angebot neben anderen an. Auch an Jugendämtern finden Getrenntlebende und Geschiedene wenig Hilfe, da Familiengerichtshelfer ihre Aufgabe weniger in der Beratung als in der Erstellung von Gutachten für das Gericht sehen. Da es erst in einigen Großstädten ausgesprochene Scheidungsberatungsstellen gibt, ist anzunehmen, daß viele Hilfsbedürftige das Beratungsangebot als sehr defizitär empfinden. Bei der Befragung von NAPP-PETERS (1988) fanden nur 8 von 150 geschiedenen Eltern professionelle Hilfe.

Es ist jedoch davon auszugehen, daß das im Jahr 1990 verabschiedete *Kinder- und Jugendhilfegesetz* (KJHG) Abhilfe schaffen wird. In ihm wird der Auftrag von Beratungsstellen neu definiert: "Erziehungsberatungsstellen und andere Beratungsdienste und -einrichtungen sollen Kinder, Jugendliche, Eltern und andere Erziehungsberechtigte bei der Klärung und Bewältigung individueller und familienbezogener Probleme und der zugrundeliegenden Faktoren, bei der Lösung von Erziehungsfragen sowie bei Trennung und Scheidung unterstützen. Dabei sollen Fachkräfte verschiedener Fachrichtungen zusammenwirken, die mit unterschiedlichen methodischen Ansätzen vertraut sind" (§ 28 KJHG). Ferner wird Alleinerziehenden ein "Anspruch auf Beratung und Unterstützung bei der Ausübung der Personensorge" (§ 18 Abs. 1 KJHG) sowie nichtsorgeberechtigten Eltern "ein Anspruch auf Beratung und Unterstützung bei der Ausübung des Umgangsrechts" gewährt, wobei Hilfestellung bei der Herstellung von Besuchskontakten ausdrücklich eingeschlossen ist (§ 18 Abs. 4 KJHG). Zudem sollen Eltern im Fall der Trennung oder Scheidung "bei der Entwicklung eines einvernehmlichen Konzepts für die Wahrnehmung der elterlichen Sorge unterstützt werden" (§ 17 Abs. 2 KJHG), soll ihnen durch Beratungsangebote geholfen werden, "die Bedingungen für eine dem Wohl des Kindes oder des Jugendlichen förderliche Wahrnehmung der Elternverantwortung zu schaffen" (§ 17 Abs. 1 Ziff. 3 KJHG). Hier sind vor allem die Jugendämter gefragt, die nun in weitaus größerem Maße als bisher Beratungsaufgaben übernehmen müssen.

Während sich in den USA der Begriff "Scheidungstherapie" eingebürgert hat, wird in diesem Buch - dem deutschen Sprachgebrauch folgend - von "Scheidungsberatung" gesprochen. Dadurch soll auch verdeutlicht werden, daß es hier nicht um eine detaillierte Darstellung geht, wie man auf bestimmte Verhaltensstörungen, psychische Probleme oder psychosomatische Krankheiten der Mitglieder einer Scheidungsfamilie einwirkt, wie man Persönlichkeitsveränderungen erzielt oder wie man allgemeine pathogene Familienstrukturen und -prozesse verändert. Hier spielt es letztlich keine große Rolle, ob die Klienten von einer Trennung oder Scheidung betroffen sind oder nicht: Die zur Verfügung stehenden Strategien, Methoden und Techniken wurden in einer kaum noch überschaubaren Zahl von Büchern über Psycho-, Ehe-, Familien- und Gruppentherapie beschrieben.

Bei der Scheidungsberatung, wie sie in diesem Buch dargestellt wird, geht es vielmehr darum, den Klienten zu helfen, den Scheidungszyklus auf bestmögliche Weise zu durchlaufen. An dieser Stelle genügt es zu sagen, daß sie mit Hilfe von Beratung und Unterstützung auf der individuellen Ebene psychische Ausgeglichenheit und einen für sie akzeptablen Grad der Leistungsfähigkeit erreichen, auf der Paarebene zu einem relativ konfliktarmen Verhältnis finden und auf der Elternebene die Entwicklung der Kinder fördernde Beziehungen aufrechterhalten sollen. Ferner können sie Hilfestellung für eine gütliche Einigung über die Scheidungsfolgen und bei praktischen Problemen erhalten (wie Kinderbetreuung, Haushaltsführung, Arbeitssuche, Vereinbarkeit von Familie und Beruf). Bei der nachfolgenden Darstellung der Scheidungsberatung handelt es sich um eine Literaturübersicht, bei der vor allem auf amerikanische Publikationen zurückgegriffen wurde.

Scheidungsberatung steht vor der schwierigen Aufgabe, der Komplexität personaler (intrapsychischer), dyadischer, familiendynamischer, juristischer, praktischer und therapeutischer Prozesse gerecht werden zu müssen. Hier reichen die "klassischen" psychotherapeutischen Ansätze in der Regel nicht aus. So ist nicht verwunderlich, daß in der amerikanischen Fachliteratur so gut wie nie von "psychoanalytischer", "klientenzentrierter", "verhaltenstherapeutischer" oder "gestalttherapeutischer" Scheidungsberatung geschrieben wird: Nahezu alle Berater und Psychotherapeuten verknüpfen mehrere Ansätze der Einzel-, Ehe- und Familienberatung, passen sie an die Erfordernisse der Scheidungsberatung an und kommen auf diese Weise zu einem "eklektischen" Ansatz oder einer "integrativen" Theorie (TEXTOR 1985, 1988b). Hinzu kommen Kenntnisse über das Scheidungsrecht, Techniken der Sozialarbeit, Wissen um Hilfsangebote der Jugendhilfe und Erfahrungen mit Vermittlung (siehe S. 137 ff.). Besonders wichtig ist, die Dynamik von Trennungsprozessen und den Ablauf des Scheidungszyklus zu kennen.

Ein Scheidungsberater sollte seine eigenen Einstellungen zu Trennung und Scheidung hinterfragt haben. Problematisch kann sich sowohl eine zu negative ("Scheidung ist pathologisch, zerbricht eine Familie, schädigt die Kinder") als auch eine zu positive Sichtweise auswirken ("Scheidung als Befreiung, als Weg zu Autonomie, Individuation und Selbstverwirklichung"). Manche Berater tendieren dazu, sich zu sehr mit einem gleichgeschlechtlichen Klienten zu identifizieren. Sie sollten sich immer der Möglichkeit von Gegenübertragungen bewußt sein.

1. Beratung in der Vorscheidungsphase

Mit Familien in der Vorscheidungsphase werden vor allem Ehe- und Einzelberater konfrontiert. Nur selten wird in diesem Zeitabschnitt um Hilfe für Kinder nachgesucht. Das liegt daran, daß die meisten Eltern zu sehr mit ihren eigenen Problemen und Gefühlen - Unzufriedenheit, Depressionen, Entfremdung, Wut, Ehekonflikte, Partnersuche und so weiter - beschäftigt sind, sich somit nur wenig um ihre Kinder kümmern und häufig deren Schwierigkeiten übersehen (wollen). Sie möchten sich auch nicht eingestehen, daß ihre Eheprobleme Auswirkungen auf ihre Kinder haben und unter Umständen sogar zu Verhaltensauffälligkeiten führen. Manche Eltern können sich aufgrund ihrer konflikthaften Beziehung nicht darauf einigen, ihre Kinder einem Berater oder Psychotherapeuten vorzustellen. Wegen dieser Situation wird in der Vorscheidungsphase nur selten mit Kindern gearbeitet.

Vor allem Eheberater sind in der Regel nicht auf Klienten in der Vorscheidungsphase eingestellt. Sie sehen ihre Aufgabe darin, Ehen zu "retten". Auch die meisten ihrer Klienten haben diese Erwartung. Wenn im Verlauf der Behandlung die Ehe auseinanderbricht, sind viele Berater darauf nicht vorbereitet. Manchmal zögern sie das Ende lang heraus, bevor sie alle Hoffnung auf "Rettung" der Ehe aufgeben. In dieser Situation fühlen sie sich dann leicht als Versager und werden zumeist in diesem Eindruck von scheidungsunwilligen Klienten verstärkt. Auch vermitteln sie diesen manchmal das Gefühl, nun endgültig als Ehepartner und Menschen versagt zu haben. Manchen Beratern gelingt es aufgrund ihrer Frustration und enttäuschten Rettungsphantasien nicht, eine Scheidungsberatung einzuleiten. Aber auch den übrigen fällt das häufig schwer: "Der Wechsel der Therapieziele von der Förderung der Weiterentwicklung der Ehe hin zur Erleichterung einer konstruktiven Scheidung ist in der Regel nicht leicht getan. Ein Gefühl des Versagens und der schmerzhaften Enttäuschung bleibt zumeist sowohl auf seiten des Therapeuten als auch der Klienten" (RICE 1989, S. 152). Es ist daher wichtig, daß vor allem Eheberater zu einer Haltung kommen, die in der Scheidung der Klienten ein durchaus *akzeptables Beratungsergebnis* sieht, das in manchen Fällen der Aufrechterhaltung einer letztlich unbefriedigenden Ehebeziehung vorzuziehen ist. Weder die Scheidung noch das Fortsetzen der Ehe sollte an sich als ein "gutes" oder "schlechtes" Beratungsergebnis definiert werden. Im Einzelfall ist vielmehr zu prüfen, welche dieser Alternativen die bessere ist, durch welche das Wohl und die Weiterentwicklung der Familienmitglieder auf Dauer am ehesten gefördert werden. Die Konsequenz sollte sein, daß schon zu Beginn einer Beratung die Wahlmöglichkeit der Trennung angesprochen wird. Dadurch wird zum einen deutlich, daß auch diese Alternative diskutiert werden darf (und ein Behandlungsergebnis sein kann). Zugleich wird aufgezeigt, daß sich die Beratung *entlang eines Kontinuums von Ehetherapie bis hin zur Nachscheidungsberatung* abspielen kann. Zum anderen läßt sich anschließend leichter ermitteln, ob der eine oder andere Ehepartner mit dem Gedanken an eine Trennung spielt. Schließlich lassen sich Klienten leichter ausfindig machen, die eigentlich eine Scheidungsberatung wünschen - ihre Zahl wird sicherlich in Zukunft zunehmen, wenn der durch das Kinder- und Jugendhilfegesetz (KJHG) erweiterte Auftrag von Beratungsstellen in der Öffentlichkeit bekannter und von den Fachkräften eingelöst wird: "Wenn die Ratsuchenden bemerken, daß ihr Trennungsanliegen ernst genommen und sogar positiv beschrieben wird etwa als Ausdruck von Offenheit, als Sehnsucht, sich vom unerträglichen Alten zu lösen, als Wille nach Veränderung oder als Engagement für eine befriedigendere Partnerbeziehung, dann können sie auch selber mit anderen Augen daraufschauen" (KOSCHORKE 1985a, S. 447).

Allgemeines

Beratung in der Vorscheidungsphase kann als *Einzelberatung* beginnen. So kommen manche Klienten zum Berater, um mit ihm über die unbefriedigende Ehebeziehung, die häufigen Konflikte oder das negativ beurteilte Verhalten des Ehegatten zu reden. Hier muß der Berater bedenken, daß er immer nur eine Seite anhört: Der Klient übersieht oder verniedlicht oft seine eigenen Fehler und seinen Beitrag zu den Eheproblemen. Vor allem dann, wenn zum Beispiel eine Ehefrau von Mißhandlungen oder

Vergewaltigung durch ihren Partner spricht, besteht die Gefahr, daß sich der Berater mit ihr identifiziert und versucht, sie so schnell wie möglich aus dieser Situation zu befreien. Gerade in solchen Fällen lehnt die Klientin aber oft Hilfsangebote ab oder sabotiert "Rettungsversuche". Hier wird deutlich, daß immer auch danach gefragt werden muß, welchen "Gewinn" der Verbleib in einer unbefriedigenden Ehe mit sich bringt, inwieweit ein Klient diese Situation mitzuverantworten hat, und ob er im Grunde nur nach der Empathie und Zuneigung des Beraters als einer Form des "Leidensgewinns" trachtet. Ferner ist wichtig, daß der Berater feststellt, inwieweit der Klient seine Beschwerden dem Ehepartner vorgetragen und was er unternommen hat (oder noch unternehmen kann), um die Ehebeziehung zu verbessern. In diesem Zusammenhang wird auch nach positiven Aspekten des Zusammenlebens gefragt.

Manche Klienten suchen einen Berater alleine auf, weil sie bereits mit dem Gedanken an eine Trennung spielen und diese Möglichkeit mit einem Außenstehenden durchdiskutieren oder dessen "Erlaubnis" zu diesem Schritt einholen wollen. Besteht ein außereheliches Verhältnis, möchten sie häufig über dieses "Geheimnis" sprechen und sich über die Bedeutung dieser Beziehung klar werden. In all diesen Fällen ist es sinnvoll, schnell den Klienten zu motivieren, *seinen Partner zu den Sitzungen mitzubringen* oder ihn vom Berater einladen zu lassen. Je länger nämlich die Einzelberatung dauert, um so wahrscheinlicher ist es, daß sich der Klient zur Trennung entschließt, und um so schwieriger ist es, seinen Ehegatten in die Behandlung einzubeziehen: Der Berater wird dann zu leicht als voreingenommen oder sogar als Bündnispartner gesehen; eine Mitarbeit wird dementsprechend verweigert. Diese Gefahr ist in solchen Fällen besonders groß, in denen Klienten sich erst im Verlauf einer längerfristigen Einzelberatung ihrer unbefriedigenden Ehesituation bewußt geworden sind. Hier reagieren die Ehegatten häufig schockiert und verängstigt, machen den Berater für die Unzufriedenheit und den Trennungswunsch verantwortlich und sind wütend auf ihn. In solchen Fällen sollte das Ehepaar an einen anderen (Ehe-)Berater überwiesen und die Einzelberatung möglichst unterbrochen werden. Fanden nur wenige Sitzungen statt, kann man auch dem Ehegatten anbieten, ebenfalls zunächst zu Einzelgesprächen zu kommen und auf diese Weise den Partner "einzuholen", oder ihm einen Kotherapeuten zuteilen, der "seine Interessen wahrt".

Eine schwierige Situation entsteht schließlich, wenn der Klient den Berater aufsucht, weil er plötzlich von der Trennungsabsicht seines Ehepartners erfahren hat. Hier ist oft zunächst eine *Krisenintervention* indiziert, insbesondere bei Selbstmord- oder Mordgedanken (Diagnose von Psychopathologie, Erfassen früheren Ausagierens). Ansonsten muß der Klient emotional aufgefangen und bei der Verarbeitung der Entscheidung seines Partners unterstützt werden. Vielfach ist unter diesen Umständen die Teilnahme des Ehegatten an einer Eheberatung nicht zu erreichen. Jedoch mag er bereit sein, zu einer "Evaluation" seiner Ehe oder einer Scheidungsberatung zu kommen. Hat er bereits einen Rechtsanwalt mit der Wahrung seiner Interessen beauftragt, ist es sinnvoll, ihn um ein Unterbrechen der Konsultation zu bitten, da die Aktivitäten eines Anwalts die Situation verschärfen können.

In vielen Fällen suchen beide Ehegatten den (Ehe-)Berater *gemeinsam* auf. Sie beginnen zunächst eine Eheberatung und entdecken in deren Verlauf, daß sie sich mit der Alternative einer Trennung auseinandersetzen müssen. In anderen Fällen äußert ein Partner den Wunsch, sich zu trennen. Hier sollte zunächst die Bedeutung dieser Äußerung untersucht werden: Beispielsweise kann sie ein Druckmittel sein, um den Ehegatten zu einer Eheberatung zu bewegen, oder sie soll Leben in eine stagnierende Ehe bringen. "Manchmal ist der verborgene Beweggrund die Hoffnung, daß der Ehegatte eine helfende Beziehung mit dem Therapeuten eingeht, in dessen fähigen Händen der verlassene Ehegatte zurückgelassen werden kann. Manchmal wird auch eine Partei anwesend sein, um die Therapie zu sabotieren, gewöhnlich als ein unbewußter Versuch, sich selbst die Erlaubnis zum Verlassen der Ehe zu geben. Sie können sich dann selbst versichern, daß 'selbst eine Therapie nicht half'" (WALEN und BASS 1986, S. 96). Auch wenn beide Ehepartner im Grunde eine Trennung anstreben, können sie dennoch mit einer Eheberatung beginnen, um sich und ihrer sozialen Umwelt versichern zu können, daß sie alles Mögliche zur Rettung ihrer Ehe versucht haben, oder um Schuldgefühle abzubauen. Andere Paare in dieser Situation wollen hingegen vom Berater nur wissen, wie sie ihre Entscheidung Kindern und Verwandten auf schonende Weise beibringen, und wie sie am besten die Scheidungsfolgen regeln können.

Nehmen beide Ehegatten an den Sitzungen teil, kann die Beratung als *Eheberatung* beginnen. In der Regel wird zunächst die

Ehebeziehung evaluiert, also nach den vorherrschenden Problemen, den Konfliktinhalten (Geld, Sexualität, Kindererziehung usw.), unbefriedigten Bedürfnissen, außerehelichen Beziehungen, Rollenzuschreibungen und ungenutzten Ressourcen gesucht. Im Verlauf oder nach Abschluß der Diagnose kann mit der Verbesserung der Ehebeziehung begonnen werden. Beispielsweise wird versucht, Kommunikationsstörungen zu beheben, Techniken zur Konfliktlösung zu vermitteln, Mythen und unrealistische Erwartungen zu hinterfragen, pathogene Einflüsse seitens der Herkunftsfamilien abzubauen, dysfunktionale Verhaltenssequenzen zu unterbrechen, unbefriedigende Beziehungsmuster zu verändern und sexuelle Störungen zu therapieren. Gelingt es, die Ehebeziehung zu verbessern, kann die Eheberatung zumeist erfolgreich abgeschlossen werden. Bei Ehepaaren, die in der Vorscheidungsphase verbleiben, gelingt es in der Regel jedoch nicht, die Eheprobleme zum größeren Teil zu beheben. Der Berater trifft auf starke Widerstände, mangelnde Therapiemotivation und rigide Positionen. Er wird oft mit intensiven negativen Gefühlen konfrontiert und muß die Klienten von einem vorzeitigen Verlassen der Sitzungen oder gar von Gewalttätigkeiten zurückhalten. Oder er trifft auf Gleichgültigkeit und Desinteresse. In derartigen Fällen wird bald deutlich, daß die Ehe nicht mehr zu "retten" ist und eine Scheidungsberatung beginnen sollte.

Hilfe bei Entscheidungskonflikten

Wenn Klienten in Einzelberatung zwischen Trennung und Verbleib in der Ehe schwanken, steht der Versuch der Lösung dieses Entscheidungskonflikts im Mittelpunkt vieler Sitzungen. Der erste Schritt ist zumeist, die Klienten zu der Entscheidung zu bewegen, den Konflikt lösen zu wollen. Hier treten Schwierigkeiten auf, wenn sie in symbiotischen Beziehungen leben, durch Schuldgefühle, Ängste oder starke religiöse Überzeugungen an ihre Ehepartner gebunden sind, von ihnen finanziell abhängig sind oder mit Androhungen von Gewalttätigkeiten, Mord bzw. Selbstmord in der Ehe gehalten werden. Oft spielen Abhängigkeitsbedürfnisse, die Angst vor dem Alleinsein oder dem Unbekannten, irrationale Gedanken, Mythen, unbewußte Anweisungen der eigenen Eltern u.ä. eine Rolle. Manche Klienten möchten auch ihre Ehepartner nicht verletzen.

Schrecken also Klienten davor zurück, in der Einzelberatung den Entscheidungskonflikt lösen zu wollen, suchen Berater zunächst nach den *zugrundeliegenden Beweggründen*. Diese können dann im gemeinsamen Gespräch analysiert und - wenn möglich - ad acta gelegt werden. Beispielsweise läßt sich die Irrationalität vieler Sorgen, Mythen, Gedanken und Einstellungen aufzeigen. Ängstlichen Klienten können die eigenen Stärken bewußt gemacht werden. Drohungen mit Mord oder Selbstmord werden dahingehend untersucht, wie realistisch ihre Verwirklichung ist oder inwieweit es sich hier nur um Manipulationsversuche handelt. Der Angst davor, den Partner zu verletzen, kann dadurch begegnet werden, daß dem Klienten die Verantwortung für sein eigenes Glück verdeutlicht wird. Außerdem kann er darauf hingewiesen werden, daß auch für den Ehepartner das Leben in einer unglücklichen Ehe unbefriedigend ist und daß er eine Trennung "überleben" wird.

Lassen sich Klienten auf den Versuch der Lösung ihres Entscheidungskonflikts ein, müssen in einem zweiten Schritt die *Vor- und Nachteile* möglicher Alternativen erfaßt werden. Hier bietet sich an, "Gewinne" und "Verluste" in zwei Spalten auf einem Blatt Papier aufzulisten, wobei für jede Alternative eine eigene Seite ausgefüllt wird. Auch die Konsequenzen für andere und die Reaktionen Dritter sollten berücksichtigt werden. Ein anderer Weg ist, die Klienten zwischen zwei Stühlen wechseln zu lassen - auf dem einen sitzend nennen sie die Vorteile, auf dem anderen die Nachteile. Beim "Ergebnis-Psychodrama" (TURNER 1985; SPRENKLE 1989) stellen sie sich vor, eine Alternative gewählt zu haben, und spielen dann in ihrer Phantasie alle Konsequenzen durch. Sie machen sich auf diese Weise deutlich, wie sie sich gegenüber ihrem Partner und anderen Personen verhalten, welche Erfahrungen sie machen und wie sie sich ein halbes oder ein Jahr später fühlen würden. Zugleich erfährt der Berater, wie weit und wie realistisch die Klienten vorausdenken können und wie sie auf die einzelnen Alternativen emotional reagieren.

In einem dritten Schritt werden in der Einzelberatung die genannten Vor- und Nachteile und *zu erwartenden Konsequenzen* der jeweiligen Alternative genauer untersucht. Dabei kommt es vor allem darauf an zu überprüfen, wie realistisch sie sind. So müssen oft Ängste abgebaut, vorhandene "coping skills" bewußt gemacht, Gefühle wie Selbstvertrauen und Zuversicht geweckt und erwartete Probleme als Herausforderungen umformuliert werden. Häufig wird deutlich, daß den Klienten wichtige Informationen (zum Beispiel über juristische Abläufe, Scheidungsrecht, Leistungen des Arbeitsamtes, Sozialhilfe oder Frauenhäuser) fehlen, die dann zu vermitteln sind. Oft muß wieder auf die zu Beginn dieses Kapitels erwähnten Beweggründe eingegangen werden, die nun erneut auftauchen.

In einem vierten Schritt entscheiden sich die Klienten (vorläufig) für eine der Alternativen. Wünschen sie vorab eine Aussage des Beraters, welche Alternative er bevorzugen würde, kann sich dieser auf verschiedene Weise verhalten: In den meisten Fällen wird er wohl diese Aufforderung zurückweisen mit dem Hinweis, daß es sich hier um eine Entscheidung handelt, die die Klienten selbst fällen müßten. Dies ist vor allem dann der richtige Weg, wenn die Klienten starke Abhängigkeitsbedürfnisse gegenüber dem Berater zeigen oder die Gefahr besteht, daß sie ihn dann für ihre Entscheidung verantwortlich machen. Sind sie hingegen nur an seiner ehrlichen Meinung interessiert und ist davon auszugehen, daß sie sich von ihr nicht nennenswert beeinflussen lassen, kann sie durchaus auch geäußert werden.

In einem fünften Schritt wird in der Einzelberatung ein möglichst genauer *Plan zur Realisierung* der ausgewählten Alternative aufgestellt. Haben sich die Klienten beispielsweise für die Trennung entschieden, wird mit ihnen besprochen, wie sie den Beschluß am besten den anderen Familienmitgliedern, ihren Freunden und Verwandten mitteilen, mit welchen Reaktionen sie zu rechnen haben und auf welche Weise sie damit umgehen sollten. Oft ist es sinnvoll, derartige Situationen in einem Rollenspiel zu proben. Ferner sollten Schritte wie die Suche nach einer neuen Wohnung oder einer Arbeitsstelle, der Umzug, das Einschalten eines Rechtsanwalts, der Verbleib der Kinder und ähnliches durchgesprochen werden. Auch hier zeigen sich oft große Informationslücken. Zudem flackert der Entscheidungskonflikt häufig wieder auf, müssen die Alternativen erneut diskutiert werden.

Der sechste Schritt ist schließlich die *Durchführung des Plans*. Hier benötigen die Klienten vor allem Unterstützung im Umgang mit negativen Reaktionen der Familienmitglieder oder Dritter, aber auch bei Zweifeln, Reue, Angst und so weiter. Vielfach wird die Entscheidung wieder rückgängig gemacht, was vom Berater akzeptiert werden sollte. Die Diskussion der Alternativen, ihrer Vor- und Nachteile sowie ihrer Konsequenzen wird dann von neuem aufgenommen. Wichtig ist, daß spätestens zum Zeitpunkt der Realisierung des Handlungsplans auf die Möglichkeit einer Scheidungsberatung hingewiesen wird. Wie bereits erwähnt, wird in solchen Fällen der Einzelberater jedoch in der Regel nicht als Scheidungsberater akzeptiert.

Nehmen beide Partner an der (Ehe-)Beratung teil und schwanken sie zwischen Aufrechterhaltung der Ehe und Trennung, müssen sie ebenfalls durch die zuvor erwähnten sechs Phasen des Entscheidungsprozesses geführt werden. Dies wird oft dadurch erschwert, daß sich die Ehegatten immer wieder *auf unterschiedlichen Stufen* dieses Prozesses befinden können. Auch kann es immer wieder zu (recht heftigen) Konflikten kommen, die von der Suche nach der "besten" Alternative ablenken. Vielfach wird dann auf den Berater großer Druck ausgeübt, Partei zu ergreifen, oder seine Reaktionen werden so interpretiert, als ob er ein Bündnis mit der jeweils anderen Seite eingegangen sei. Ferner können Kommunikationsstörungen den gemeinsamen Entscheidungsprozeß beeinträchtigen. Auch das außereheliche Verhältnis eines Partners kann ihn belasten. In einem solchen Fall sollte zumindest versucht werden (trotz der geringen Aussicht auf Erfolg), ein Ruhen dieser Beziehung bis zur Entscheidung über das Schicksal der Ehe zu erreichen. Häufig kommen Klienten einer Entscheidung recht nahe, schrecken dann aber wieder zurück. Sie wollen zumeist, daß sich der Ehegatte zuerst entscheidet und die Verantwortung für das Schicksal der Ehe übernimmt. Entschließt er sich zur Trennung, kann ihm dann die Schuld zugesprochen werden.

Es ist wichtig, daß sich der Berater neutral verhält und versucht, die Klienten zu einer gemeinsamen Entscheidung zu führen. Er hilft ihnen, Trennendes auszusprechen und Verbindendes zu finden. Oft ist es schwer, die *eigentlichen Beweggründe* und Empfindungen hinter den vorgebrachten Beschwerden oder die positiven Seiten der Ehe ausfindig zu machen. Auch ist immer wieder zu prüfen, ob die Klienten einander akkurat wahrnehmen, einander verstanden haben, noch zu einer Veränderung des eigenen Verhaltens und der Ehebeziehung zu motivieren sind, und ob die für eine Trennung oder für den Fortbestand der Ehe angeführten Gründe gerechtfertig sind. Wollen die Ehepartner beispielsweise nur "um der Kinder willen" zusammenbleiben, wäre zu diskutieren, ob sich diese nicht nach der Trennung ihrer Eltern besser entwickeln würden als in der spannungsgeladenen Atmosphäre einer unbefriedigenden Ehe. Hier kann auch auf die hohe Wahrscheinlichkeit hingewiesen werden, daß Kinder in derartigen Familienverhältnissen Verhaltensauffälligkeiten entwickeln. Zugleich ist zu überprüfen, ob nicht andere Beweggründe (wie Angst vor den Konsequenzen einer Scheidung) die eigentlich ausschlaggebenden sind. Der Befürchtung, die Kinder durch eine Trennung zu schädigen, kann ferner dadurch begegnet werden, daß Wege zur Verbesserung der Situation von Kindern nach der Scheidung beschrieben werden.

Tendieren die Klienten zu einer Scheidung, kann ihnen geholfen werden, *sich emotional voneinander zu lösen*, Abhängigkeitsbedürfnisse abzubauen und sich ihrer Trennungsängste bewußt zu werden. Hat sich nur ein Ehegatte für eine Scheidung entschieden und sind bei ihm kaum noch ambivalente Empfindungen zu beobachten, sollte der scheidungsunwillige Partner mit seiner Ohnmacht konfrontiert werden. SPRENKLE (1989) sagt auch zu ihm: "Es gibt nur eine Sache, die Sie nicht wollen, die schlimmer als eine Scheidung ist - und das ist mit jemandem verheiratet zu sein, der nicht mit Ihnen verheiratet sein möchte" (S. 182). Steht nach Durchlaufen der sechs Stufen des Entscheidungsprozesses der Entschluß fest, daß sich die Partner trennen werden, kann der Berater ihnen helfen, ihren jeweiligen Beitrag zum Scheitern der Ehe zu erkennen, auch die positiven Seiten ihrer Beziehung zu sehen und einander zu vergeben. Gelingt dies, ist eine konstruktive Trennung zumeist leicht einzuleiten. Aber auch sonst sollte eine Scheidungsberatung angeboten werden. Manche Klienten brechen jedoch zu diesem Zeitpunkt die Beratung ab - beispielsweise um statt dessen einen Rechtsanwalt zu konsultieren oder weil sie von diesem Beratungsergebnis enttäuscht sind. Eine solche Entwicklung kann für den Berater frustrierend sein. Entscheiden sich die Ehepartner hingegen für eine Fortsetzung ihrer Ehe, so ist dieser Entschluß zumeist fester, wenn sie alle sechs Phasen des Entscheidungsprozesses durchlaufen haben. Sie sind anschließend auch eher bereit, intensiv an der Verbesserung ihrer Ehebeziehung zu arbeiten.

Strukturierte Trennung

Die Methode der strukturierten Trennung wurde von GREEN, LEE und LUSTIG (1973) entwickelt und von GRANVOLD (1983; GRAN-

VOLD und TARRANT 1983) weiterentwickelt. Sie ist für Klienten gedacht, die sich unschlüssig sind, ob sie sich trennen oder weiterhin zusammenleben wollen. Der Berater schlägt ihnen vor, sich zunächst probehalber für einen bestimmten Zeitraum zu trennen und währenddessen die Beratung fortzusetzen oder gar zu intensivieren. Wenn sie damit einverstanden sind, informiert er sie genauer über das Konzept, die Vorteile und die Gefahren der strukturierten Trennung. Dann müssen die Klienten unter Anleitung des Beraters eine Vereinbarung über diesen Zeitraum treffen, die möglichst schriftlich fixiert werden sollte. In diesem *Vertrag* wird zunächst die Dauer der strukturierten Trennung festgelegt, wobei als Minimum zumeist sechs Wochen angegeben wird (eine maximale Dauer wird von den genannten Therapeuten nicht spezifiziert). Dann wird bestimmt, wer für diesen Zeitraum aus der gemeinsamen Wohnung auszieht, wo er Unterkunft findet und wie die entstehenden Kosten abgedeckt werden. Unter Umständen kann es auch zu einer strukturierten Trennung in der Ehewohnung kommen, wenn beispielsweise keine preiswerte Notunterkunft gefunden wird.

Ferner werden *Regeln* für den Zeitraum der Trennung bestimmt. So kann festgelegt werden, daß die Klienten miteinander keinen Kontakt haben sollen - mit Ausnahme während der Beratung - oder daß sie einander ein- oder zweimal pro Woche treffen dürfen. Im letztgenannten Fall muß auch geregelt werden, ob und unter welchen Bedingungen Geschlechtsverkehr zulässig ist. Außerdem sind Vereinbarungen für Kontakte mit den Kindern (und Familienaktivitäten) zu treffen. Zudem ist festzulegen, ob die Ehegatten während dieses Zeitraums mit Dritten flirten und sexuelle Beziehungen eingehen dürfen, inwieweit darüber gesprochen werden soll und daß ein Nachspionieren verboten ist. Schließlich wird vereinbart, daß während der strukturierten Trennung keine endgültige Entscheidung über eine mögliche Scheidung gefällt werden darf.

Anzumerken ist, daß bereits von der Entwicklung eines derartigen Vertrages eine gewisse therapeutische Wirkung ausgeht. Die Klienten lernen, miteinander zu verhandeln, Kompromisse einzugehen und auf effektive Weise Entscheidungen zu fällen - Fertigkeiten, die zum Beispiel im Falle einer Trennung von großer Bedeutung sind, wenn Scheidungsvereinbarungen getroffen werden müssen. Noch wichtiger ist jedoch, daß während der strukturierten Trennung Beratungsgespräche durchgeführt werden können, die nicht durch vorausgegangene Konflikte und Spannungen belastet sind. Die Klienten haben mehr Energie für die Sitzungen übrig, können in ihnen die Erfahrung positiver Interaktionen machen (ohne während der Woche negative zu erleben), erkennen die nun fehlenden Vorteile der Ehe, gewinnen einen Eindruck vom Leben ohne den Partner und können ihre Situation von einer größeren Distanz aus und damit objektiver beurteilen.

In *Beratungsgesprächen* mit beiden Ehegatten können die durch die Trennung unterbrochenen unbefriedigenden Interaktions- und Konfliktmuster durch bessere ersetzt oder anstehende Probleme gelöst werden. Wichtig ist ferner, die Reaktionen der Partner auf die strukturierte Trennung und die dadurch hervorgerufenen Emotionen zu besprechen. Daneben muß immer wieder überprüft werden, ob der Vertrag eingehalten wird. Neben den gemeinsamen Sitzungen können auch Einzelberatungen nützlich sein. Hier lassen sich unrealistische Erwartungen, irrationale Einstellungen, falsche Zuschreibungen und Abhängigkeitsbedürfnisse verdeutlichen. Ferner können individuelle Probleme (wie die "midlife-crisis") angegangen werden, die nun nicht mehr die Ehebeziehung belasten. Außerdem können "phobische" Reaktionen auf das Leben als Single behandelt, Beziehungen zu Dritten besprochen, Selbstverantwortung und Selbstachtung gefördert werden.

Die strukturierte Trennung läßt sich mit der *"re-courting"*-Methode (MALON 1986) verknüpfen, die aber auch unabhängig davon in der Eheberatung eingesetzt werden kann. Die Klienten treffen sich ein- oder zweimal pro Woche mit dem Auftrag, miteinander zu flirten. Da durch die vereinbarte Trennung destruktive Interaktionsmuster, Konflikte und Machtkämpfe zum größeren Teil unterbunden werden, können nun die Partner für sich selbst herausfinden, was sie noch füreinander empfinden. Zugleich werden sie in (Einzel-)Sitzungen geschult, positive Gefühle auszudrücken und die Reaktionen ihres Partners zu akzeptieren. Stellen die Klienten fest, daß sie noch Liebe füreinander empfinden, kann die Behandlung ihre Fortsetzung als Eheberatung finden.

Haben sich Eltern für eine Trennung entschieden, bespricht der Berater mit ihnen, wie sie am besten diese Entscheidung ihren Kindern mitteilen. In der Regel empfiehlt er ihnen, gemeinsam mit den Kindern zu sprechen. Auf diese Weise verdeutlichen sie ihnen, daß die Entscheidung von beiden Elternteilen getragen wird und keiner allein verantwortlich ist. Falls jedoch nur ein Partner mit der Trennung einverstanden ist, sollte dies den Kindern nicht verschwiegen werden. Immer aber ist zu betonen, daß die Scheidung eine Angelegenheit der Erwachsenen ist und daß sie die volle Verantwortung für sie übernehmen. Auf diese Weise wird eine Grenze zwischen Eltern und Kindern gezogen. Letztere hören, daß sie für die Trennung nicht verantwortlich sind. Sollten sie dennoch Schuldgefühle äußern, muß ihnen deutlich gesagt werden, daß diese unbegründet sind.

Es ist wichtig, daß die Kinder *genau über die Trennung und die zu erwartenden Veränderungen in ihrem Leben informiert werden*, da Wissen Vertrauen schafft und Sicherheit gibt. Dies sollte auf altersgemäße Weise erfolgen, das heißt, die Eltern sollten sich einfach, klar und verständlich ausdrücken sowie nicht mehr Informationen geben, als das jeweilige Kind verarbeiten kann. Auch müssen die Fragen der Kinder ehrlich beantwortet werden. Wichtig ist, daß sie die Gründe für die Trennung erfahren. Selbst eine nichteheliche Beziehung sollte kein Tabu sein, die Kinder erfahren sowieso von ihr. Jedoch kann sie auf eine den Elternteil nicht degradierende Weise dargestellt werden - zum Beispiel als Versuch, Liebe, Zuneigung und Verständnis zu finden, da diese Bedürfnisse in der Ehe nicht mehr befriedigt wurden. Außerdem sollten die Kinder Einzelheiten über Veränderungen in der materiellen Situation der Familie, einen Umzug, den zu erwartenden Wiedereintritt der Mutter in die Arbeitswelt und ähnliche Umstellungen erfahren. Dabei sollten keine Informationen zurückgehalten werden, da Kinder das oft erfühlen und ihr Vertrauen in die Eltern abnimmt. Dasselbe gilt natürlich auch für Lügen. Jedoch können positive Veränderungen - zum Beispiel, daß sich die Eltern nun nicht mehr fortwährend streiten und weniger gereizt sein werden - durchaus betont werden.

Der Berater hält die Klienten an, ihren Kindern zu verdeutlichen, *daß sie beide Elternteile behalten*. Sie brauchen die Gewißheit, daß beide sie weiterhin lieben und erziehen werden. Der Elternteil, der aus der gemeinsamen Wohnung auszieht, sollte ihnen genau erklären, wo er wohnen und wie er den Kontakt zu ihnen aufrechterhalten wird. Je genauer die Planung ist, um so weniger müssen sie seinen Verlust fürchten. Zugleich erfahren sie, daß ihre Eltern die Situation unter Kontrolle haben. Dennoch kann den Kindern Schmerz, Trauer, Verlustgefühle oder Angst vor dem Unbekannten nicht erspart werden. Die Eltern sollten ehrliche Gefühlsäußerungen und Tränen zulassen (bringen Erleichterung), einfühlsam darauf eingehen und das jeweilige Kind beruhigen. Sie sollten genau zuhören, sich bemühen, ihre Kinder zu verstehen, und mit ihnen über Befürchtungen ausführlich sprechen. Wichtig ist auch, daß sie ihnen verdeutlichen, daß sie nicht Partei ergreifen müssen. Es dürfen auch keine unbegründeten Hoffnungen auf eine Versöhnung geweckt werden.

Schließlich wird der Berater mit den Klienten besprechen, *wie sie sich in den nächsten Wochen verhalten sollten,* um ihren Kindern die Anpassung an die neue Situation zu erleichtern. Er empfiehlt ihnen, den Kindern möglichst häufig die Gelegenheit zu bieten, Fragen zur Trennung und ihren Folgen zu stellen, ihre Ansichten zu äußern und ihre Gefühle auszudrücken. Es ist wichtig, daß sie den Eindruck gewinnen, daß sie über alles sprechen dürfen und auf aktive Zuhörer treffen. Auch sollten die Eltern ihnen besonders häufig ihre Zuneigung zeigen - verbal, durch liebevolle Blicke und Körperkontakt. Der abwesende Elternteil sollte den Kindern zunächst an jedem Tag eine Nachricht zukommen lassen, sich häufig mit ihnen treffen sowie bei Besuchsterminen pünktlich und verläßlich sein. Den Kindern sollte von beiden Seiten erlaubt sein, den abwesenden Elternteil jederzeit anzurufen (und zu besuchen, falls es sich um Jugendliche handelt). Sie sollten aus Auseinandersetzungen herausgehalten werden, ebenso wie ein Elternteil nicht von dem anderen in den Augen der Kinder schlecht gemacht werden darf. Wichtig ist auch, daß die Kontinuität in ihrem Leben gewahrt wird, also die Zahl von Veränderungen möglichst gering gehalten wird sowie Routinen und alte Regeln aufrechterhalten werden.

Anzumerken ist noch, daß auch die Kinder vom Berater zu einer Sitzung eingeladen werden können, um dort von der anstehenden Trennung zu erfahren. Der Berater kann dann das Gespräch zwischen Eltern und Kindern moderieren. Er kann den Kindern helfen, herauszufinden, was die Trennung für sie persönlich bedeutet. Schließlich kann in den Sitzungen ebenfalls be-

sprochen werden, wie die Klienten Verwandte, Freunde und Bekannte über ihren Trennungsbeschluß informieren sollten. Hier
ist anzustreben, ein Auseinanderbrechen des Netzwerks und
Schuldzuschreibungen möglichst zu vermeiden.

2. Beratung in der Scheidungsphase

Eine Beratung im Zeitraum zwischen Trennung und gerichtlicher Scheidung kann in nahezu allen denkbaren Behandlungsformen stattfinden. Als Idealfall wird in der Regel die Arbeit mit dem gesamten Familiensystem - unter Umständen erweitert um die Großeltern - betrachtet, da dann am leichtesten eine kontinuierliche Umstrukturierung der ursprünglichen Familie erreicht werden kann. Das bedeutet jedoch nicht, daß immer alle Familienmitglieder bei den Sitzungen anwesend sind: Die anzustrebende und zumeist notwendige Entflechtung der Paar-, Eltern- und Kinder-Ebenen (Grenzziehung) legt eine Arbeit mit den Subsystemen nahe. Auf diese Weise wird auch der Realität der Trennung Genüge getan (und eine Verstärkung von Versöhnungsphantasien verhindert).

Wird ein Berater mit einer in der Trennungssituation lebenden Teilfamilie konfrontiert, versucht er zunächst festzustellen, *wo die eigentlichen Probleme liegen* - im Kind, in der Eltern-Kind-Beziehung und/oder in der Beziehung zwischen den Getrenntlebenden. Dabei ist zu beachten, daß beispielsweise ein Beratungsanlaß wie die Verhaltensauffälligkeiten eines Kindes das Symptom der gestörten Beziehung zwischen seinen Eltern sein kann oder daß er nur ein vorgeschobener Grund ist, da der Elternteil eigentlich für sich selbst um Hilfe nachsucht. Im ersten Fall wäre eine Familienberatung oder Sitzungen mit den getrenntlebenden Partnern indiziert, im zweiten Fall eine Einzelberatung (oder ebenfalls eine Paarberatung). Wird der Berater mit einem kinderlosen Getrenntlebenden konfrontiert, muß er ebenfalls zunächst feststellen, ob die vorherrschenden Probleme eine Einzelberatung notwendig machen, oder ob sie eher dyadischer Natur sind, so daß der Partner in die Beratung einbezogen werden sollte. Die zugrundeliegende Problematik bedingt die Behandlungsform.

Arbeitet der Berater zunächst mit einem getrenntlebenden Elternteil und dessen Kindern, besteht die Gefahr, daß er den Einfluß des Ehegatten (und der Verwandten) größtenteils übersieht. Auch ist es schwierig, ein umfassendes Bild von der Situation zu bekommen, da viele Informationen - insbesondere solche, die sich auf den anderen Elternteil beziehen - verfälscht oder verzerrt sein können (dies gilt natürlich auch für die Einzelberatung Getrenntlebender). So ist es sinnvoll, *den anderen Elternteil für die Beratung zu gewinnen*. Zuvor müssen aber häufig Widerstände der Klienten überwunden werden. Dies gelingt eher, wenn die Mitarbeit beider Elternteile als Voraussetzung für die Behandlung oder als "üblich" bezeichnet wird, wenn die Wichtigkeit des Elternteils für das Wohlergehen der Kinder betont wird, oder wenn auf mögliche positive Folgen für die Klienten verwiesen werden kann.

Der andere Elternteil kann mit ähnlichen Argumenten in die Behandlung einbezogen werden. Sind die getrenntlebenden Ehegatten sehr miteinander verfeindet, muß man ihnen versichern, daß es in den Sitzungen zu keinen großen Auseinandersetzungen kommen wird, zum Beispiel daß nicht über die Eheprobleme gesprochen wird, daß zumeist die Kinder anwesend sein werden oder daß diese im Mittelpunkt der Gespräche stehen. Beide Elternteile müssen verstehen, daß sie zum Wohl ihrer Kinder gemeinsam an (einigen) Sitzungen teilnehmen sollen. Beginnt die Beratung jedoch mit dem nichtsorgeberechtigten Elternteil und möchte dieser auch Probleme hinsichtlich der Eltern- oder der Eltern-Kind-Beziehung geklärt haben, ist es auch mit den vorgenannten Argumenten sehr schwer, den sorgeberechtigten Partner mit den Kindern zur Teilnahme an (einigen) Sitzungen zu bewegen. Aber auch bei kinderlosen Paaren ist es häufig recht schwierig, den anderen Partner auf Wunsch des Klienten oder aus therapeutischer Notwendigkeit in die Behandlung einzubeziehen.

Für die Wahl der jeweiligen Behandlungsform sind die Beratungsziele von Bedeutung, die im Einzelfall oder in einer bestimmten Phase der Beratung vorherrschen. Hier lassen sich generell Ziele unterscheiden, die sich auf den einzelnen Erwachsenen oder das einzelne Kind, die Beziehung zwischen den Getrenntlebenden und das Eltern-Kind-Verhältnis beziehen:

(1) *Beratungsziele für einzelne Erwachsene*: Die Klienten sollen das Ende der Ehe akzeptieren, den eigenen Anteil am Scheitern der Ehebeziehung erkennen, die Trennung emotional verarbeiten (Trauerarbeit, Auseinandersetzung mit der Vergangenheit) und eine psychische Scheidung erreichen. Sie benötigen Hilfe beim Übergang vom Status eines Verheirateten zu dem eines Getrenntlebenden/Geschiedenen/Single. So erwarten viele Klienten Unterstützung bei

notwendigen Umstellungen wie Wohnungssuche, Wiedereintritt in die Arbeitswelt (vor allem Frauen), Vereinbarkeit von Beruf und Erziehung (Alleinerziehende) oder dem Erlernen von Haushaltsführung und der Beschäftigung mit Kindern (vor allem Männer). Das soziale Netzwerk muß erweitert und seine Ressourcen müssen erschlossen werden. Viele Klienten wünschen sich Hilfe bei der Partnersuche, beim Aufbau eines befriedigenden Lebens als Single oder Alleinerziehender und bei der Entwicklung eines neuen Selbstbildes.

(2) *Beratungsziele für die Beziehung zwischen Getrenntlebenden*: Hier kommt es in der Regel darauf an, eine Art "geschäftliches Verhältnis" zwischen den Ehegatten zu erreichen. Dann lassen sich einerseits leichter die Scheidungsfolgen regeln und Scheidungsvereinbarungen treffen. Andererseits kann bei Klienten mit Kindern eine gemeinsame Ausübung der Elternverantwortung oder eine relativ problemlose Durchführung von Umgangsregelungen (ohne Sabotageversuche, ohne Kritisieren des anderen Elternteils vor den Kindern und so weiter) erreicht werden.

(3) *Beratungsziele für die Eltern-Kind-Beziehung*: Anzustreben ist, daß die Erziehungskompetenz beider Elternteile erhalten und gefördert wird. Sie sollten den Kindern helfen, die Trennung zu akzeptieren und die neue Situation zu meistern. Dabei benötigen sie Hilfe, insbesondere für den Umgang mit emotionalen Reaktionen und Verhaltensauffälligkeiten. Der Alltag sollte für die Kinder möglichst "normal" weiterlaufen.

(4) *Beratungsziele für Kinder*: Den Kindern muß geholfen werden, die Gründe und Folgen der Trennung ihrer Eltern zu verstehen, deren Endgültigkeit zu akzeptieren (Aufgeben der Hoffnung auf eine Versöhnung) und den teilweisen Verlust eines Elternteils sowie an Geborgenheit zu bewältigen (sie leben in keiner "intakten" Familie mehr). Der Berater will ihnen helfen, mit Zorn und Wut richtig umzugehen sowie Gefühle der Zurückweisung, Schuld und Ohnmacht zu überwinden. Die Kinder sollen sich wieder ihrem eigenen Leben, der Schule, dem Freundeskreis und altersspezifischen Aufgaben zuwenden. Psychische Probleme und Verhaltensauffälligkeiten müssen behandelt werden.

Die weitere Gliederung dieses Teils über die Beratung von Klienten in der Scheidungsphase orientiert sich an den genannten Kategorien von Beratungszielen.

Unterstützung getrenntlebender Erwachsener

Ehegatten, die sich vor mehr oder weniger langer Zeit von ihren Partnern getrennt haben und die nun einen Berater aufsuchen oder eine Beratung fortsetzen, erleben in der Regel eine Vielzahl höchst intensiver und belastender Gefühle. Hierin liegt ein großer Teil der Behandlungsmotivation begründet; dies sollte zugleich ein (erster) Schwerpunkt der Beratung sein. "Die Ermutigung des Gefühlsausdrucks ermöglicht dem Klienten, sich verneinter Emotionen bewußt zu werden, und bietet dem Therapeuten eine Gelegenheit, Empathie zu zeigen - ein außerordentlich wichtiger Schritt in der Entwicklung einer effektiven therapeutischen Allianz" (GRANVOLD 1989, S. 203). Auch der Ausdruck starker, beängstigender oder beschämender Gefühle sollte gefördert werden. Dabei ist wichtig, den Eindruck zu vermitteln, daß all diese Emotionen "normal" sind und bei vielen Getrenntlebenden auftreten.

Ein häufig vorherrschender Gefühlszustand ist starke *Depressivität*. Der Berater ermittelt in der Regel zumeist das Ausmaß der Depressionen, die sich über die ganze Bandbreite von kurzen Phasen des Deprimiertseins bis hin zu Suizidtendenzen erstrecken können. In besonders schlimmen Fällen kann er einen Facharzt zur Verschreibung von Antidepressiva hinzuziehen oder bei akuter Selbstmordgefährdung eine Hospitalisierung in Erwägung ziehen. Ansonsten weckt er Hoffnung auf eine baldige Besserung dieses Gefühlszustandes, indem er zum Beispiel darauf verweist, daß nahezu jeder Ehepartner nach einer Trennung depressiv ist, nach einer gewissen Zeit des Trauerns aber darüber hinwegkommt. Wenn sich die Klienten als hilflose und bemitleidenswerte Opfer fühlen, macht er diese passive Rolle bewußt, zeigt ihre Unattraktivität auf und führt zu einem aktiven Handeln hin. Der Berater verdeutlicht, daß der Ehegatte oder die verlorene Liebe keine unabdingbaren Voraussetzungen für das Überleben sind und daß auch ohne sie ein glückliches und erfülltes Leben möglich ist. Wenn die Klienten in der Trennung ein Zeichen ihres Versagens, ihrer Unfähigkeit, ihrer Schlechtigkeit oder Wertlosigkeit sehen, macht er die Fehlerhaftigkeit und Destruktivität derartiger Attributionen deutlich. Manchmal untersucht er auch, inwieweit frühere Lebenserfahrungen und Ereignisse (wie Verlust eines Elternteils) oder frustrierte Abhängigkeitsbedürfnisse eine Rolle spielen. Er sucht nach Quellen emotionaler Unterstützung und positiver Selbsterfahrungen, motiviert die Klienten, Situationen aufzusuchen, in denen sie vermutlich Spaß und Freude erleben, und verstärkt positive Entwicklungen. Auch rät er ihnen, sich selbst zu belohnen, wenn sie unangenehme Aufgaben erledigt haben.

Gefühle der Wut und Rachegelüste treten entweder offen zutage (wobei Schmerz und Hilfslosigkeit häufig verdrängt werden) oder werden verneint (während Depressivität und Trauer deutlich ausgedrückt werden). Hier hilft der Berater den Klien-

ten, *zwischen feindseligen Gefühlen und Racheaktionen zu differenzie-
ren.* Er versucht, letztere zu unterbinden, indem er darauf verweist, daß sie nur zu Gegenaktionen ähnlicher Natur führen,
Spannungen verschärfen, die Klienten mit zusätzlichen Rechtsan-
waltskosten belasten, Geld- oder sogar Gefängnisstrafen nach sich
ziehen (wie bei Gewalttaten oder Kindesentführung) und den
Klienten letztlich nur schaden würden, ohne an der Situation etwas zu ändern. Dabei appelliert er an ihr Selbstbild ("Wollen Sie
sich so erniedrigen?") oder zeigt ihnen, daß die "beste" Rache
wäre, wenn sie ein glückliches Leben beginnen würden.

Feindselige Gefühle und Wut werden hingegen akzeptiert -
auch weil sie viel Energie freisetzen, die sich positiv nutzen läßt.
Der Berater hilft den Klienten, derartige Emotionen abzureagie-
ren, wobei er etwa Techniken einsetzt wie Kämpfe mit Schaum-
stoffschlägern, Kissenschlachten oder Herausschreien des Är-
gers. Er kann Rachephantasien mit kognitiven Methoden begegnen oder die ausschließlich negative Sicht des Ehepartners hinterfragen ("Eine Person, die Sie einmal geliebt haben, kann doch
nicht ein derartig böser Mensch sein"). Weiter untersucht er, ob
Gefühle wie Depressivität, Trauer oder Schmerz der Wut und
Feindseligkeit zugrundeliegen. Wenn die Ehepartner der Klienten ein nichteheliches Verhältnis eingegangen sind, versucht er
auch festzustellen, ob diese sich erniedrigt und gedemütigt fühlen, inwieweit sie sich als verlassen erleben und ob sie sich in ihrer Männlichkeit beziehungsweise Weiblichkeit verletzt sehen.
Grundsätzlich lenkt er von der Beschäftigung mit der "Schlechtigkeit" des Ehegatten ab, indem er die Aufmerksamkeit auf
neue Herausforderungen richtet.

In vielen Fällen wird der Berater mit starken Reue- und
Schuldgefühlen konfrontiert, insbesondere wenn die Klienten
selbst die Trennung initiiert haben, die Ehe an ihrem außerehelichen Verhältnis zerbrochen ist, oder die Kinder stark unter der
Auflösung ihrer Familie leiden. Hier kann er beispielsweise mit
den Klienten besprechen, was sie getan haben, um ihre Ehe zu
retten, wie sie sich fühlen würden, wenn sie immer noch mit ihrem Partner zusammen wären, inwieweit die Trennungsgründe
gerechtfertigt sind, und ob die Kinder nicht auch unter fortwährenden Ehekonflikten und bei unglücklichen Eltern leiden würden. Schließlich kann den Klienten verdeutlicht werden, daß sie
wohl nicht "normal" wären, wenn sie nach der Trennung keine
Schuldgefühle verspüren würden.

Manche Klienten klagen, daß sie sehr einsam sind, sich wenig attraktiv fühlen und Angst vor der Partnersuche haben. Hier hilft der Berater zunächst, *das Gefühl der Einsamkeit anzunehmen* und zu lernen, dem Alleinsein positive Seiten abzugewinnen und sich an der eigenen Gesellschaft zu erfreuen. Er warnt davor, sich in neue Beziehungen zu flüchten, um der Einsamkeit zu entgehen oder Abhängigkeitsbedürfnisse zu befriedigen. Dann unterstützt er sie bei der Neudefinition ihres Selbstbildes und ihrer Identität: Die Klienten müssen sich selbst als Singles sehen und den entsprechenden Lebensstil annehmen. Erst dann (und nachdem sie Abstand von ihrer Ehe gewonnen und die Trennungserfahrung größtenteils verarbeitet haben) ist es in der Regel sinnvoll, mit der Partnersuche zu beginnen. Zuvor muß oft noch das Selbstbild der (älteren) Klienten verbessert werden, damit sie sich attraktiv fühlen. Auch müssen sie häufig erst wieder Vertrauen in das andere Geschlecht entwickeln und mit Hilfe des Beraters Techniken der Partnersuche erlernen (zum Beispiel im Rollenspiel).

Für den *Umgang mit Gefühlen* unterschiedlicher Art lassen sich noch einige allgemeine Grundsätze anführen:

- "Effektive Scheidungstherapie hat zumeist eine starke didaktische Komponente. Personen, die eine Scheidung durchlaufen und die typischen Symptome erleben, denken häufig, daß sie 'verrückt werden'; und so ist es wichtig, daß die Therapeuten fähig sind, den Klienten über den Scheidungsprozeß und darüber zu informieren, was wahrscheinlich in den folgenden Monaten geschehen wird" (SPRENKLE 1989, S. 177, 178). Wenn bestimmte Reaktionen vorausgesagt werden, werden sie bei ihrem Auftreten eher als "normal" erlebt, können sich die Klienten auf sie vorbereiten.
- Der Berater macht deutlich, daß die stärksten negativen Gefühle im Verlauf der nächsten Zeit viel von ihrer Intensität verlieren werden, daß es aber mehrere Jahre dauern kann, bis die Trennung endgültig verarbeitet ist.
- Die Klienten können auf Bücher hingewiesen oder mit ihnen ausgestattet werden, die den Scheidungszyklus auf allgemeinverständliche Weise beschreiben und positive Bewältigungsmöglichkeiten aufzeigen (Bibliotherapie).
- Eine andere Hausaufgabe kann das Führen eines Tagebuches sein, dessen Inhalt unter Umständen in den Sitzungen diskutiert wird. Die Klienten werden sich auf diese Weise ihrer Gefühle und deren Veränderung bewußter.
- "Ein Berater, der mit geschiedenen Männern und Frauen arbeitet, sollte die Einstellung haben und vermitteln können, daß die Scheidung eine positive Erfahrung sein kann, welche die Möglichkeit bietet, sich als Individuum weiterzuentwickeln" (VAUGHAM 1981, S. 127). Er sollte auf den Reiz des Unbekannten verweisen.

- Die Klienten können motiviert werden, gewohnte Rollen wie bisher auszuüben. Auf diese Weise gewinnt ihr Leben trotz der Trennung an Kontinuität, erleben sie mehr Sicherheit.
- Den Klienten wird deutlich gemacht, daß sie für ihre Gefühle selbst verantwortlich sind und diese kontrollieren können. Auch haben sie ihr weiteres Schicksal in den Händen. Es können also nicht der Partner oder die Trennung auf Dauer für die eigene unbefriedigende Situation verantwortlich gemacht werden.

Generell benötigen die Klienten viel Wärme, Empathie, Zuwendung, Trost und emotionale Unterstützung. Insbesondere wenn sie stark unter der Scheidung leiden und regredieren, besteht jedoch die Gefahr, daß sie vom Berater abhängig werden oder ihm die Verantwortung für ihr Leben übertragen wollen. "Sowohl männliche als auch weibliche Therapeuten können Schwierigkeiten bei sehr regressiven Männern erleben, die sehr emotional, passiv und klammernd sind. Ein unbewußtes geschlechtsbezogenes Vorurteil, nämlich daß alle Männer ziemlich stark sein und ihre Gefühle kontrollieren sollten, veranlaßt diese Therapeuten, dies als 'schlechtes Verhalten' (zum Beispiel: 'Er handelt wie ein Schwächling!') anstatt als 'symptomatisches Verhalten' zu etikettieren" (MYERS 1988, S. 74). Viele männliche Klienten haben aber auch große Probleme, sich die eigene Schwäche und Hilfsbedürftigkeit einzugestehen und Gefühle in den Sitzungen zu äußern.

Ein weiterer Schwerpunkt der Beratung in der Scheidungsphase ist die *Veränderung von Kognitionen*. So tendieren viele Klienten - insbesondere wenn sie von ihren Partnern verlassen wurden - dazu, die Realität der Trennung zu verleugnen. Sie weigern sich, die notwendigen Umstellungen in ihrem Leben (und dem ihrer Kinder) durchzuführen, und verstecken sich manchmal sogar daheim. In diesen Fällen hilft der Berater ihnen, sich der Wirklichkeit zu stellen, alle Aspekte der neuen Situation zu untersuchen und die aus ihr resultierenden Aufgaben und Herausforderungen zu erkennen. Er macht bewußt, daß die Trennung nicht rückgängig gemacht werden kann und daß die Klienten keine Kontrolle über das (gegenwärtige) Verhalten ihrer Ehepartner haben.

Aber auch in anderen Fällen muß überprüft werden, ob die neue Situation mit all ihren Konsequenzen richtig wahrgenommen und eingeschätzt wird. Stellt man fest, daß die Klienten nur das Negative sehen, zu stark generalisieren, in Schwarz-Weiß-

Kategorien denken, die Bedeutung bestimmter Ereignisse als zu groß oder zu klein bewerten, Gedanken zu lesen versuchen, anderen Menschen regelmäßig negative Motive unterstellen oder oft ihre Reaktionen (Botschaften) falsch interpretieren, müssen diese Wahrnehmungs- und Denkstörungen aufgezeigt und abgebaut werden. Häufig werden irrationale Einstellungen und Gedanken (wie "Das Leben sollte gerecht sein", "Ich kann nur mit meinem Partner glücklich sein" oder "Ich bin nicht liebenswert") ermittelt, aber auch unrealistische Erwartungen und Scheidungsmythen ("Jede Trennung ist eine große Katastrophe für alle Betroffenen"). Der Berater läßt sie anhand der Wirklichkeit und mit Hilfe der Logik überprüfen, läßt Beweise für und gegen sie suchen oder erfragt, wie sie im Verlauf der Lebensgeschichte (Kindheit) entstanden. Durch diese und ähnliche Methoden wird nicht nur eine "bessere" Sicht der Realität erreicht, sondern auch die Identität der Klienten verändert.

Ein weiterer Schwerpunkt der Beratung ist das *Durcharbeiten der Trennungserfahrung*. Der Berater hilft den Klienten zu erkennen, was "Ehe", "Familie", "Heim" und deren Verlust für sie bedeutet. Er fördert ihre Trauerarbeit und leitet sie beim "Abschiednehmen" von ihrer Ehe und den mit ihr einmal verbundenen Idealen, Hoffnungen und Geborgenheitsgefühlen an. Häufig werden intensive positive und negative Bindungen der Klienten an ihre Partner deutlich, die sich nun langsam auflösen lassen. So hält der Berater sie an, nicht mehr so viel an die Ehegatten zu denken, in der Vergangenheit zu verweilen, die Möglichkeit der Versöhnung oder Rache zu reflektieren und über deren derzeitiges Leben (zum Beispiel über neue Partnerbeziehungen) zu phantasieren. Er rät ihnen, weniger über die getrenntlebenden Ehegatten zu sprechen, sie nicht mehr unter irgendwelchen Vorwänden anzurufen oder zu treffen, sexuelle Beziehungen abzubrechen und sich nicht auf längere und wenig erfolgversprechende rechtliche Auseinandersetzungen einzulassen. Häufig ist es sinnvoll, die Klienten Gegenstände wegräumen zu lassen, die sie fortwährend an ihre Partner erinnern, ihnen Techniken des Gedankenstopps zu lehren, sie anzuhalten, nur in einem bestimmten Zeitraum an die Ehegatten zu denken, oder sie sich selbst belohnen zu lassen, wenn sie ein, zwei, drei Stunden lang nicht an sie dachten. In vielen Fällen ist es auch wichtig, die vergangenen Ehejahre durchzusprechen und zu bewerten, nach Gründen für die Heirat und Ursachen für das Scheitern der Ehe zu suchen und Zusammenhänge mit der Lebensgeschichte aufzuzeigen (Kindheit, Strukturen der Herkunftsfamilie usw.). BROWN (1985) macht jedoch darauf aufmerksam, daß die Klienten sich in dieser Phase des Scheidungszyklus bereits als Versager fühlen, und warnt: "Dies ist nicht die Zeit, um Persönlichkeitsmängel aufzuzeigen oder Fehler in der Vergangenheit zu untersuchen ..." (S. 103).

Da viele Klienten in der Trennungsphase notwendige Umstellungen ignorieren oder vor ihnen flüchten, energielos und passiv sind oder selbst die kleinsten Probleme als unlösbar ansehen, ist ein weiterer Schwerpunkt der Beratung die *Unterstützung bei der Erfüllung anstehender Aufgaben.* Der Berater bestätigt zunächst die Schwierigkeit der Situation und die Vielzahl der zu leistenden Umstellungen. Zugleich macht er deutlich, daß nicht alle Schwierigkeiten in den nächsten Tagen bewältigt werden müssen, sondern daß sich die Klienten recht viel Zeit nehmen können. Auch weckt er realistische Erwartungen, lenkt von der Beschäftigung mit der Vergangenheit ab und motiviert die Klienten, sich auf Gegenwart und Zukunft zu konzentrieren. Auf solche Weise versucht er, sie dazu zu bringen, sich den anstehenden Aufgaben zu stellen. Diese können dann hinsichtlich ihrer Priorität oder ihres Schwierigkeitsgrades geordnet werden - wobei der Berater eine derartige Aufstellung auch nur für sich anfertigen kann, wenn die Klienten noch mehr verzweifeln würden, falls sie sich alle notwendigen Umstellungen vergegenwärtigen müßten.

Zumeist ist es ratsam, mit kleineren Aufgaben zu beginnen, wobei diese unter Umständen nochmals aufgeteilt werden müssen. Wenn die Klienten sie erfüllen, haben sie erste Erfolgserlebnisse, gewinnen an Selbstvertrauen und sind motiviert, sich auch schwierigeren Herausforderungen zu stellen. Zudem erleichtern kleine positive Veränderungen das Leben und wecken Hoffnung auf weitere Verbesserungen. Gleichzeitig entdecken die Klienten eigene Stärken, Kompetenzen und Ressourcen. Dieser Prozeß kann noch dadurch gefördert werden, daß mit ihnen zusammen der Frage nachgegangen wird, ob sie nicht im Verlauf ihres Lebens bereits ähnliche Aufgaben wie die jetzt anstehenden erfolgreich gelöst haben.

Häufig verändert der Berater die Sichtweise von Problemen und zeigt neue Aspekte auf. Er lehrt Problemlösungstechniken, geht mit den Klienten die einzelnen Schritte des Problemlösungsprozesses (ähnlich wie beim Entscheidungsprozeß, siehe S. 104ff.) durch. Dabei entdeckt er oft, daß bestimmte Verhaltensweisen im Repertoire der Klienten fehlen. Diese können beispielsweise im Rollenspiel, mit verhaltenstherapeutischen Verfahren oder durch das Stellen von Hausaufgaben vermittelt werden. Vielfach ist außerdem ein "assertiveness training" indiziert, vor allem bei (älteren oder nichterwerbstätigen) Frauen. Auch für den Abbau von Ängsten, Streß und so weiter stehen viele therapeutische Techniken zur Verfügung. So übernehmen die Klienten im Verlauf der Beratung immer mehr Verantwortung für ihr Leben und Handeln, gewinnen an Selbstsicherheit und entwickeln ein positiveres Selbstbild.

Da häufig die Bewältigung anstehender praktischer Aufgaben an mangelnden Kenntnissen scheitert, muß der Berater in dieser Phase der Beratung viele *Informationen vermitteln,* konkrete Anweisungen geben und stärker das Gespräch strukturieren. Immer sollten aber auch die mit den einzelnen Themen verknüpften Gefühle geklärt werden. Getrenntlebende Frauen, insbesondere wenn sie nicht erwerbstätig sind, gebrauchen viele Informationen über ihre finanziellen Ansprüche. Hier benötigt der Berater gründliche Kenntnisse über das Unterhaltsrecht und die Sozialhilfe, aber auch über Wohngeld, Bundesausbildungsförderung und so weiter. Er sollte wissen, daß das Jugendamt nach dem Unterhaltsvorschußgesetz (UVG) Unterhaltszahlungen für jüngere Kinder leisten muß, wenn der Unterhaltspflichtige nicht zahlt. Zudem kann es die Interessen der Kinder gegenüber dem nichtsorgeberechtigten Elternteil vertreten. Viele getrenntlebende Frauen benötigen aber auch Hilfe bei der finanziellen Planung, zum Beispiel durch das Aufstellen von Wochen- und Monatsbudgets. Ferner wünschen sie oft Informationen über Steuern, Versicherungen, Kontoführung und so weiter.

Nichterwerbstätige Frauen informiert der Berater über Möglichkeiten, Schulabschlüsse oder ein Studium nachzuholen, wobei er auch Finanzierungsmöglichkeiten aufzeigt (über das Arbeitsamt, nach BAföG). Eine betriebliche Berufsausbildung kann auch durch eine Berufsausbildungsbeihilfe gefördert werden. Er unterrichtet die Klientinnen, wie die Wiederaufnahme der Berufstätigkeit, Fortbildungen und Umschulungen nach dem Arbeitsförderungsgesetz (AFG) und anderen Rechtsgrundlagen unterstützt werden können. Oft muß er in diesem Zusammenhang auf Ängste, Zweifel und die Abwertung eigener Fähigkeiten,

Kenntnisse und Kompetenzen eingehen, auf ein positiveres Selbstbild hinarbeiten und zu mehr Selbstsicherheit führen. Manche Klientinnen wissen auch nicht, wie man sich erfolgversprechend bewirbt, und daß man auch mögliche Arbeitgeber von sich aus ansprechen kann. Vielfach ist es sinnvoll, Vorstellungsgespräche im Rollenspiel zu üben.

Viele Alleinerziehende, insbesondere wenn sie erwerbstätig sind oder wieder in die Arbeitswelt eintreten wollen, benötigen *Informationen über Kinderbetreuungsmöglichkeiten.* Deshalb sollte der Berater wissen, ob es am Ort genügend Krippen-, Kindergärten- oder Hortplätze und Tagespflegestellen gibt und unter welchen Umständen Alleinerziehende bei der Vergabe von Plätzen bevorzugt werden. Manchmal gibt es in der näheren Umgebung auch Ganztagsschulen oder private Initiativen wie Baby-, Krabbel-, Mutter-Kind-Gruppen oder Kinderläden. Eine ständige Unterbringung von Kindern ist in Dauerpflegestellen, Internaten, Schüler- und Lehrlingswohnheimen, pädagogisch betreuten Jugendwohngemeinschaften oder Heimen möglich. Notfalls (auch im Krankheitsfall) muß eine Betreuung durch Verwandte organisiert werden. Wichtig ist auch der Hinweis, daß das Jugendamt bei geringem Einkommen der Klienten die Kosten für die Kinderbetreuung (oder einen Teil davon) übernimmt beziehungsweise daß diese steuerlich absetzbar sind. Bei Umschulungen, Fortbildungen und dergleichen kann das Arbeitsamt finanziell einspringen.

Manche Klienten benötigen Hilfe bei der Suche nach einer akzeptablen Wohnung und wünschen Informationen darüber, wie man an eine Sozialwohnung kommt oder eine Wohngemeinschaft mit anderen Alleinerziehenden gründet. Viele getrenntlebende Männer wollen wissen, wie sie besser mit der Haushaltsführung zurechtkommen können. Vernachlässigen sie ihre Gesundheit, müssen sie auch auf die Zusammensetzung einer gesunden Ernährung und die Notwendigkeit ausreichenden Schlafs hingewiesen werden (was natürlich auch für Frauen gelten kann).

Es ist offensichtlich, daß sich der Berater nicht auf allen genannten Gebieten umfassend auskennen kann. Er sollte aber zumindest grundlegende Kenntnisse besitzen und wissen, an welche Behörden und Institutionen er seine Klienten verweisen muß. Sinnvoll ist, wenn er dort Ansprechpartner hat. Nur wenn er grob über die Arbeitsweise anderer Einrichtungen unterrichtet ist, kann er seinen Beitrag zur *Vernetzung psychosozialer Dien-*

ste leisten. Manche Klienten sind auch mit dem Hinweis auf Informationsmaterial zufrieden zu stellen. Besonders bewährt hat sich hier die Broschüre "So schaffe ich es allein" des VERBANDES ALLEINSTEHENDER MÜTTER UND VÄTER - BUNDESVERBAND E.V. (1986). Aber auch Bundes- und Länderministerien, die Bundesanstalt für Arbeit und andere Institutionen stellen Informationsmaterial kostenlos zur Verfügung.

Vielen Klienten kann der Berater helfen, wenn er sie an *Selbsthilfegruppen* verweist. Hier treffen sie Personen in derselben Situation an, mit denen sie sich über ihre Probleme austauschen und an denen sie sich orientieren können. Sie erhalten nützliche Informationen (über finanzielle Ansprüche, öffentliche Dienstleistungen, preiswerte Einkaufsmöglichkeiten, freundliche Ansprechpartner in Behörden, nützliche Bücher und so weiter), emotionale Unterstützung und manchmal auch praktische Hilfe (wie wechselseitige Kinderbetreuung).

Durch die Teilnahme an Selbsthilfegruppen kann das Netzwerk der Klienten erweitert werden, das sich nach der Trennung der Ehegatten häufig teilt. Für viele Männer ist dies aber kein akzeptabler Weg; sie benötigen oft Unterstützung bei der Entwicklung sozialer Fertigkeiten und der Suche nach neuen Freunden. Generell versucht der Berater, das Netzwerk seiner Klienten zu mobilisieren, da diese in ihm emotionale Unterstützung, praktische Hilfe und Möglichkeiten der (kurzfristigen) Kinderbetreuung finden können. Die Entwicklung von Getrenntlebenden und Kindern verläuft in der Regel positiver, wenn sie von ihrem Netzwerk aufgefangen werden. Falls möglich, bemüht sich der Berater, eine Aufspaltung des Netzwerks zu verhindern. Dabei kommt ihm entgegen, daß viele gemeinsame Freunde der Ehepartner und manche Verwandte nicht Partei ergreifen wollen. In anderen Fällen muß er aber unterbinden, daß Netzwerkmitglieder die Getrenntlebenden gegeneinander aufhetzen oder sie bevormunden. Insbesondere wenn Großeltern gegenüber ihren Enkeln eine Elternrolle und die Führung der Teilfamilie übernommen haben, müssen die Generationengrenzen neu gezogen und den Alleinerziehenden die alleinige Verantwortung für ihre Familie übertragen werden. Dabei können zum Beispiel paradoxe Interventionen eingesetzt werden: Der Berater macht den Großeltern deutlich, was für eine große Bürde sie auf sich genommen haben und wie sehr sie dadurch belastet sind.

"In der klinischen Literatur wird seit langem die Fortsetzung der Beziehung zwischen früheren Ehegatten als ungesund betrachtet. Kontakt zwischen geschiedenen Partnern wird als Zeichen für unbewältigte Eheprobleme oder als ein 'Festhalten' an der Ehe wahrgenommen" (AHRONS und WALLISCH 1987a, S. 273). Eine Bewertung (SUTTON und SPRENKLE 1985) von zehn Kriterien für eine konstruktive Scheidung durch 400 Mitglieder der "AMERICAN ASSOCIATION OF MARRIAGE AND FAMILY THERAPY" ergab, daß dem Kriterium "funktionierende Beziehung zum früheren Partner nach der Scheidung" die geringste Bedeutung zugeschrieben wurde (es rückte an vorvorletzte Stelle für den Fall, daß Kinder vorhanden sind). Jedoch ist es bei einer weniger spannungsgeladenen Beziehung zwischen den getrenntlebenden Ehegatten leichter möglich, Vereinbarungen über die Scheidungsfolgen zu erzielen und eventuell vorhandenen Kindern einen unbeschwerteren Kontakt zu beiden Elternteilen zu gewährleisten.

Die Vorgehensweise des Beraters hängt davon ab, ob er nur mit einem Ehepartner arbeiten muß oder ob er beide zur Teilnahme an den Sitzungen (beziehungsweise einem Teil derselben) motivieren kann. Im erstgenannten Fall bleibt ihm nur die Aufgabe (neben denjenigen, die im letzten Kapitel genannt wurden), den Klienten bessere Wege des Umgangs mit ihren Ehegatten zu vermitteln. Er erklärt ihnen, daß Anklagen oder Kritik zu nichts weiter führen werden als zu einer Eskalation von Konflikten, und berät sie, wie sie sich in spannungsgeladenen Situationen am zweckmäßigsten verhalten und auf welche Weise sie mit der Wut oder verbalen Angriffen des Partners am besten umgehen sollten. Der Berater macht ihnen deutlich, daß sie nichts davon haben, wenn sie eine Auseinandersetzung gewinnen, sondern daß es darauf ankommt, befriedigende Lösungen und Scheidungsvereinbarungen zu erreichen. In diesem Zusammenhang ist es auch sinnvoll, Verständnis für die Position der anderen Seite zu wecken (zum Beispiel durch Hineinversetzen in dessen Rolle) oder Konfliktlösungs- und Verhandlungstechniken zu lehren.

Bevor auf Wunsch von Klienten deren Ehepartner zu Sitzungen eingeladen werden, muß der Berater überprüfen, *ob er nicht manipuliert wird.* "Beispiele für diese Art des Verhaltens sind: a) der Patient bittet den Therapeuten, auf seine noch zögernde Frau Druck auszuüben, damit sie zu einer Ehe- oder Versöhnungstherapie kommt; b) der Patient möchte, daß der Therapeut seiner Frau detailliert von seiner depressiven Stimmung berichtet, unter Umständen auch von seinen Selbstmordgedanken und -intentionen; und c) der Patient versucht, den Therapeuten als Bündnispartner gegen seine Frau bei Fragestellungen zu gewinnen, die von der Schlechtigkeit ihres Charakters und ihrer Moral bis hin zu Sorgerechtsauseinandersetzungen reichen können" (MYERS 1988, S. 71). Derartige Motive müssen zunächst geklärt werden, bevor die Ehegatten eingeladen werden.

Bestehen besonders starke Spannungen zwischen den getrenntlebenden Ehepartnern, ist es manchmal sinnvoll, sie einzeln auf die gemeinsame Sitzung vorzubereiten (sowie eventuell anschließend in Einzelgesprächen ein zurückhaltendes Verhalten zu verstärken und die geweckten Gefühle zu diskutieren). Der Berater übernimmt die Gesprächsführung. Er kann durch ein relativ direktives und stark strukturierendes Verhalten am ehesten Auseinandersetzungen und das *Hervorbrechen intensiver negativer Emotionen verhindern.* Kommt es dennoch in den Sitzungen zu aggressiven Interaktionen, muß ein derartiges Verhalten konfrontiert und so schnell wie möglich unterbunden werden. Droht ein Klient mit Gewalt, müssen ihm Grenzen gesetzt und ihm die Konsequenzen deutlich gemacht werden (Polizeieinsatz, Anzeige, gerichtliche Verhandlung, negative Reaktionen der Kinder usw.). Wird jedoch ein solches Verhalten bewußt oder unbewußt vom Ehepartner provoziert, sind derartige Interaktionssequenzen aufzuzeigen. Manchmal drohen auch Dritte (zum Beispiel neue Partner) mit Gewalt und müssen möglichst neutralisiert werden. Wenn Spannungen dadurch entstehen, daß die Ehegatten die Trennungszeit in der gemeinsamen Wohnung verbringen, kann der Auszug eines Partners sehr schnell zu einer Verbesserung der Situation führen. Auch eventuell vorhandene Kinder fühlen sich anschließend erleichtert und können eher eine positive Beziehung zu beiden Elternteilen aufrechterhalten. In Einzelfällen ist es auch sinnvoll, Auseinandersetzungen bis zu ihrem bitteren Ende ablaufen zu lassen. Der Berater kann dann den Ehepartnern die Nutzlosigkeit und Unproduktivität derartiger Streitereien aufzeigen, ihnen Teufelskreise bewußt machen und sie motivieren, mit ihm zusammen nach konstuktiveren Umgangsweisen mit Problemen zu suchen.

Viele Spannungen lassen sich auch dadurch abbauen, daß *akute Konflikte gelöst werden* - generell eine wichtige Beratungsaufgabe in der Scheidungsphase. Der Berater stellt fest, was die Konfliktinhalte sind, aufgrund welcher Umstände die Probleme nicht gelöst werden konnten (Kommunikationsstörungen, fehlende Techniken, mangelnde Selbstbeherrschung) und inwieweit Auseinandersetzungen der Aufrechterhaltung von Kontakten dienen. Er arbeitet ein Problem nach dem anderen mit den Klienten durch und lehrt sie dabei Konflikt- und Problemlösungstechniken sowie eine effektive Kommunikation. Manchmal kann aus Situationen, in denen scheinbar keine Einigung möglich ist, herausgefunden werden, indem ältere Kinder und Jugendliche zu Sitzungen eingeladen und gebeten werden, ihre Wünsche und Erwartungen an das weitere Zusammenleben mit ihren Eltern zu formulieren. Dann wird den Ehepartnern oft deutlich, daß sie sich um ihrer Kinder willen einigen müssen.

Der Berater verhält sich bei Konflikten in der Regel neutral oder übernimmt eine Vermittlerrolle. Ist ein Partner jedoch sehr viel schwächer als der andere, wird er eingeschüchtert oder unterdrückt, dann kann der Berater auch kurzzeitig seine Interessen vertreten. Auch verhindert er, daß es zu Pseudoeinigungen kommt, indem er Ärger und Unzufriedenheit bei scheinbaren Lösungen aufdeckt und überprüft, inwieweit Vereinbarungen eingehalten werden. In manchen Fällen versuchen Klienten auch, Auseinandersetzungen aus dem Wege zu gehen und Probleme zu verdrängen. Der Berater deckt ein derartiges Verhalten auf und macht deutlich, daß viele dieser Fragen spätestens vom Gericht geregelt werden müssen. Manchmal belebt er unterdrückte Konflikte, so daß sie einer Lösung zugänglich werden, und zeigt Vorteile einer Veränderung der derzeitigen Situation auf. Schließlich ist es sinnvoll, getrenntlebende Ehepartner bei der Entwicklung von Regeln für den Umgang miteinander zu unterstützen. Sie können beispielsweise festlegen, wie häufig sie einander treffen wollen, ob sie Freunde werden möchten, wie in Zukunft Probleme gelöst werden sollen, oder daß sie einander vor gemeinsamen Bekannten nicht schlechtmachen. Diese Regeln können schriftlich fixiert werden.

KASLOW (1981, 1990) empfiehlt, daß die gerichtliche Scheidung mit einer später stattfindenden *Scheidungszeremonie* (analog zur Hochzeit) verbunden werden sollte. Deren Ablauf wird zusammen mit den Klienten geplant, so daß individuelle Wünsche und Vorstellungen berücksichtigt werden können. An der Zeremonie nehmen dann Verwandte und enge Freunde teil. Die geschiedenen Ehegatten bestätigen einander, daß sie gute und schlechte Zeiten miteinander erlebt haben, daß ihre Ehe nunmehr beendet ist, und daß sie einander vergeben. Sie sagen, wie sie in Zukunft miteinander umgehen und wie sie sich gegenüber ihren Kindern verhalten wollen. Oft werden auch Kinder oder andere Personen in die Zeremonie einbezogen und bringen ihre Gefühle zum Ausdruck. Es wird erwartet, daß diese Zeremonie die Endgültigkeit der Scheidung bestätigt sowie die emotionale und die psychische Scheidung erleichtert.

Beziehung zwischen Eltern

Trennung und Scheidung lösen wohl die Ehebeziehung auf, nicht aber automatisch auch die Eltern-Kind-Beziehung. Jedoch handelt es sich bei der Auffassung, Elternschaft sei unkündbar und bestehe bis zum Tode fort, um einen Mythos: Wie in ersten Teil anhand empirischer Forschungsergebnisse belegt wurde, brechen sehr viele nichtsorgeberechtigten Elternteile in den ersten zwei, drei Jahren nach der Trennung den Kontakt zu ihren Kindern ab, wobei diese Entwicklung häufig von ihren früheren Ehepartnern gefördert wird. Die Übernahme, geschweige denn die positive Erfüllung der Elternrolle ist nicht von den "Blutsbanden" abhängig - auch mit den Kindern biologisch nicht verwandte Personen können ihnen (Stief-, Pflege-, Adoptiv-)Eltern sein.

Scheidungsberatung will jedoch verhindern, daß von der Trennung oder Scheidung ihrer Eltern betroffene Kinder einen Elternteil verlieren. Der Berater versucht, *die Verantwortung beider Ehegatten für die Erziehung ihrer Kinder zu erhalten* - und zwar möglichst als eine gemeinsam übernommene und ausgeübte Verantwortung. So verdeutlicht er seinen Klienten, daß ihre Kinder in der Trennungs- und Scheidungssituation beide Eltern benötigen und mit beiden in Kontakt bleiben wollen. Er erklärt ihnen, daß die Kinder sowohl ihren Vater als auch ihre Mutter lieben und sich positiver entwickeln, wenn ihnen beide erhalten bleiben. Je länger Konflikte und Spannungen zwischen den Eltern bestünden, um so wahrscheinlicher wäre eine langfristige Schädigung der Kinder. Beide Elternteile sollten den Kindern als positive Verhaltensmodelle und Identifikationsfiguren erhalten bleiben; der Kontakt zu ihnen ist auch für die Entwicklung einer "normalen" Geschlechtsidentität (vor allem für Söhne) wichtig.

Auf diese Weise motiviert der Berater seine Klienten, ihre Beziehung so zu verbessern, daß ihre Kinder nicht geschädigt werden. Er leitet sie an, *die Partner- von der Elternebene zu trennen* - ein recht schwieriger Prozeß, da Konflikte, Spannungen und negative Gefühle beide Bereiche durchdringen. So muß er den Klienten helfen, die Ausübung ihrer elterlichen Aufgaben systematisch von Differenzen freizumachen und zu einem kooperativen Verhältnis auf der Elternebene zu finden. Er rät ihnen, eine Beziehung wie zwischen Geschäftspartnern oder Bekannten aufzubauen: Sie sollten möglichst formell, höflich und zweckbezogen miteinander umgehen, nach emotionaler Distanz und Gefühlskontrolle trachten, sachlich, direkt und auf die Kinder bezogen kommunizieren und ihr Privatleben gegeneinander abgrenzen. Der Berater hilft den Klienten, zu einer derartigen Beziehung zu finden, indem er mit ihnen die vielen die Kinder betreffenden Fragen bespricht. Er leitet sie an, sich auf *Verhandlungen* gründlich vorzubereiten, die eigene Position klar und deutlich vorzutragen, Kompromißbereitschaft zum Wohl der Kinder zu zeigen und genaue Absprachen zu treffen. In der Regel läßt er zunächst Fragestellungen und Probleme diskutieren, die am leichtesten zu klären sind. Auf diese Weise lernen die Klienten, miteinander zu verhandeln, und können dieses Verhalten auf Situationen außerhalb des Beratungszimmers übertragen. Dabei empfiehlt es sich oft, daß sie sich auf neutralem Boden treffen und die Gesprächsdauer zunächst auf beispielsweise 30 Minuten beschränken. Wird ein Elternteil in seiner Wohnung aufgesucht, sollte sich der andere wie ein Gast verhalten.

Der Berater hält die Eltern an, ihre Kinder aus Konflikten und Auseinandersetzungen herauszuhalten. Er rät ihnen, diesen gegenüber *nicht ausschließlich negativ von ihrem früheren Ehepartner zu sprechen*: "Wenn wir daran denken, daß wir ein Teil unserer Mutter und ein Teil unseres Vaters sind, ist es vielleicht einfacher, uns vorzustellen, wie widersprüchlich und erschreckend es sein muß, wenn ein Teil unseres Ichs den anderen Teil haßt. Wenn Sie also von Ihren Kindern verlangen, zu glauben, daß Sie der Gute seien, dem Unrecht zugefügt wurde, und der andere sei der böse Verfolger, dann verlangen Sie von Ihren Kindern, einem Teil von sich selbst zu mißtrauen. Kinder wollen ebensowenig Partei ergreifen, wie sie einen inneren Kampf ausfechten wollen" (RICCI 1984, S. 270). Es ist jedoch auch ein Scheidungsmythos, daß Eltern ihren Kindern gegenüber nur positiv über ihren früheren Partner sprechen sollten, damit diese sich mit ihm identifizieren können. Werden dessen negative Seiten verheimlicht, empfinden die Kinder Mißtrauen, fragen sich, wieso dann eine Trennung notwendig war, und fürchten, daß unbeschreiblich schlimme Ereignisse oder Verhaltensweisen zur Scheidung geführt haben. So sollten Eltern sowohl die positiven als auch die negativen Seiten ihres getrenntlebenden Ehegatten aufzeigen und sich selbst nicht als perfekt hinstellen. Ein derartiges Verhalten wird vom Berater dadurch erleichtert, daß er die Klienten daran erinnert, daß ihr Partner einmal der "beste Mensch auf Erden" war und ihre Ehe durchaus auch befriedigende Seiten hatte. Wird ein Klient fortwährend von seinem Partner gegenüber den Kindern schlechtgemacht, wird ihm verdeutlicht, daß er durch sein Verhalten und Vorbild diese am leichtesten vom Gegenteil überzeugen kann.

Außerdem diskutiert der Berater *bestimmte Verhaltensregeln* mit seinen Klienten:

- Die Eltern sollen den Kontakt zueinander nicht dazu mißbrauchen, um ihre Konflikte und Auseinandersetzungen fortzuführen.
- Die Klienten sollen sich nicht in die Erziehung des jeweils anderen Elternteils einmischen, sondern Toleranz für seine Erziehungsziele und seinen Erziehungsstil zeigen. Sie dürfen nicht seine Autorität schwächen. Es ist aber sinnvoll, wenn beide nach einem ähnlichen Erziehungsstil trachten.
- Die Klienten sollen nicht den Lebensstil des anderen Elternteils gegenüber den Kindern kritisieren. Dazu gehört auch, daß sie neue Partner (beziehungsweise Stiefeltern) nicht schlechtmachen.
- Sind die Kinder auf einen Elternteil wütend oder machen ihn für die Trennung verantwortlich, darf der andere ihren Ärger nicht noch schüren. Es sollte ihm nicht die Schuld für die Probleme der Kinder zugeschrieben werden.
- Die Klienten dürfen nicht von ihrem früheren Ehepartner Anerkennung für ihre Erziehungsleistung verlangen oder Unterstützung bei der Erziehung von ihm erwarten.
- Von den Kindern darf keine Parteinahme verlangt werden, da das Loyalitätskonflikte wecken oder verstärken würde. Sie sollten nicht als Informationsquellen, Spione oder Botschafter benutzt werden, weil sie sonst den Respekt für ihre Eltern verlieren würden.

Es ist wichtig, die Klienten davor zu warnen, daß Kinder ungerechtfertigt schlecht vom anderen Elternteil reden oder Lügen über ihn verbreiten können, um womöglich bestimmte Privilegien oder Belohnungen zu erlangen.

Häufig muß der Berater auf den (vorläufig) sorgeberechtigten Elternteil besonders intensiv einwirken, da er *Besuchskontakte fördern* oder behindern kann. Ihm wird bewußt gemacht, daß er keinesfalls derartige Kontakte unterbinden sollte, selbst wenn er sich ungerecht oder falsch behandelt fühlt oder einen negativen Einfluß des anderen Elternteils auf die Kinder befürchtet. Ihm muß deutlich werden, daß die Kinder das Vertrauen in ihn verlieren, ihn unter Umständen sogar hassen und ihn (später) für den Verlust der Beziehung zum anderen Elternteil verantwortlich machen könnten. Auch sollte der frühere Partner nicht für das Ausbleiben von Unterhaltszahlungen durch das Unterbinden von Besuchskontakten bestraft werden, da dann die Kinder gleich zweimal leiden würden.

Der Berater erklärt dem sorgeberechtigten Elternteil, daß die Abwesenheit der Kinder während der Besuche ihm Zeit für sich selbst, zur Erholung und für neue (soziale) Beziehungen gibt. Zudem würden derartige Kontakte verhindern, daß er allein die ganze Verantwortung für die Erziehung der gemeinsamen Kinder übernehmen müsse. Anzumerken ist noch, daß häufige und intensive Besuchskontakte verhindern können, daß die Teilfamilie zu einem geschlossenen System wird, das sich zu stark gegenüber seiner Umwelt abgrenzt.

Sorge- und Umgangsrechtsregelungen

Sorge- und Umgangsrechtsregelungen können von den Eltern allein, zusammen mit einem Berater, gemeinsam mit dem Familiengerichtshelfer des Jugendamtes oder mit Hilfe eines Vermittlers (siehe S. 137ff.) beschlossen werden. Die Eltern können die Wahrnehmung ihrer Interessen aber auch Rechtsanwälten übertragen oder die endgültige Entscheidung den Gerichten überlassen, die bei strittigen Fällen oft noch ein Gutachten von einem Sachverständigen mit Vorschlägen für diese Regelungen einholen. Der Berater rät in der Regel von den letztgenannten Möglichkeiten ab, da der Weg über Rechtsanwälte und Gerichte ein Weg der Gegnerschaft sei: Konkurrenzverhalten, Unfriede, Haß und Rachegefühle würden geschürt und Konflikte eskalieren. Außerdem dauert dieser Weg länger und ist häufig sehr kostspielig; die Kinder erleben mehr Spannungen, Angst und Unsicherheit.

Wurden bereits Rechtsanwälte eingeschaltet, nimmt der Berater oft Kontakt zu ihnen auf. Er wirkt darauf hin, daß die *An-*

wälte die Familie als Ganzes sehen sowie die Bedürfnisse und Wünsche aller Familienmitglieder (insbesondere der Kinder) berücksichtigen. Vor allem vertritt er das Wohl der Kinder und bittet darum, daß sie in Konflikte nicht einbezogen werden. Anzumerken ist noch, daß der Berater generell seinen Klienten Informationen über das Familienrecht, die Funktion von Rechtsanwälten und Familiengerichtshelfern sowie den Ablauf von Gerichtsprozessen vermitteln muß. Müssen Kinder vor Gericht aussagen, sollte ihnen versichert werden, daß sie ehrlich sein dürfen und unabhängig von ihren Aussagen weiterhin von beiden Eltern geliebt werden.

Wenn sich Eltern selbst oder unter Hinzuziehung eines Vermittlers über die Sorge- und Umgangsrechtsregelungen einigen konnten, sollten die getroffenen *Vereinbarungen* kurz durchgesprochen sowie hinsichtlich ihres Konfliktpotentials und der Berücksichtigung des Kindeswohls überprüft werden. Ansonsten leitet der Berater die Klienten bei der Suche nach Regelungen an, die für beide Seiten und die Kinder akzeptabel sind. Dabei achtet er darauf, daß die Verhandlung in geordneten Bahnen verläuft, zunächst mit den am leichtesten zu klärenden Punkten begonnen wird, jeder Elternteil seine Position klar und deutlich vorträgt und Kompromißbereitschaft gezeigt wird. Auch hier wird also wieder eingeübt, wie Eltern nach der Trennung/Scheidung am besten miteinander umgehen sollten. Zudem wird aufgezeigt, wie man zu guten Entscheidungen kommt: Die verschiedenen Sorgerechtsalternativen werden zunächst genannt, ihre Vor- und Nachteile auf den jeweiligen Fall bezogen erfaßt und anschließend bewertet, eine Alternative wird ausgewählt, ein Handlungsplan aufgestellt und dessen Realisierung überprüft. Genauso wird hinsichtlich des Umgangsrechts verfahren.

Zu Beginn der Verhandlungen macht der Berater deutlich, *daß es nicht die beste Sorgerechtsform gibt*, sondern daß die unterschiedlichsten Vereinbarungen funktionieren können. Auch seien letztlich nicht die gesetzlich verankerten und vom Gericht bestätigten Regelungen ausschlaggebend, sondern deren Ausgestaltung in der Praxis. So könnten Eltern sowohl bei der Wahl der alleinigen als auch der gemeinsamen Sorge fortwährend Auseinandersetzungen miteinander erleben oder eine konstruktive Beziehung aufrechterhalten, könnten die Kinder in ihrer Entwicklung geschädigt werden oder nicht. KASLOW und SCHWARTZ (1987) betonen folgende Grundsätze: "1) Kinder sind kein Besitz; 2) sie sind keine ehelichen Güter, die gehandelt oder geteilt werden können; 3) ihr Aufenthaltsort sollte nicht davon abhängig gemacht werden, wieviel Kindesunterhalt gezahlt wird oder wer mehr Reichtümer besitzt; und 4) der erste Wohnsitz von Kindern sollte nicht danach bestimmt werden, welcher Elternteil verlassen wurde und/oder wer mehr ihre Gesellschaft oder Pflege benötigt" (S. 116). Statt dessen sollten immer das Wohl der Kinder und die Konsequenzen möglicher Sorgerechtsregelungen für deren weitere Entwicklung im Mittelpunkt des Entscheidungsprozesses stehen.

Ältere Kinder und Jugendliche sollten zu Beratungen über Sorge- und Umgangsrechtsregelungen eingeladen werden - nicht nur, weil sie nach Vollendung des 14. Lebensjahres vor Gericht eigene Vorschläge vorbringen dürfen, die den gemeinsamen Elternvorschlag nahezu bedeutungslos machen können (siehe S. 65). Kinder werden in der Regel nicht danach gefragt, bei welchem Elternteil sie lieber leben möchten, da sie dies noch nicht beurteilen können, sich zu leicht aus ihrem gegenwärtigen Gefühlszustand heraus entscheiden sowie zumeist starke Loyalitätskonflikte und (später) Schuldgefühle erleben würden. So sprechen sie sich manchmal für den Elternteil aus, der am meisten unter der Trennung leidet und um den sie Angst haben. Geschwister können aus ihrem Gerechtigkeitsempfinden heraus auch wünschen, daß sie zwischen beiden Elternteilen aufgeteilt werden.

Kinder können jedoch gefragt werden, wie sie sich das Leben bei Vater oder Mutter vorstellen, welche Probleme sie bei der jeweiligen Konstellation erwarten oder welche Aktivitäten und Interessen sie mit ihnen teilen. Auch können sie ihre Meinung zu der von den Eltern ins Auge gefaßten Sorgerechtsalternative sagen und an deren Ausgestaltung mitwirken. Zugleich fühlen sie sich in den Entscheidungsprozeß über ihre Zukunft eingebunden, erleben, daß sich beide Eltern um ihr Wohl sorgen und mit ihnen in Kontakt bleiben wollen, und sind beruhigt, weil sich diese noch hinsichtlich zentraler Fragestellungen einigen können.

Ergebnis der Verhandlungen sollte nicht nur ein gemeinsamer Vorschlag nach § 1671 BGB über die (Umgangs- und) Sorgerechtsregelung für das Familiengericht sein, sondern auch ein *detaillierter Vertrag* über die konkrete Ausgestaltung der ausgewählten Alternative. Dieser Vertrag kann zunächst befristet sein, so daß die Zweckmäßigkeit und Durchführbarkeit der getroffenen Vereinbarungen geprüft werden können. Eine Befristung ist auch sinnvoll, wenn die Vereinbarungen in einer Zeit großer Spannungen getroffen wurden, um beispielsweise juristische Schritte zu vermeiden, mehr Zeit für die Beratung zu gewinnen oder zentrale Konfliktthemen zu entschärfen (wie durch das Verbot, daß Kinder bei Besuchen mit dem Partner aus einem außerehelichen Verhältnis in Kontakt kommen). Ansonsten sollten die Verträge klar, eindeutig und verständlich abgefaßt werden, die vereinbarten Sorge- und Umgangsrechtsregelungen in allen Details wiedergeben, Wohlverhaltensklauseln zur Festigung des gegenseitigen Vertrauens enthalten und Bestimmungen über den Umgang mit von den Vertragsparteien nicht lösbaren Konflikten umfassen (wie die Konsultation des Beraters zwecks Vermittlung). Natürlich können nicht alle Fragen bis in die letzte Einzelheit hinein geregelt werden. Es ist jedoch zu hoffen, daß die Eltern während der Beratung Konfliktlösungs- und Verhandlungstechniken lernen, mit deren Hilfe sie neue Unstimmigkeiten selbst bewältigen können. Schließlich ist noch anzumerken, daß die Verträge von den Rechtsanwälten der Klienten überprüft und als Teil der Scheidungsvereinbarungen übernommen werden können. Die Zustimmung des Jugendamtes ist übrigens weder für sie noch für den gemeinsamen Elternvorschlag eine Wirksamkeitsvoraussetzung.

Abschließend soll noch auf Bedingungen eingegangen werden, unter denen das alleinige und das gemeinsame Sorgerecht sinnvoll sind, und auf die Regelung des Umgangsrechts. Wie bereits mehrfach erwähnt, muß das Wohl der Kinder immer das Hauptkriterium sein. Eine *gemeinsame Sorgerechtsregelung*, die entweder von den Klienten gewünscht oder vom Berater angeregt wird, ist sinnvoll, wenn die Eltern das Wohl der Kinder an erster Stelle setzen. Es sollte ihnen gelungen sein, Partner- und Elternebene voneinander zu trennen und den letztgenannten Bereich weitgehend von Spannungen und Konflikten frei zu machen. Die Eltern sollten kooperationsbereit sein, flexibel auf neue Situationen reagieren können und ein hohes Maß an Persönlichkeitsreife erreicht haben. Es ist von Vorteil, wenn sie ähnliche Erziehungsziele und -stile haben - unterschiedliche Einstellungen und Verhaltensweisen bei der Erziehung sind aber kein Hinderungsgrund, falls sich die Kinder ohne größere Probleme an sie anpassen und die vielfältigen Sozialisationsbedingungen positiv nutzen können. Es ist wichtig, daß die Kinder von beiden Wohnungen der Eltern aus ohne außerordentliche Schwierigkeiten ihre Schule und ihre Freunde erreichen können.

Dagegen ist eine gemeinsame Sorgerechtsregelung wenig sinnvoll, wenn beide Elternteile noch miteinander verfeindet sind sowie Wut, Haß und ähnliche Gefühle auch auf der Elternebene ausdrücken, wenn sie auf diese Weise einander nah bleiben und die noch nicht vollzogene psychische Scheidung weiter herausschieben wollen, oder wenn ihre Wohnungen so weit voneinander entfernt liegen, daß das Leben der Kinder zu diskontinuierlich verlaufen würde und ihre Entwicklung geschädigt werden könnte. Eine problematische Situation ist auch, wenn im Grunde beide Elternteile die Kinder nicht haben wollen und in der gemeinsamen Sorge eine Möglichkeit sehen, wie sie weniger Verantwortung für die Erziehung übernehmen müssen und weniger durch sie belastet werden.

Entscheiden sich Eltern für die gemeinsame Sorge, muß aus der Vielzahl denkbarer Arrangements dasjenige ausgewählt werden, das am besten der Situation und dem Alter der Kinder entspricht. Die wichtigsten Alternativen sind:

- Die Kinder sind werktags bei einem Elternteil, am Wochenende und in den Ferien beim anderen.
- Sie sind während des Schuljahres bei einem Elternteil, an Feiertagen und in den Ferien beim anderen.
- Sie wechseln jährlich, halbjährlich, monatlich oder wöchentlich zwischen den Wohnungen ihrer Eltern.
- Sie sind an drei Tagen der Woche in der einen und an den übrigen vier Tagen in der anderen Wohnung.
- Die Kinder bleiben in der Familienwohnung und die Eltern wechseln nach einem bestimmten Zeitplan.
- Die Kinder entscheiden, in welcher Wohnung sie die nächsten Tage verbringen wollen.

Die ausgewählte Alternative muß dann von den Eltern und unter Mitwirkung älterer Kinder ausgestaltet werden.

Die *alleinige Sorge* kommt vor allem dann in Frage, wenn ein Elternteil von sich aus nicht das Sorgerecht beansprucht oder wenn eine gemeinsame Wahrnehmung der Elternverantwortung aufgrund intensiver Spannungen und Konflikte nicht möglich ist. Um relativ eindeutige Fälle handelt es sich auch, wenn die Kinder starke emotionale Bindungen nur an einen Elternteil haben, wenn sie kein Vertrauen in einen Elternteil besitzen (zum

Beispiel wegen Kindesmißhandlung, sexuellem Mißbrauch, Gewalttätigkeit gegenüber dem Ehepartner) oder wenn ein Ehegatte nicht oder nur teilweise erziehungsfähig ist (aufgrund psychischer Störungen, wegen Suchtkrankheiten oder früherer Vernachlässigung der Kinder und so weiter).

Besonders problematisch ist, wenn beide Elternteile die alleinige Sorge für ihre Kinder beanspruchen. Hier klärt der Berater zunächst die zugrundeliegenden *Motive*. Manchmal wird dann deutlich, daß ein Ehegatte den anderen auf diese Weise bestrafen oder zu Zugeständnissen auf anderen Gebieten bewegen will. In solchen Fällen lenkt der Berater die Aufmerksamkeit erneut auf das Kindeswohl. Ansonsten versucht er, mit den Klienten zu klären, an welchen Elternteil die Kinder stärkere Bindungen haben, wer sie "besser" erziehen kann, wer ihnen mehr Kontinuität bietet (also nicht an einen anderen Ort zieht), oder wer sie leichter unterbringen und betreuen kann (zum Beispiel aufgrund von Teilzeitarbeit, weil die Großeltern die Kinderbetreuung zeitweilig übernehmen können). Sind die Kinder noch sehr klein, verweist der Berater auch auf ihr Bedürfnis nach einer gleichbleibenden Bezugsperson. KASLOW (1981) ergänzt: "Meine Meinung ist, daß - wo ein Elternteil die alleinige Sorge haben soll, und angenommen, daß beide Eltern sie haben wollen und erziehungsfähig sind - ein wichtiges Kriterium zur Bestimmung desjenigen, der sie erhalten soll, ist, welcher Elternteil eher fähig ist, das Kind/die Kinder mit dem nichtsorgeberechtigten Elternteil zu teilen sowie Besuche und telefonische Kontakte zu fördern, anstatt diese zu behindern" (S. 671).

Haben sich Klienten dafür entschieden, daß ein Elternteil das alleinige Sorgerecht erhalten soll, hilft der Berater ihnen bei der *Ausgestaltung des Umgangsrechts*. So muß festgelegt werden, wie oft und wann Besuche stattfinden und wie lange sie dauern sollen, bei wem die Kinder Feiertage und Ferien verbringen werden, wer sie bringt oder abholt, ob Kontakte "außerhalb der Reihe" (zum Beispiel kurze Besuche seitens der Kinder auf dem Heimweg von Veranstaltungen) und Telefonate zugelassen sind, und was bei unvorhersehbaren Ereignissen geschehen soll. Die Regelungen sollten möglichst flexibel sein und das Alter der Kinder berücksichtigen. Beispielsweise sind bei Kleinkindern häufig kurze Besuche sinnvoller als Wochenendaufenthalte; ältere Kinder wollen einen Teil des Wochenendes mit ihren Freunden verbringen; Jugendliche möchten mitbestimmen, wann sie den nichtsorgeberechtigten Elternteil besuchen. Bestehen große Altersunterschiede zwischen den Kindern, oder haben sie sehr unterschiedliche Interessen, kann auch vereinbart werden, daß sie von Zeit zu Zeit einzeln auf Besuch kommen.

Bei der Realisierung der getroffenen Vereinbarungen treten gerade in der Anfangszeit häufig größere und kleinere Probleme auf. Diese können in den Sitzungen besprochen werden. Manchmal müssen dann Regelungen geändert werden. Wenn beispielsweise das Bringen oder Abholen der Kinder als Gelegenheit zum Fortsetzen von Ehekonflikten genutzt werden, kann bestimmt werden, daß die Kinder im Kindergarten oder in der Schule abgeholt und dorthin zurückgebracht werden. Generell ist sinnvoll, auch die Umgangsrechtsregelungen schriftlich zu fixieren und zu einem Teil der Scheidungsvereinbarungen zu machen.

Exkurs: Vermittlung

Sorge- und Umgangsrechtsregelungen sowie Vereinbarungen über die anderen Scheidungsfolgen können auch im Rahmen einer *Vermittlung* getroffen werden. Während diese Möglichkeit in der Bundesrepublik Deutschland noch kaum gegeben ist, ist sie in den USA bereits weit verbreitet: Rund die Hälfte der Bundesstaaten haben Gesetze verabschiedet, die im Scheidungsfall eine Vermittlung teils obligatorisch, teils als Option vorsehen. Diese Entwicklung wurde durch die zunehmende Kritik am juristischen Scheidungsverfahren seitens der Richter, Juristen, Psychotherapeuten, Sozialarbeiter und - nicht zuletzt - der Geschiedenen selbst angestoßen. So scheint ein solches Verfahren "weder ausreichende Möglichkeiten zu bieten, die Parteien selbst in die konstruktive Mitarbeit zur Lösung des Konflikts einzubinden, noch über genügende Sicherungen zur Vermeidung von verfahrensbedingten Konfliktverschärfungen zu verfügen" (PROKSCH 1989, S. 71). Zum einen wird - insbesondere bei strittigen Fällen - die Aufgabe, Entscheidungen über die Scheidungsfolgen zu fällen, von den eigentlich verantwortlichen Ehepartnern an Rechtsanwälte und Richter delegiert. Zum anderen führt das juristische Verfahren oft zu antagonistischen Verhaltensweisen der beiden Parteien. Außerdem beziehen Rechtsanwälte und Richter zu wenig die den jeweiligen Fall charakterisierenden, ganz spezifischen Faktoren in ihre Überlegungen ein. Schließlich ist die Legitimation der juristischen Entscheidung gefährdet, wenn eine oder beide Parteien mit ihr nicht einverstanden sind und diese verletzen oder Berufung einlegen.

Aus dieser kritischen Haltung heraus begannen amerikanische Psychologen, Sozialarbeiter und Juristen in den 60er Jahren nach Wegen zu suchen, wie Scheidungswillige zu einer eigenverantwortlichen, selbständigen und gütlichen Regelung der Scheidungsfolgen geführt werden können. Das Ergebnis dieser Bemühungen ist eine neue berufliche Spezialisierung, die des *Scheidungsvermittlers*. Laut MILNE (1983) kommen die meisten aus psychosozialen Berufen (knapp 80% der selbständig tätigen und 90% der im öffentlichen Sektor angestellten Fachkräfte); die übrigen sind zumeist Rechtsanwälte. Vereinzelt arbeiten auch ein Jurist und ein Angehöriger aus einer anderen Berufsgruppe im Team zusammen. Sie ermöglichen es Klienten, gemeinsam Vereinbarungen über die Scheidungsfolgen zu treffen und so die Kontrolle über ihre Leben zu behalten. Diese Vorgehensweise ist für die Betroffenen auch weniger kostspielig als die juristische.

Generell lassen sich in den USA eine *gerichtsverbundene* und eine *gerichtsunabhängige* Vermittlung unterscheiden. Erstere findet an sogenannten "conciliation courts" statt, deren Besuch je nach Bundesstaat entweder freiwillig oder verbindlich ist. An sie werden Scheidungswillige vor Beginn des Scheidungsverfahrens verwiesen. "Conciliation courts" versuchen zunächst, eine Versöhnung der Ehepartner herbeizuführen. Gelingt dieses nicht, helfen sie bei der Erarbeitung von Konfliktlösungen hinsichtlich der Scheidungsfolgen (oft auf Sorge- und Umgangsrechtsregelungen beschränkt). Sechs Evaluationsstudien (SPRENKLE und STORM 1983) zeigen, daß häufig eine (unter Umständen aber nur kurzfristige) Versöhnung erreicht wird, sich oft das Verhältnis zwischen den Scheidungswilligen bessert und etwa zwei Drittel der Klienten dieses Angebot als hilfreich erleben.

Die gerichtsunabhängige Vermittlung findet in Privatpraxen oder Beratungsstellen statt. Zumeist müssen die Kosten von den Klienten übernommen werden. Nach verschiedenen Studien (wie SLAIKEU et al. 1985) und Übersichtsartikeln (SPRENKLE und STORM 1983; GLASER und BORDUIN 1986; PROKSCH 1989) werden in 40 bis 65% der Fälle umfassende und in 20 bis 30% auf Teilbereiche bezogene oder zeitlich begrenzte Vereinbarungen über die Scheidungsfolgen getroffen; mehr als 70% der Klienten sind mit der Vermittlung zufrieden. Dabei wird häufiger eine gemeinsame Sorgerechtsregelung gewählt. Schließlich sind die Gerichtsverfahren kürzer, wird seltener Berufung eingelegt, sind die Gerichtskosten niedriger.

Aufgrund der positiven Erfahrungen der Amerikaner sollte auch in der Bundesrepublik Deutschland geprüft werden, ob nicht über die bereits bestehenden ersten Ansätze hinaus die Vermittlung flächendeckend angeboten werden könnte. Hier bieten sich vier Möglichkeiten an:

(1) *Vermittlung am Familiengericht:* Es könnten Einrichtungen ähnlich den "conciliation courts" geschaffen werden. Dieses dürfte die langwierigste und kostspieligste Alternative sein, da wahrscheinlich Gesetzesänderungen notwendig sind und die Räumlichkeiten erst noch geschaffen werden müssen.

(2) *Vermittlung am Jugendamt:* Wie bereits erwähnt, soll die Jugendhilfe laut dem Kinder- und Jugendhilfegesetz (KJHG) darauf hinwirken, daß Eltern im Trennungsfall möglichst einvernehmliche Sorge- und Umgangsrechtsregelungen treffen. Eine Fortbildung der Familiengerichtshelfer im Vermittlungsverfahren wäre somit angezeigt. Die Regelung weiterer Scheidungsfolgen (Unterhalt, Versorgungsausgleich, Aufteilung des Eigentums usw.) würde aber weit über den Auftrag der Jugendhilfe hinausgehen.

(3) *Vermittlung als berufliche Spezialisierung:* Analog zur Situation in den USA könnten sich frei praktizierende Psychologen und Rechtsanwälte auf Vermittlung spezialisieren. Ferner könnten öffentliche und freie Träger der Wohlfahrtspflege Vermittlungsstellen einrichten. Im ersten Fall müßten die Klienten selbst für die Vermittlung zahlen, im zweiten der Staat oder die Verbände.

(4) *Vermittlung an Ehe-, Familien- und Scheidungsberatungsstellen:* Wie im letzten Kapitel anhand der Suche nach Sorge- und Umgangsrechtsregelungen gezeigt, könnten auch Ehe-, Familien- und Scheidungsberater die Vermittlung übernehmen. So zeigt zum Beispiel der Sammelband von SAPOSNEK (1986/87), wie sich Systemtheorie, Strukturelle Familientherapie, Lerntheorie, der Therapieansatz VON SELVINI PALAZZOLI und weitere mit Vermittlung verbinden lassen. Jedoch mangelt es Beratern noch an einer Ausbildung in Vermittlungsverfahren und an Kenntnissen über Versorgungsausgleich, Unterhaltsfragen, Aufteilung von Eigentum und so weiter. Vor allem aber gibt es größere Unterschiede zwischen Berater- und Vermittlerrolle. So sollte auch geprüft werden, ob sich nicht ein Mitarbeiter aus dem Beraterteam auf Vermittlung spezialisieren und Klienten seiner Kollegen für diese Tätigkeit übernehmen könnte. Zugleich wäre er der Ansprechpartner für Scheidungswillige, die nur an einer Vermittlung (und nicht an einer Scheidungsberatung) interessiert sind.

Generell ist Vermittlung weder Beratung oder Therapie noch ein juristischer Vorgang - bei psychischen Problemen, Schwierigkeiten, die Trennung zu verarbeiten, oder Erziehungsfragen werden die Klienten an andere Beratungsstellen überwiesen. Vielmehr handelt es sich im Grunde um *die Leitung einer Reihe von Verhandlungen* zwischen zwei Seiten durch einen neutralen, unparteiischen Dritten. "Vermittlung als ein Ansatz geht von mindestens drei grundlegenden Prämissen aus: (1) Die Meinungsverschiedenheit oder der Konflikt kann besser von den Betroffenen selbst als von Außenstehenden gelöst werden, wobei sie befähigt werden, Verantwortung für ihre eigenen Lösungen zu behalten oder zu übernehmen. (2) Der Prozeß stärkt die Gesprächspartner bei der Suche nach für beide akzeptablen Lösungen, so daß jede Partei mit dem Gefühl fortgeht, daß er oder sie angehört wurde, respektiert wird und mit der jeweiligen Lösung/Entscheidung ziemlich zufrieden sein kann. (3) Die Resultate können maßgeschneidert und genügend kreativ sein, so daß sie den besonderen Bedürfnissen eines jeden Individuums, einer jeden Familie oder Person entsprechen" (NEVILLE 1989, S. 106). Durch die Vermittlung werden Kommunikation, Kompromißbereitschaft, Fairneß, Rationalität, Selbstverantwortung und Selbstachtung gefördert. Es werden Voraussetzungen für eine konstruktive Zusammenarbeit zwischen den Scheidungswilligen geschaffen. Das kann sich auf die Entwicklung vorhandener Kinder nur positiv auswirken.

Eine Vermittlung ist vor der Trennung und nach der gerichtlichen Scheidung möglich, am häufigsten dürfte sie aber in der Scheidungsphase sein. Sie beginnt mit einer *Orientierungssitzung*: Der Vermittler erklärt nach der Begrüßung zunächst den Vermittlungsprozeß und seine eigene Rolle. Dabei betont er, daß es hier um eine rationale Problemlösung und konstruktive Aufgabenbewältigung geht. Er strukturiert das Gespräch von Anfang an und zeigt auf diese Weise, daß er den Vermittlungsprozeß leiten und kontrollieren wird. Ferner legt er fundamentale Regeln dar: Die Klienten sollten offen und direkt miteinander kommunizieren, sich im Ausdrücken von Gefühlen zurückhalten, einander nicht anklagen und nach Fairneß trachten. Außerdem betont er, daß die Gesprächsinhalte vertraulich sind und daß er Gespräche immer nur mit beiden Klienten führen wird.

Der Vermittler erfaßt kurz die Geschichte der Ehe beziehungsweise Familie. Dann fragt er nach der Motivation, den Erwartungen und Wünschen der Klienten. Er ermittelt, ob bereits hinsichtlich irgendwelcher Scheidungsfolgen Vereinbarungen getroffen wurden, in welchen Bereichen diese notwendig sind, sowie auf welchem der genannten Gebiete eine Regelung am leichtesten zu erreichen wäre. Er erkundigt sich, ob bereits Rechtsanwälte eingeschaltet wurden. Ist dieses der Fall, betont er, daß der Vermittlungsprozeß stark gefährdet ist, wenn während dieser Zeit rechtliche Schritte unternommen werden. Im Verlauf des ersten Gesprächs versucht der Vermittler bereits, die Stärken und Schwächen seiner Klienten, die Qualität ihrer Kommunikation, ihre Verhaltensstile bei Auseinandersetzungen und das Ausmaß ihrer Kompromißbereitschaft zu ermitteln. Er zeigt Empathie und weckt Hoffnung auf für beide Seiten akzeptable Regelungen der Scheidungsfolgen.

Eine Vermittlung kann sich auf Vermögensaufteilung, Versorgungsausgleich, Unterhaltsfragen und/oder Sorge- und Umgangsrechtsregelungen beziehen. Der Vermittler läßt zunächst die Verhandlungsgegenstände benennen und beginnt dann mit einem, *bei dem eine Einigung leichter zu erreichen ist* - ein erster Erfolg zeigt die Sinnhaftigkeit einer Vermittlung und motiviert dazu, schwierigere Probleme anzugehen. Der jeweilige Verhandlungsgegenstand wird genau definiert. Dann werden alle relevanten Informationen über ihn gesammelt und strukturiert. Handelt es sich um eine besonders umfassende und komplizierte Problemstellung, so wird sie aufgeteilt - wobei auch festgestellt werden kann, in welchen Teilbereichen die eigentlichen Schwierigkeiten liegen. Der Vermittler bittet jeden Klienten, seine Position gegenüber dem Verhandlungsgegenstand genau zu beschreiben, und überprüft, ob diese von der jeweils anderen Seite verstanden wurde. Unter Umständen läßt er einen Rollenwechsel vornehmen. Auf diese Weise lernt jeder Ehegatte, die Position, die Gefühle und Wünsche des anderen zu verstehen. Der Vermittler bittet dann um Vorschläge von Lösungsmöglichkeiten, läßt diese klarifizieren, fragt nach der Meinung der anderen Seite zu dem jeweiligen Vorschlag, läßt Gegenvorschläge machen oder nennt selbst Alternativen. Immer wieder überprüft er, ob Aussagen richtig verstanden und Informationen zweckmäßig verarbeitet wurden. Wenn die verschiedenen Optionen bekannt sind und überdacht wurden, kann in einer Abfolge von Angebot und Gegenangebot eine Verhandlungslösung erreicht werden. Oft müssen mehrere Verhandlungsgegenstände miteinander kombiniert werden, so daß jeder Klient in einem Bereich seinen Willen durchsetzen kann und dafür im anderen zu einem Verzicht bereit ist. Häufig ist aber auch ein Kompromiß möglich.

Der Vermittler geht davon aus, daß die Klienten einander feindselig gesonnen sind - nach einer Untersuchung (SLAIKEU et al. 1985) sind 55 bis 60% ihrer Statements bezüglich des Ehegatten negativer und nur 5% positiver Art. Dementsprechend ist es notwendig, wechselseitiges Anklagen, Rechthaberei und (verbales) Ausagieren zu verhindern. Der Vermittler macht deutlich, daß Auseinandersetzungen auf dem gemeinsamen Beschluß beider Ehepartner beruhen, miteinander kämpfen zu wollen - und daß dieser nun durch eine Vereinbarung der zielgerichteten Zusammenarbeit ersetzt werden muß. Er *unterbindet Streit und verbale Attacken*, indem er etwa Interaktionsregeln betont, das Gespräch abbricht, das Thema wechselt, durch einen langen Monolog die Atmosphäre entspannt, die Unproduktivität eines derartigen Verhaltens betont oder Anklagen als Vorschläge oder Bitten umdefiniert. Aber auch durch sein autoritäres und selbstsicheres Auftreten, die Festlegung der Gesprächsthemen, die Trennung der Verhandlungsgegenstände von Gefühlen, die positive Verstärkung eines kooperativen Verhaltens, das Lehren von Konfliktlösungstechniken sowie durch das Anhalten zum geduldigen Zuhören und zu Kompromißbereitschaft verhindert er Auseinandersetzungen. Ist ein Klient "schwächer" als der andere, schützt er dessen Belange, indem er auf Gleichberechtigung pocht, ihm mehr Aufmerksamkeit schenkt, ihn emotional unterstützt, sein mangelndes Verhandlungsgeschick kompensiert oder dessen Einschüchterung, Erniedrigung oder Unterdrückung verhindert.

Im Gegensatz zu juristischen Verfahren ermöglicht die Vermittlung die Vereinbarung von Regelungen, die *auf den Einzelfall* zugeschnitten sind. Ist es beispielsweise zum Zeitpunkt der Scheidung nicht sinnvoll, Aktien oder Hausbesitz zu verkaufen, kann ein späterer festgelegt und für die Zwischenzeit eine Aufteilung der Dividenden oder Mietzahlungen vereinbart werden. Oder ein Ehemann mag sich bereit erklären, einen Anbau an das Haus, in dem Frau und Kinder wohnen bleiben, zu finanzieren, so daß seine Schwiegermutter dort einziehen kann. Dann kann diese die Kinderbetreuung übernehmen und seine Frau erwerbstätig werden, so daß sie keinen Anspruch auf Ehegattenunterhalt mehr hat. Auch die Finanzierung von Fortbildungsmaßnahmen für einen Ehegatten durch den anderen kann dazu führen, daß ersterer ein höheres Einkommen erzielt und letzterer auf Dauer an ihn weniger zahlen muß. Zur Festlegung des Unterhalts läßt der Vermittler ansonsten die Klienten ihre Einnahmen und Ausgaben, Vermögenswerte und Schulden genau auflisten. Dabei soll der Elternteil, bei dem die Kinder wohnen bleiben, genau die Ausgaben für sie herausrechnen. Dann lassen sich leichter Unterhaltsbeträge festlegen, die den Bedürfnissen der Betroffenen entsprechen und von beiden Seiten akzeptiert werden - unregelmäßige und unvollständige Zahlungen oder Unterhaltsklagen werden seltener. Und bei der Aufteilung der Wohnungseinrichtung läßt sich bei der Vermittlung auch die psychische Bedeutung berücksichtigen, die bestimmte Gegenstände für die Betroffenen haben.

Kommt es bei einzelnen Verhandlungsgegenständen zu keiner Einigung, zieht der Vermittler manchmal ältere Kinder hinzu, die ihre eigene Meinung sagen oder den Eltern verdeutlichen können, daß sie beide benötigen und diese deshalb um ihretwillen zusammenarbeiten sollten. Ferner besteht noch die Möglichkeit, eine vierte Person als Schiedsrichter hinzuzuziehen. Diesem werden dann die unterschiedlichen Standpunkte vorgetragen; seine Entscheidung ist entweder verbindlich oder unverbindlich, je nach vorausgegangener Vereinbarung der Klienten. Scheitert auch dieser Versuch, steht noch immer der Rechtsweg offen.

In der Regel werden die während des Vermittlungsprozesses getroffenen Vereinbarungen *so detailliert wie möglich ausgearbeitet und schriftlich niedergelegt.* So werden Konflikte verhindert, die sich oft an undeutlichen Formulierungen, unklaren Erwartungen und Annahmen entzünden. Die Scheidungsvereinbarungen können von den Klienten ihren Rechtsanwälten zur Überprüfung vorgelegt werden. Sie können von einem Notar beurkundet oder am Familiengericht zu Protokoll gegeben werden. Der Vermittler sagt den Klienten zum Abschluß der Vermittlung, daß er bei Unstimmigkeiten über die Vereinbarungen oder bei neuen Konflikten jederzeit wieder konsultiert werden kann. Er macht darauf aufmerksam, daß Vereinbarungen aufgrund des zunehmenden Alters der Kinder, Wiederheirat oder neuer Lebensbedingungen unwirksam werden können und eventuell durch neue ersetzt werden müssen.

Nach verschiedenen Untersuchungen (SPRENKLE und STORM 1983; DONOHUE et al. 1985; SLAIKEU et al. 1985; PROKSCH 1989) ist eine Vermittlung in der Regel *erfolgversprechender,* wenn beide Klienten eine Scheidung wollen, keine relativ starken Bindungen aneinander verspüren, einander weniger feindselig gesonnen sind, etwa gleich "stark" sind und miteinander kooperieren können. Auch wirkt sich eine kleinere Zahl von Verhandlungsgegenständen positiv aus. Häufiger werden positive Resultate erzielt, wenn der Vermittler die Sitzungen stark strukturiert, konkrete Fragen stellt, ein wechselseitiges Anklagen unterbindet und Spannungen abbauen kann. Es ist besser, wenn er Gespräche über Gefühle oder über die Vergangenheit verhindert und immer die jeweils zu bewältigende Aufgabe in ihren Mittelpunkt rückt. Außerdem ist die Erfolgswahrscheinlichkeit größer, wenn der Vermittler als eine Person wahrgenommen wird, die unparteiisch ist, die Kommunikation mit dem Ehegatten erleichtert, beiden Seiten Gehör verschafft, zur Akzeptanz gegensätzlicher Standpunkte führen kann und den Klienten die Position der anderen Seite verständlich macht (also Empathie weckt). Schließlich wirkt sich positiv aus, wenn die Rechtsanwälte der Klienten die Vermittlung unterstützen.

Verbesserung der Eltern-Kind-Beziehung

Eine wichtige Aufgabe des Beraters ist die Verbesserung des erzieherischen Verhaltens von getrenntlebenden Eltern. Auf diese Weise können Störungen der kindlichen Entwicklung durch die Trennung und Scheidung weitgehend vermieden werden. Hat der Berater erreicht, daß beide Eltern weiterhin ihren Erziehungsfunktionen nachkommen wollen (siehe S. 128ff.), betont er, daß die Kinder in der Trennungssituation viel Liebe, Zuneigung, Wärme und emotionale Unterstützung benötigen. Er rät ihnen, sich besonders viel Zeit für Spiele, Spaß und Freizeitunternehmungen zu nehmen, da gemeinsame Freude manche Wunde heilt. Jedoch versucht er zu verhindern, daß ein Elternteil (der sorgeberechtigte) für Schul- und Disziplinarangelegenheiten, der andere (der umgangsberechtigte) für Freizeitaktivitäten zuständig wird.

Der Berater hält die Eltern an, ihren Kindern zu helfen, ihre Gefühle und Gedanken bezüglich der Trennung und anderer Probleme offen auszudrücken. Sie sollten alle Emotionen zulassen, viel Verständnis und Empathie zeigen und den Kindern Zeit zum Verarbeiten ihrer Gefühle lassen. Der Berater weist sie darauf hin, daß jüngere Kinder ihre Emotionen auch im Spiel und Malen ausdrücken. Auf stille und zurückgezogene Kinder sollten die Eltern direkt zugehen.

Der Berater macht die Eltern darauf aufmerksam, daß *Verhal-*

tensauffälligkeiten der Kinder auch als *Botschaften* und *Hilferuf* verstanden werden müssen. Er erklärt ihnen, daß sie mehr oder minder "normale" Reaktionen auf das Trennungsgeschehen sind und in der Regel im Verlauf der Wochen und Monate wieder verschwinden. Wenn die Eltern die von ihm genannten Grundsätze befolgen, komme es zumeist nicht zu einer Verfestigung der Verhaltensauffälligkeiten. Jedoch sollten sie das Verhalten der Kinder über einen längeren Zeitraum hinweg genau beobachten und den Berater erneut konsultieren, falls es zu keiner Rückbildung auffälliger Reaktionen kommt. Verhaltensstörungen dürfen nicht dramatisiert werden. Generell versucht der Berater, den Eltern ihre Angst zu nehmen, daß ihre Kinder durch die Trennung auf Dauer geschädigt werden könnten.

Der Berater erklärt den Eltern, daß sie die Anpassung ihrer Kinder an die neue Situation auch dadurch fördern können, daß sie bald zur "Alltagsroutine" zurückfinden oder *möglichst viel Kontinuität* im Leben ihrer Kinder zu bewahren versuchen. So kann sich schon positiv auswirken, wenn diese in der alten Wohnung oder im gewohnten Stadtviertel verbleiben. Wichtig ist, daß die Eltern klare Verhaltensziele und -regeln für ihre Kinder formulieren und ihnen eindeutige Grenzen setzen. Der Berater weist sie darauf hin, daß sie aus ihren Schuldgefühlen heraus die Kinder nicht verwöhnen und auf notwendige Strafen nicht verzichten dürfen. Disziplin und eindeutige Normen geben dem Kind ein Gefühl der Sicherheit und Geborgenheit. Der Berater muß die Eltern aber auch darauf aufmerksam machen, daß die Kinder oft versuchen werden, sie gegeneinander auszuspielen oder sie zu manipulieren, um bestimmte Vorteile zu erreichen. Für kleinere Kinder sind in dieser Zeit konstante Bezugspersonen für ihre "normale" Entwicklung von ganz besonderer Bedeutung; sie sollten nicht wechselnden Betreuern überlassen werden.

Hat ein Elternteil die alleinige Sorge für die gemeinsamen Kinder übernommen, empfiehlt der Berater ihm, die eigenen Bedürfnisse, Wünsche und Lebensziele ernst zu nehmen: Er soll auf Selbsterfüllung und Individuation, aber auch auf Freizeit und Erholung nicht zugunsten der Kinder verzichten. Nur wenn er relativ entspannt und ausgeglichen ist, kann er seinen Kindern ein guter Erzieher sein. Auf diese Weise versucht der Berater auch zu verhindern, daß die Kinder überbehütet und verwöhnt werden, daß sie zu Ersatzpartnern gemacht werden, daß der Elternteil von ihnen emotional abhängig wird oder daß sich die Teilfamilie nach außen hin abkapselt. In diesem Zusammenhang rät er ferner dem Klienten, den Kindern altersgemäße Aufgaben im Haushalt zu übertragen. Auf diese Weise sollen zugleich ihre Selbständigkeit und Verantwortungsbereitschaft gefördert werden; die Arbeiten dürfen die Kinder aber nicht zu sehr belasten, überfordern oder auf Kosten der Zeit für Hausaufgaben und Freunde gehen. In manchen Fällen muß der Berater aber auch eine Parentifizierung der Kinder oder deren Vernachlässigung verhindern.

Der Berater empfiehlt sorgeberechtigten Eltern, *die Lehrer beziehungsweise Erzieher ihrer Kinder über die Trennung zu informieren*. Diese können sich dann leichter erklären, wieso es zu einem plötzlichen Leistungsabfall und Verhaltensauffälligkeiten kommt (häufig bei Scheidungskindern in Schule und Kindergarten zu beobachtende Reaktionen), und angemessen reagieren. Ansonsten sollten Eltern in dieser Phase des Scheidungszyklus schulische Leistungen ihrer Kinder besonders loben und Hausaufgaben verstärkt kontrollieren.

Ferner legt der Berater dem sorgeberechtigten Elternteil nahe, seinen früheren Partner zu informieren, wie die Kinder in der Schule vorankommen, wie es um ihre Gesundheit steht oder ob irgendwelche besonderen Ereignisse eingetreten sind. Er sollte den Kindern gegenüber deutlich zu erkennen geben, *daß er mit Besuchskontakten einverstanden ist*, diese als natürlich und selbstverständlich darstellen sowie zu einer entspannten Atmosphäre bei Besuchen beitragen. Manchmal muß er (kleinere) Kinder physisch und psychisch auf die Besuche vorbereiten. Auf jeden Fall sollte er dafür sorgen, daß die Kinder pünktlich abholbereit sind und daß er bei ihrer Rückkehr anwesend ist. Falls der nichtsorgeberechtigte Elternteil einen Besuchstermin verpaßt, sollte der andere nicht schlecht über ihn sprechen, sondern traurigen Kindern Verständnis entgegenbringen und ihnen eine besondere Aktivität als Kompensation anbieten. Kommen Kinder bedrückt und zurückgezogen von Besuchen zurück, verdeutlicht der Berater dem sorgeberechtigten Elternteil, "daß diese beinahe universale Reaktion nicht notwendigerweise bedeutet, daß die Kinder unglücklich bei ihrem Vater waren, noch daß sie ungerne zu ihrer Mutter zurückkehren. Dies kann einfach eine Reaktion auf zu viele Übergänge in einem zu kurzen Zeitabschnitt sein. Sehr wahrscheinlich erinnern die Besuche auch das Kind daran, daß sich seine Familie geteilt hat und daß es nichts tun kann, um dieses zu ändern" (Mowatt 1987, S. 109).

Eine weitere wichtige Aufgabe des Beraters besteht darin, die Beziehung zwischen dem (vorläufig) nichtsorgeberechtigten Elternteil und seinen Kindern aufrechtzuerhalten, zu intensivieren oder zu verbessern. Er hält den Klienten an, *sich häufig und kontinuierlich mit den Kindern zu treffen* und mit ihnen viel zu telefonieren. Bei Besuchsterminen sollte der Elternteil pünktlich sein (Zeichen der Verläßlichkeit), sie möglichst nicht kurzfristig absagen (große Enttäuschung bei den Kindern, Gefühl der Ablehnung) und, falls dennoch die Verschiebung eines Termins notwendig sein sollte, den Kindern gegenüber die Gründe nennen. Nur so kann das Vertrauen der Kinder gewahrt werden, erleben sie sich als geliebt und geachtet. Bei jüngeren Kindern ist die Regelmäßigkeit von Besuchen besonders wichtig; bei älteren sollten Termine hingegen flexibel gehandhabt werden, so daß eine Interessenkollision vermieden und ihrem Autonomiebedürfnis Rechnung getragen wird. Über längere Abwesenheiten müssen Kinder informiert werden.

Will der Klient seine Kinder nicht sehen, weil er beispielsweise glaubt, daß sie sich so an die neue Situation besser gewöhnen werden, weil er nicht mit seinem Ehepartner zusammentreffen oder durch die Kinder nicht an ihn erinnert werden möchte, verdeutlicht der Berater ihm die Bedeutung eines regelmäßigen Kontaktes für die kindliche Entwicklung. Wird der nichtsorgeberechtigte Elternteil von seinen Kindern abgelehnt, weil sie beispielsweise von seinem getrenntlebenden Partner negativ beeinflußt wurden, ihn für die Trennung und die daraus resultierenden Probleme verantwortlich machen, seine neue Lebensweise ablehnen oder den anderen Elternteil nicht verletzen wollen, dann ermutigt der Berater seinen Klienten, dennoch die Beziehung aufrechtzuerhalten: Die Kinder würden reifer und älter werden, sich mit der Zeit ein eigenes Bild von ihm machen und die entstandene Situation besser verstehen. Oft muß der Berater auch auf das Bedürfnis des nichtsorgeberechtigten Elternteils reagieren, von seinen Kindern geliebt zu werden, oder auf seine Angst eingehen, sie zu verlieren. Im letztgenannten Fall ist zu beachten: "Oft war die Angst vor dem Verlust der primären Beziehung zur Ehefrau hinter der akzeptableren Angst verborgen, die Kinder zu verlieren. Einige Väter betrauerten niemals den Verlust ihres Partners (...) und konzentrierten sich statt dessen ausschließlich auf die Trauer über Veränderungen in der Beziehung zu ihren Kindern" (JACOBS 1983, S. 1297).

Falls möglich, hilft der Berater dem nichtsorgeberechtigten Elternteil, seine Wohnung zu einem *zweiten Zuhause* für die Kinder zu machen. Ideal ist, wenn ein Zimmer kindgemäß ausgestattet werden kann. Ansonsten sollte zumindest ein Bereich in der Wohnung für die Kinder ausgegrenzt werden, in denen sie Kleidungsstücke, Toilettensachen, Spielzeug und Bücher aufbewahren können. Wenn sie regelmäßig längere Zeit in der Wohnung verbringen und dort auch übernachten, wenn sie die Umgebung kennenlernen und mit der neuen Lebenswelt des Elternteils vertraut werden, dann werden sie sich bald bei ihm daheim fühlen. Dabei spielt keine Rolle, ob sich das zweite von dem ersten Zuhause hinsichtlich des Lebensstils, der Werte, Einstellungen und Normen unterscheidet: Schon kleinere Kinder sind fähig, sich an verschiedene Situationen anzupassen und in ihnen wohlzufühlen.

Der Berater empfiehlt dem nichtsorgeberechtigten Elternteil, die Kinder am eigenen Leben zu beteiligen, eine gewisse Routine bei Besuchen zu entwickeln, Regeln festzulegen und Hausarbeiten zu verteilen. Es ist nicht sinnvoll, Treffen ausschließlich kindzentriert zu gestalten, den Kindern ein volles und kostspieliges Programm zu bieten oder sie mit Geschenken zu überhäufen: "Aktivitäten können wohl zur Freude am Besuch beitragen, aber am wichtigsten von allem ist die enge Beziehung des nichtsorgeberechtigten Elternteils zu den Kindern. Ein Geben von sich selbst ist von größerer Bedeutung als irgendwelche materiellen Dinge, die sie erhalten mögen" (IRVING 1981, S. 74). Keinesfalls darf versucht werden, die Achtung und Liebe der Kinder zu erkaufen oder sie im Übermaße zu verwöhnen.

In der Regel empfiehlt der Berater dem Klienten, *viel mit den Kindern zu reden* und ihnen aufmerksam zuzuhören. Bei der Planung von Aktivitäten sollten deren Interessen und Wünsche berücksichtigt und möglichst Alternativen zur Auswahl angeboten werden. Die Zeit mit ihnen soll möglichst abwechslungsreich und interessant gestaltet werden, wobei unter Umständen auch ihre Freunde einbezogen werden können. Manche Männer, die bisher die Vaterrolle erst ansatzweise übernommen haben, benötigen auch Informationen über einen altersgemäßen und entwicklungsfördernden Umgang mit ihren Kindern. Der Berater klärt ihre Erziehungsfragen und hilft bei Problemen. Er rät den

Klienten, Freunde mit Kindern gleichen Alters über sinnvolle Aktivitäten zu befragen oder mit ihnen gemeinsam etwas zu unternehmen. Eventuell können auch die Großeltern einspringen - der Kontakt der Kinder zu ihnen und anderen Verwandten sollte generell gefördert werden, da sie Kindern viel Liebe, Zuneigung und Kontinuität bieten. Nichtsorgeberechtigte Elternteile sollten niemals auf ihre erzieherischen Funktionen verzichten, also beispielsweise weiterhin Interesse an den Schulleistungen ihrer Kinder zeigen, sich ihrer Vorbildwirkung bewußt sein und das Befolgen altersgemäßer Verhaltensregeln sicherstellen.

Hilfe für Kinder

In vielen Fällen benötigen Kinder Unterstützung bei der psychischen und emotionalen Verarbeitung der Trennung ihrer Eltern. Gerade in dieser Situation ist es wichtig, daß der Berater ihnen gegenüber keine Elternrolle einnimmt oder als Ersatz für den abwesenden Elternteil wahrgenommen wird. Sonst kommt es leicht zu Verwirrung und Loyalitätskonflikten bei den Kindern. So empfehlen Therapeuten wie NICHOLS (1986) oder ROSENBERG (1980), daß sich der Berater Kindern gegenüber wie ein Verwandter (Onkel, Tante) oder wie ein erwachsener Freund verhalten sollte.

Eine erste Aufgabe des Beraters besteht darin, Kindern zu helfen, *die Realität der elterlichen Trennung zu akzeptieren* und die daraus resultierenden Veränderungen zu verstehen. Vor allem bei Kleinkindern baut er zunächst Tendenzen einer Verleugnung oder Verdrängung der Abwesenheit eines Elternteils ab. Glauben ältere Kinder, daß sie sich der Trennung ihrer Eltern schämen müßten, nun minderwertig seien und stigmatisiert würden, und verheimlichen sie deshalb ihre neue Lebenssituation in der Schule und gegenüber Freunden, so macht der Berater ihnen bewußt, daß viele Kinder dieselbe Erfahrung machen, deshalb nicht weniger wert sind und von anderen nicht verachtet werden. Er übt mit ihnen Gesprächsverläufe, in denen sie Dritten ihre Familiensituation erklären.

Grundsätzlich klärt der Berater, inwieweit die Kinder die Trennung der Eltern, die Ursachen und Folgen verstehen, ob sie *ein der Realität entsprechendes Bild* ihrer gegenwärtigen Familiensituation gewonnen haben und ob ihre Reaktionen von den Eltern richtig wahrgenommen wurden. Er motiviert sie, alle ihre Fragen, Sorgen und Probleme zu verbalisieren, ihre Gefühle und Ängste offen zu zeigen. Er hält sie an, sich bei ihren Eltern "gezielt über 'den Stand der Dinge' zu informieren und sich nicht mehr den eigenen Vermutungen und Phantasien auszusetzen" (WITTE, KESTEN und SIBBERT 1988, S. 20). Der Berater hilft den Kindern, das Verhalten ihrer Eltern zu verstehen, zeigt Fehlinterpretationen auf und baut unrealistische Vorstellungen ab. Oft setzt er Bilder- und Kinderbücher zum Thema "Trennung / Scheidung" ein, um Kindern ihre Situation zu verdeutlichen, ihnen bei der Verarbeitung von Gefühlen und Problemen zu helfen, positive Handlungsmöglichkeiten aufzuzeigen und dem Eindruck entgegenzuwirken, daß nur sie von dieser Situation betroffen seien. Er gibt diese Bücher aber auch in die Hände von Eltern, da diese mit ihrer Hilfe die Reaktionen ihrer Kinder besser verstehen können.

Der Berater unterstützt die Kinder auch bei der *Verarbeitung von Schuldgefühlen*. Er macht ihnen bewußt, daß die Trennung ausschließlich von ihren Eltern zu verantworten ist, daß ein "böses" Verhalten ihrerseits oder ödipale Wünsche dazu nicht beigetragen haben, und daß die eigene kritische Haltung einem Elternteil gegenüber durchaus gerechtfertigt sein kann. "Ein signifikanter Aspekt von Vergebung ist die Fähigkeit eines Kindes, sich selbst dafür zu vergeben, daß es sich die Scheidung seiner Eltern gewünscht hat oder daß es ihm nicht gelungen ist, die intakte Ehe wiederherzustellen" (WALLERSTEIN 1983, S. 239). Der Berater macht deutlich, daß es im Leben viele Ereignisse gibt, die von Menschen nicht kontrolliert werden können. Schließlich nimmt er Kindern Schuldgefühle, die daraus resultieren, daß sie trotz der Probleme ihrer Eltern Freude im Freundeskreis erleben oder daß sie bei Besuchen des nichtsorgeberechtigten Elternteils glücklich sind.

Eine andere wichtige Aufgabe des Beraters ist, Kindern zu helfen, Gefühle der Wut, der Feindseligkeit und der Verärgerung *anzunehmen* und als in ihrer Situation normal zu erleben. Er ermöglicht ihnen, negative Emotionen gegenüber ihren Eltern und anderen Personen im Gespräch (auch mit diesen), im Spiel oder in Zeichnungen auszudrücken. Außerdem verdeutlicht er ihnen, daß solche Gefühle niemandem schaden (versus magisches Denken) und wie mit ihnen umgegangen werden kann. So erzählt er für diese Situation relevante Geschichten oder übernimmt die Rolle eines Verhaltensmodells. Empfindet ein Kind nur einem Elternteil gegenüber Wut, zeigt er ihm, daß in der Regel beide zu den Konflikten und der Trennung beigetragen haben und keiner von ihnen perfekt ist. Schließlich spricht er mit Kindern über ihre unbefriedigten Wünsche und diskutiert mit ihnen, ob diese Dinge oder Ereignisse wirklich wünschenswert sind und ob die Eltern "böse" sind, wenn sie die Wünsche nicht erfüllen.

Der Berater hilft Kindern bei der Aufgabe, *mit der Vielzahl der aus der Trennungssituation resultierenden Verluste fertig zu werden*: "In ihrem Kern bedeutet diese Aufgabe, daß das Kind sein tiefsitzendes Gefühl der Zurückweisung, der Erniedrigung, der mangelnden Liebenswürdigkeit und der Machtlosigkeit bewältigt, das so oft durch den Auszug eines Elternteils hervorgerufen wird" (WALLERSTEIN 1983, S. 237). Eine besonders problematische Situation liegt vor, wenn sich der (vorläufig) nichtsorgeberechtigte Elternteil nicht mehr um seine Kinder kümmert. GARDNER (1976) empfiehlt, daß der Berater ihnen dann wahrheitsgemäß sagen soll, daß etwas mit diesem Elternteil nicht stimmt, weil er seine eigenen Kinder nicht lieben kann, und daß sie für ihn eher Mitleid als Wut empfinden sollten. Es würde auch nicht bedeuten, daß sie nicht liebenswert seien - sie könnten bei anderen Menschen Zuneigung suchen und finden. In solchen Fällen benötigen Kinder Unterstützung bei der Trauerarbeit. Ferner muß vielfach auf Verlustängste eingegangen werden: Der Berater versichert den Kindern, daß sich immer ein Elternteil (jemand) um sie kümmern wird, daß sie auch bei einer Trennung der Eltern nicht deren Liebe verlieren.

Außerdem hilft der Berater Kindern, sich aus den Konflikten ihrer Eltern herauszuhalten und sich von ihren Gefühlen, Sorgen und Problemen *psychisch zu distanzieren*. Er macht ihnen klar, daß die Eltern selbst mit ihren Schwierigkeiten fertig werden müssen und die Kinder nicht für deren psychisches Wohl verantwortlich sind. So führt er sie dazu, nicht länger auf Gefühlsäußerungen ihrer Eltern zu reagieren oder diese via Identifikations- oder Nachahmungsprozesse mitzuerleben. Ferner unterstützt der Berater die Kinder dabei, Rollen wie die des Verbündeten, Ersatzpartners, Spions oder parentifizierten Kindes zurückzuweisen. Er hält sie an, nicht mehr für einen Elternteil Partei zu ergreifen, sich eine eigene Meinung über beide Eltern und die Gründe für die Trennung zu bilden und die Fragen des einen über den anderen Elternteil nicht mehr zu beantworten. Gleichzeitig werden die Kinder motiviert, sich wieder altersgemäßen Interessen, Aktivitäten und Entwicklungsaufgaben, also wieder ihrem eigenen Leben zuzuwenden.

Viele Kinder benötigen Unterstützung, wenn sie im Verlauf eines längeren Prozesses lernen, sich an ein Leben in zwei Haushalten zu gewöhnen und *eine eigenständige, separate Beziehung zu jedem der beiden Elternteile aufzubauen*: "Therapeuten können einem Kind lehren, sich durch das Erfahren von zwei Haushalten weiterzuentwickeln. Das Lernen von zwei verschiedenen Lebensstilen, das Wachsen und Sich-Verändern in beiden [Familien] kann sehr lohnenswert sein" (MARTIN und MARTIN 1983, S. 183). So fordert der Berater die Kinder auf, ihre Eltern als einzigartige Individuen zu betrachten und deren Verschiedenheit als reizvoll zu erleben. Er hilft ihnen, sich an zwei Systeme mit unterschiedlichen Regeln, Erwartungen und Einstellungen anzupassen und den fortwährenden Wechsel zwischen ihnen zu verkraften. Besonders ermuntert er sie, aktiv an der Beziehung zum nichtsorgeberechtigten Elternteil zu arbeiten.

Eine wichtige Aufgabe des Beraters ist schließlich, Kindern zusätzliche Quellen des Trostes, der Liebe, der Zuneigung und Unterstützung zu erschließen. So versucht er, ihnen den *Kontakt zu allen Großeltern und Verwandten zu erhalten*. "Mitglieder der erweiterten Familie können dabei helfen, Verlustgefühle auf seiten der Kinder (wie natürlich auch auf seiten der Erwachsenen) abzuschwächen, können als Puffer gegen fortdauernde Auseinandersetzungen zwischen den Eltern wirken und können ein Gefühl der Sicherheit vermitteln ..." (NICHOLS 1985, S. 61). Darüber hinaus bieten sie häufig ein positives Vorbild für Ehe- und Familienleben. Voraussetzung für eine derartige Wirkung des Kontaktes zu Großeltern und Verwandten ist jedoch, daß diese nicht Partei für einen Elternteil ergreifen und die Kinder gegen den anderen negativ beeinflussen. Allerdings können entwicklungsfördernde Beziehungen auch außerhalb der erweiterten Familie erschlossen werden - beispielsweise im Freundeskreis, im Kindergarten oder Hort, in Vereinen oder Jugendverbänden.

In diesem Zusammenhang muß das *Geschwistersubsystem* besonders berücksichtigt werden: "Eine Schwerpunktsetzung auf die Geschwistergruppe ist vor allem dann indiziert, wenn die Eltern unerreichbar oder unfähig sind, und die Kinder (aufgrund ihres Alters und der Umstände) in der Lage sind, sowohl eine emotionale 'Verankerung' zu bieten als auch andere Funktionen einer wechselseitigen Unterstützung zu übernehmen" (ROSENBERG 1980, S. 148). Der Berater verbessert die Beziehungen und die Kommunikation zwischen Geschwistern, fördert ihr Streben nach Autonomie und hilft ihnen, gemeinsam eine realistische Sicht ihrer Situation zu gewinnen und die in ihrem Subsystem liegenden Stärken zu nutzen. Zudem kann er die Geschwistergruppe einsetzen, um zum Beispiel ein verhaltensauffälliges Kind von der Rolle des identifizierten Patienten zu befreien oder ein parentifiziertes zu altersgemäßem Verhalten zurückzuführen. Die Arbeit mit Geschwistern kann auch zur Auflösung intergenerationaler Bündnisse und zur Verstärkung von Generationengrenzen führen.

ROSENBERG (1980) und NICHOLS (1986) empfehlen, mit dem Geschwistersubsystem separat zu arbeiten, da dann die Kinder offener als bei Anwesenheit der Eltern sprechen würden. Oft müssen jedoch zuvor Ängste der Erwachsenen überwunden werden: So sagt der Berater beispielsweise, daß es in den Gesprächen um die Gefühle der Kinder und ihre Beziehungen zueinander gehen wird, nicht aber um ein Anklagen der Eltern oder das Bilden von Bündnissen gegen einen von ihnen. Auch muß er ihnen mitteilen, daß er darüber entscheiden wird, welche der während der Arbeit mit dem Geschwistersubsystem gewonnenen Informationen von ihm vertraulich behandelt werden und welche er in Sitzungen mit den Eltern einbringen wird. Gespräche ausschließlich mit der Geschwistergruppe sind nicht sinnvoll, wenn dadurch besonders rigide Generationengrenzen verstärkt würden, wenn die Eltern damit nicht einverstanden sind oder die Gefahr besteht, daß der (vorläufig) sorgeberechtigte Elternteil Erziehungsfunktionen an den Berater abtreten will.

3. Beratung in der Nachscheidungsphase

Wird der Berater von einem Klienten konsultiert, der sich in der Nachscheidungsphase befindet, so ist in der Regel eine Einzelbehandlung indiziert. *Beratungsziele* sind vor allem der Abschluß des Trauerprozesses, das Erreichen der psychischen Trennung vom früheren Partner und die endgültige Etablierung eines neuen Lebensstils. Der Berater möchte die Individuation und Weiterentwicklung des Geschiedenen fördern: Dieser soll seine eigenen Bedürfnisse erkennen, Verantwortung für seine Gefühle und Probleme übernehmen, angemessene Lebensziele suchen, eine neue Ich-Identität entwickeln, sich für seine Selbstverwirklichung notwendige Fertigkeiten aneignen und zum Eingehen befriedigenderer Partnerbeziehungen befähigt werden.

Wenn der Berater wegen der Probleme eines von der Scheidung seiner Eltern betroffenen Kindes oder Jugendlichen aufgesucht wird, gilt: "Einzeltherapie mit dem Kind ist oft ein notwendiger Bestandteil des Behandlungsplans, aber selten der effizienteste oder effektivste Teil. Die Einbeziehung der für das Leben des Kindes signifikanten Erwachsenen in die Behandlung ist wahrscheinlich der beste prognostische Indikator" (LOWERY 1989, S. 239). Individuelle Probleme, Verhaltensauffälligkeiten und pathogene Faktoren oder Konflikte in der Eltern-Kind-Beziehung lassen sich häufig am besten abbauen, wenn Sitzungen mit dem Kind und solche mit sorgeberechtigtem Elternteil und Kind einander abwechseln. Bei Kleinkindern ist manchmal auch eine Behandlung über den sorgeberechtigten Elternteil möglich. Bei Jugendlichen fördern Einzelsitzungen deren Ablösung von den Eltern.

Da nichtsorgeberechtigte Elternteile häufig noch einen großen Einfluß auf ihre Kinder haben (unabhängig von der Intensität des Kontakts), sollten sie möglichst in die Behandlung des Kindes oder Jugendlichen einbezogen werden und zu den Sitzungen kommen - allerdings halten viele sorgeberechtigte Elternteile dies zunächst für nicht möglich. Außerdem muß den Kindern von Anfang an deutlich gemacht werden, daß mit einer Versöhnung ihrer Eltern nicht zu rechnen ist, da sonst unrealistische

Erwartungen geweckt oder verstärkt werden könnten. In manchen Fällen ist es dann sinnvoll, abwechselnd Sitzungen mit dem Kind und einem der beiden Elternteile durchzuführen, so daß die jeweilige Eltern-Kind-Beziehung verbessert werden kann. Insbesondere wenn beide Elternteile weiterhin erzieherisch tätig sind oder sein wollen, sind Sitzungen mit den geschiedenen Ehegatten sinnvoll, so daß Konflikte zwischen ihnen gelöst und Ansätze einer Zusammenarbeit intensiviert werden können.

Schon hier wird deutlich, daß viele Beratungsziele, -aufgaben und -maßnahmen in der Nachscheidungsphase denen in der Scheidungsphase ähneln. Um Wiederholungen möglichst zu vermeiden, will ich die folgenden Abschnitte dieses Kapitels recht kurz halten und mich auf im Vergleich zum vorausgegangenen Kapitel (S. 113ff.) neue Aspekte beschränken. Dies gilt insbesondere hinsichtlich der Verbesserung der Beziehung geschiedener Ehegatten, da hier mehr oder minder dasselbe wie bei der Beratung Getrenntlebender (S. 125-131) zutrifft. Vor allem muß darauf hingewirkt werden, daß die Entscheidungen des Familiengerichts akzeptiert werden und die Sorgerechtsregelung nicht gegen den Willen des anderen Elternteils zu ändern versucht wird: Die Kinder benötigen nun Sicherheit und Kontinuität in ihren neuen Lebensverhältnissen. Sie können die Scheidungserfahrung am besten verarbeiten und sich am ehesten normal weiterentwickeln, wenn die Beziehung zwischen ihren geschiedenen Eltern konfliktarm ist.

Diagnose

Während in der Vorscheidungs- und in der Scheidungsphase viele Probleme aktuell und ihre Ursachen relativ leicht zu erkennen sind, gilt dies weniger für die Nachscheidungsphase - insbesondere wenn die gerichtliche Scheidung schon längere Zeit zurückliegt. Dann kommt der Diagnose eine größere Bedeutung zu. Der Berater fragt nach dem Zustandekommen und der Geschichte der Ehe, den Ursachen für die Trennung und den bisherigen Verlauf des Scheidungszyklus. Dabei ermittelt er beispielsweise, ob Ehekonflikte beibehalten wurden - besonders problematisch ist, wenn sich diese auf Erziehungsfragen beziehen. Der Berater klärt, wem die Schuld für die Trennung zugesprochen wird, wer der Initiator und wer der Verlassene war, wie die Trennung zustande kam, welche Bedeutung sie für den Klienten hat und mit welchen emotionalen Konsequenzen sie verbunden ist. Auch ermittelt er den Einfluß von Groß- und Schwiegereltern auf die Ehebeziehung und den Trennungsentschluß. Außerdem erkundigt sich der Berater nach dem Gerichtsverfahren und den hinsichtlich der Scheidungsfolgen getroffenen Regelungen. Er fragt danach, ob sie als gerecht erlebt werden und inwieweit der Klient mit ihnen zufrieden ist, ob sie befolgt werden oder wo es Probleme gibt.

FERREIRO, WARREN und KONANC (1986) entwickeln mit ihren Klienten zusammen ein "family map". Es zeigt, wo die geschiedenen Ehegatten, die Kinder und Verwandten wohnen, wer neue Partner hat, wer in das Netzwerk eingeschlossen und wer ausgestoßen ist, wo besonders enge oder konflikthafte Beziehungen bestehen und so weiter. Bei der Erstellung eines derartigen Diagramms oder im weiteren Gesprächsverlauf untersucht der Berater, inwieweit sich die Klienten an ihre neue Lebenssituation angepaßt haben und wo noch Schwierigkeiten bestehen. Er erfaßt ihr Selbstbild, ihre Kognitionen, ihre Bewältigungsmechanismen, den Grad der Selbstdifferenzierung, die Qualität der Rollenausübung, ihren Lebensstil und ihre interpersonalen Beziehungen. Ferner klärt er, inwieweit die Klienten noch unter Schmerz, Trauer und Depressionen leiden oder ob sie noch Wut und Rachegelüste gegenüber ihrem geschiedenen Partner empfinden. Er ermittelt, wie weit die psychische Scheidung fortgeschritten ist und ob noch emotionale Bande, Konflikte oder Machtkämpfe zwischen den Geschiedenen fortbestehen.

Der Berater untersucht, ob die Eltern noch bestehende Konflikte in erster Linie auf der Partnerebene ausfechten und inwieweit sie ihre Kinder in die Auseinandersetzungen einbeziehen und darunter leiden lassen (zum Beispiel durch Erschwerung von Besuchskontakten, Einsatz als Botschafter oder Spion). Er erfaßt, ob die Kinder Partei ergreifen mußten, parentifiziert wurden oder Rollen wie die des Ersatzpartners oder Sündenbocks übernahmen. Ferner ermittelt der Berater, ob beide Partner noch erzieherische Funktionen wahrnehmen beziehungsweise weshalb einer diese nicht mehr erfüllt oder sogar den Kontakt zu seinen Kindern abgebrochen hat. Er untersucht die Qualität der Eltern-Kind-Beziehungen, der Kommunikation zwischen Eltern und Kindern (tabuisierte Themen, Einschränkungen hinsichtlich des Gefühlsausdrucks) sowie der Erziehung (problematische Erziehungsstile, Überforderung, Überbehütung, Vernachlässigung usw.).

Außerdem erfaßt der Berater, wie die Kinder auf die Trennung und Scheidung ihrer Eltern reagiert haben, inwieweit sie noch darunter leiden, ob ihr Entwicklungsstand altersgemäß ist und ob bei ihnen Verhaltensauffälligkeiten oder psychische Probleme festzustellen sind. Er untersucht, wie sich ihr Verhalten gegenüber den Eltern und Dritten verändert hat, wie intensiv ihr Kontakt zum nichtsorgeberechtigten Elternteil ist, wie sie auf und nach Besuchen bei ihm reagieren und welche Haltung sie neuen Partnern ihrer Eltern gegenüber einnehmen. Schließlich erfaßt der Berater die Qualität von Netzwerkkontakten: Er fragt danach, wie sich Verwandte und Freunde gegenüber den Klienten verhalten, welche Unterstützungsleistungen sie erbracht haben, wie eng die Beziehungen sind und wo Spannungen auftreten.

Beratung geschiedener Erwachsener

Auch nach der mindestens einjährigen Trennungszeit und dem juristischen Vollzug der Scheidung benötigen viele Klienten noch *Unterstützung bei der Verarbeitung der mit der Auflösung ihrer Ehe verbundenen Erfahrungen.* Der Berater bespricht mit ihnen, warum ihre Ehe fehlschlug und wie der Trennungsprozeß verlief. Dabei korrigiert er verzerrte Wahrnehmungen, unrealistische Phantasien und ähnliches, fördert die Trauerarbeit sowie die emotionale und die psychische Scheidung sowie weckt Verständnis für den früheren Ehegatten, dessen Verhalten und Fehlhaltungen. Auch geht er auf die Schuldfrage ein: "Wird der Expartner für vergangene und gegenwärtige Probleme verantwortlich gemacht, so hindert dies den Klienten daran: (1) seinen Anteil an vergangenen und derzeitigen Schwierigkeiten zu erkennen, (2) Verantwortung für die Bewältigung der und Anpassung an die gegenwärtige Situation zu akzeptieren, (3) effektiv Probleme zu lösen und (4) sich zu ändern" (GRANVOLD 1989, S. 214).

Manchmal ist es sinnvoll, Klienten eine *"Gewinn- und Verlust-Rechnung"* (FERREIRO, WARREN und KONANC 1986) aufstellen zu lassen: Die Klienten listen auf, was sie durch die Scheidung verloren (zum Beispiel Partner, Freunde, Geld und ein Heim) und was sie hinzugewonnen haben (neue Freunde, neue Fertigkeiten, mehr Selbständigkeit, schönere Hobbys). Auf diese Weise können positive Entwicklungen und Leistungen der Klienten bewußt gemacht werden, so daß sie an Selbstvertrauen und Selbstachtung gewinnen. Auch wird deutlich, wie derartige "Gewinn- und Verlust-Rechnungen" die Sicht von der Scheidung, das Gefühlsleben und die Beziehung zum geschiedenen Partner beeinflussen. Beispielsweise vergleichen manche Klienten fortwährend die eigene Situation mit der des früheren Ehegatten und werden depressiv, wenn es diesem (scheinbar) besser geht. Schließlich kann durch "Gewinn- und Verlust-Rechnungen" aufgezeigt werden, in welchen Lebensbereichen Klienten noch an sich arbeiten müssen. Wird zum Beispiel ermittelt, daß eine Klientin, die nach der Trennung erwerbstätig geworden ist, sich durch ihre neue Stelle unterfordert fühlt, kann der Berater ihr die Suche nach einem befriedigenderen Arbeitsplatz (unter Umständen in Verbindung mit einer Fortbildung bzw. Umschulung) oder einer kompensatorisch wirkenden Aktivität (ehrenamtliche Tätigkeit, Hobby) nahelegen.

Manchmal glauben (ältere) Klienten, daß sie sich selbst und ihr Verhalten nicht (mehr) verändern können. "Der Therapeut ist herausgefordert, den Klienten zu der Erkenntnis zu führen, daß Veränderung eine Möglichkeit ist, obgleich nicht ohne Verpflichtung, harte Arbeit und Durchhaltevermögen" (GRANVOLD 1989, S. 215). Leicht erfüllbare (Haus-)Aufgaben können ihn eines Besseren belehren. Ansonsten stehen dem Berater zur Veränderung des Verhaltens seiner Klienten, zum Lehren von fehlenden Fertigkeiten, für ein Selbstsicherheitstraining sowie zur Behandlung von Symptomen und psychischen Problemen eine Vielzahl von therapeutischen Strategien und Techniken zur Verfügung, die in einschlägigen Publikationen genau beschrieben werden und deshalb an dieser Stelle nicht dargestellt werden müssen.

Sorgeberechtigte Eltern benötigen häufig eine zusätzliche *praktische Unterstützung*. Sie haben vielfach finanzielle Probleme bis hin zur Verschuldung. Hier muß der Berater zusätzliche Geldquellen (wie Sozialhilfe, Wohngeld) erschließen, eine Schuldnerberatung (Wagner 1990) durchführen oder an darauf spezialisierte Fachkräfte verweisen, ein Haushaltsbudget zusammen mit den Klienten erstellen sowie über Unterhaltsansprüche und Wege zu deren Durchsetzung informieren (zum Beispiel über das Jugendamt). Er kann Hilfe zur konkreten Problembewältigung leisten, indem er das jeweilige Problem genau mit den Eltern bespricht, mit ihnen nach Lösungsmöglichkeiten sucht, einen Handlungsplan erarbeitet und das Resultat evaluieren läßt. Er macht ihnen klar, daß es keine Schande ist, wenn man bestimmte Arbeiten nicht erledigen kann (die zum Beispiel zuvor vom Ehegatten übernommen worden waren), daß man sich aber die notwendigen Kenntnisse und Fertigkeiten selbst aneignen kann. Ferner zeigt er ihnen, wie man (zum Beispiel im Haushalt) anfallende Aufgaben effizienter und effektiver erfüllen kann und welche bespielsweise an die Kinder delegiert werden können.

Da sorgeberechtigte Eltern - insbesondere wenn (voll-)erwerbstätig - häufig überfordert sind, lehrt der Berater sie beispielsweise Entspannungstechniken oder organisiert mit ihnen den Wochenverlauf so um, daß Zeit für die eigene Regeneration frei wird. Auch macht er ihnen überhöhte Erwartungen bewußt, verdeutlicht ihnen also beispielsweise, daß sie nicht ihren Kindern gleichzeitig Mutter und Vater sein können oder daß sie keinen perfekten Haushalt haben müssen. In diesem Zusammenhang muß er ihnen zudem oft klar machen, daß er nicht ihr "Retter" ist, ihnen nicht Entscheidungen abnehmen wird oder als Ersatzpartner beziehungsweise -elternteil zur Verfügung steht. Er hilft ihnen, sich auf die eigenen Stärken und Kompetenzen zu besinnen. Wenn nötig bespricht er mit ihnen, daß die Teilfamilie *eine durchaus funktionsfähige, eigenständige Familienform* ist, die Erwachsenen und Kindern befriedigende und positive Entwicklungsbedingungen bieten kann. So wirkt er der in der Öffentlichkeit noch weit verbreiteten Einstellung entgegen, daß Teilfamilien grundsätzlich defizitär seien.

Eine weitere wichtige Aufgabe des Beraters besteht darin, sorgeberechtigten Eltern *Wege zur eigenen Entlastung* aufzuzeigen - derartige Hilfen wirken sich übrigens zumeist auch positiv für die Kinder aus. So finden Klienten Entlastung und Unterstützung bei der Kinderbetreuung in der erweiterten Familie und im eigenen Netzwerk, aber auch im Sozialbereich (wie Mutter-Kind-Gruppen, Mütterzentren, Kindertageseinrichtungen, Tagespflege, Hausaufgabenhilfen, Freizeitangebote für Kinder, Jugendgruppen und -verbände). Erkranken sie oder ihre Kinder, kann unter bestimmten Bedingungen eine Betreuungsperson, eine Familienpflegerin oder Haushaltshilfe von dem Jugendamt, der Krankenkasse oder einer Sozialstation gestellt werden, kann ein Notmütterdienst oder eine Nachbarschaftshilfe einspringen. Wohlfahrtsverbände wie das Diakonische Werk oder der Sozialdienst Katholischer Frauen sowie viele Kirchengemeinden bieten Einzelbetreuung, Erziehungsberatung, Gruppen- und Treffpunktarbeit, lebenspraktische Hilfen, Sonderzuwendungen, Freizeitangebote und Ferienmaßnahmen (Müttergenesung, Familienerholung). Ähnliche Angebote finden sich bei Selbsthilfegruppen für Alleinerziehende, die vor allem den Kontakt zu Personen in einer ähnlichen Lebenssituation bieten. "Es ist für die Alleinerziehenden besonders wichtig, andere Erwachsene als Gesprächspartner zu haben, damit sie nicht bei ihrem Kind bzw. ihren Kindern diese Unterstützung suchen. Alleinerziehende müssen darin bestärkt werden, nicht alles allein schaffen zu wollen und zu müssen, sondern aktiv Kontakte zu anderen aufzubauen und Hilfe anzunehmen" (SOZIALDIENST KATHOLISCHER FRAUEN - ZENTRALE E.V. 1988, S. 69).

Manchmal haben sorgeberechtigte Eltern so enge Beziehungen zu *psychosozialen Diensten* geknüpft, daß der Berater überprüfen muß, ob diese Kontakte noch entwicklungsfördernd sind oder ob sie unselbständig und abhängig machen. Im letztgenannten Fall werden unter Umständen sogar die Familienprobleme aufrechterhalten, weil die Klienten Angst haben, sonst die Unterstützung durch die Fachkräfte zu verlieren und Verantwortung für ihr eigenes Leben übernehmen zu müssen. In anderen Fällen wird die Einflußnahme psychosozialer Dienste aber auch negativ gesehen, wenn sie zum Beispiel als kontrollierend erlebt wird. Der Berater hilft den sorgeberechtigten Eltern, Widerstand gegen Bevormundung zu entwickeln und ihre Unabhängigkeit wiederzugewinnen. Sind ihre Kontakte zu psychosozialen Diensten ein Ersatz für fehlende oder unbefriedigende Netzwerkbeziehungen, macht er oft von Methoden der Netzwerkarbeit (SPECK 1988; STRAUS 1990) Gebrauch, um den Aufbau eines funktionierenden Netzwerks zu fördern. Auch die Vermittlung an Selbsthilfegruppen kann sich positiv auswirken.

Oft nimmt der Berater Kontakt mit dem zuständigen Sachbearbeiter oder Sozialpädagogen auf. Er bespricht mit ihm den jeweiligen Fall, ohne ihn aber zu kritisieren. Vielmehr respektiert er dessen Qualifikation und Fachwissen, zeigt Verständnis für sein Verhalten, seine Schwierigkeiten und Gefühle. Dann versucht er, sich mit ihm auf eine Definition der vorliegenden Probleme zu einigen und mit ihm zusammen einen Handlungsplan zu entwerfen. Dabei muß er oft dessen Sichtweise von den Klienten und ihrer Situation verändern. Der gemeinsam verabschiedete Hilfeplan sollte die Fähigkeit der Eltern zur eigenständigen Problemlösung fördern und sie möglichst bald von einer Unterstützung durch psychosoziale Dienste unabhängig machen. Sind mehrere dieser Institutionen an einem Fall beteiligt, ohne voneinander zu wissen oder miteinander zu kooperieren, muß der Berater manchmal zwischen ihnen vermitteln und eine Abstimmung der Maßnahmen herbeiführen.

In vielen Fällen treten Probleme mit der Schule auf, da Kinder aus Teilfamilien häufig unter Lernstörungen leiden oder wegen Verhaltensauffälligkeiten Schwierigkeiten machen. Aufgrund von negativen Voreinstellungen wird oft ihre Familiensituation dafür verantwortlich gemacht - während ihre Eltern die Lehrer beschuldigen. "Und so ist das Kind zwischen Schule und Elternteil gefangen: Beide nehmen es als ein Problem wahr und beide sehen die Lösung als außerhalb von sich selbst liegend" (MORAWETZ und WALKER 1984, S. 286). Gerade in solchen Fällen sollte der Berater versuchen, *mit den Lehrern ins Gespräch* zu kommen, ihre Voreinstellungen zu hinterfragen, mit ihnen die Ursachen der Problematik abzuklären und einen gemeinsamen Handlungsplan zu erstellen. Oft sind Fallbesprechungen, Beratungsgespräche mit Lehrern und Eltern, nichtteilnehmende Beobachtung in der Schulklasse oder Interventionen im Unterricht sinnvoll, wie sie an anderer Stelle (TEXTOR 1989c) beschrieben wurden.

Eine weitere wichtige Aufgabe des Beraters bei der Arbeit mit Geschiedenen besteht darin, sie *bei der Partnersuche zu unterstützen*. In manchen Fällen ist es zunächst sinnvoll, bisherige Liebesbeziehungen mit den Klienten durchzusprechen, so daß Verhaltensmuster, unbewußte Motive und Mythen bewußt werden und frühere Fehler in Zukunft vermieden werden können. Glauben Geschiedene, daß ein Leben ohne Partner nicht lebenswert ist, und besteht die Gefahr, daß sie sich in das erstbeste Verhältnis stürzen werden, macht der Berater ihnen deutlich, daß auch das Dasein als Single befriedigend sein und viele Möglichkeiten zur Selbstverwirklichung bieten kann. Auch bespricht er mit ihnen ihre Erwartungen an einen Partner und Kriterien für die Beurteilung von Paarbeziehungen.

In anderen Fällen geht der Berater auf Ängste bezüglich der Partnersuche ein - daß Klienten aufgrund ihres Alters nicht mehr attraktiv seien, daß sie als Geschiedene "Freiwild" seien oder zurückgewiesen werden könnten. Da sie häufig während der Ehe verlernt haben, wie man sich in der Welt der Singles verhält, übt der Berater mit ihnen (zum Beispiel im Rollenspiel) für den Zweck der Partnersuche geeignete Verhaltensweisen und vermittelt fehlende soziale Fertigkeiten. Dazu kann er Hausaufgaben stellen, durch die eine allmähliche Einführung in die Lebenswelt Alleinstehender erreicht werden kann. Möglicherweise rät er zur Mitgliedschaft in Vereinen und Clubs oder zum Besuch von Veranstaltungen und Kursen, in denen potentielle Partner getroffen werden können. Manchmal empfiehlt der Berater zudem die Nutzung einer Partnervermittlung oder das Aufgeben einer Heiratsannonce. Er bespricht das Verhalten und die Gefühle seiner Klienten während der Partnersuche, bietet emotionale Unterstützung beim Eingehen neuer Beziehungen und hilft bei sexuellen Problemen oder Dysfunktionen.

Verbesserung der Eltern-Kind-Beziehung

Neben den bereits erwähnten Aufgaben (siehe S. 144ff.) besteht eine wichtige Tätigkeit des Beraters darin, die *erzieherische Kompetenz* der sorgeberechtigten Klienten zu stärken. Er vermittelt ihnen Informationen über altersspezifische Entwicklungsaufgaben und Verhaltensweisen von Kindern, gibt konkrete Anregungen für den Umgang mit ihnen und lehrt effektive Erziehungstechniken. Dabei nimmt er ihnen Schuldgefühle wie "Meine Kinder sind durch die Scheidung geschädigt worden, und ich bin für ihre Probleme verantwortlich", die oft zu Verwöhnung und mangelnder Verhaltenskontrolle führen. Er verhindert, daß Kinder die Schuldgefühle ihrer Eltern nutzen, um immer wieder den eigenen Willen durchzusetzen.

Da in vielen Teilfamilien zu enge oder gar symbiotische Eltern-Kind-Beziehungen, intergenerationale Bündnisse und Kinder in der Rolle des Ersatzpartners zu beobachten sind, ist eine weitere wichtige Aufgabe des Beraters, die *Generationengrenzen wiederherzustellen* und die Eltern die Führung ihrer Familie übernehmen zu lassen. So macht er die falsche Hierarchie zum Beispiel mit Hilfe einer Familienskulptur bewußt. Er verdeutlicht, daß die Großeltern oder ein parentifiziertes Kind nicht die Geschicke der Teilfamilien lenken sollten und läßt ihnen ihre Macht nehmen. Oft müssen hierzu die Großeltern in die Behandlung einbezogen werden. Der Berater erkennt ihre Fürsorge und

Hilfsbereitschaft an, fordert sie aber dann auf, nun den Elternteil zu Autonomie und Selbständigkeit zu führen. Wurde ein Kind zum Ersatzpartner gemacht, verdeutlicht er dem Elternteil, daß es noch ein Kind ist und wie ein solches leben sollte.

Generationengrenzen können auch durch die Sitzordnung im Beratungszimmer oder dadurch sichtbar gemacht werden, daß der Berater separat mit dem Elternteil und mit dem Kind beziehungsweise den Geschwistern arbeitet. Er ermutigt sie, voneinander teilweise unabhängige Leben zu führen, sich also beispielsweise einen neuen Partner zu suchen (Elternteil) oder sich verstärkt der Gleichaltrigengruppe zuzuwenden (Kinder). Auch identifiziert er Themen, die nur in Abwesenheit der Kinder (zum Beispiel sexuelle Beziehungen) oder des Elternteils (wie bestimmte Gefühle gegenüber dem nichtsorgeberechtigten Elternteil) diskutiert werden sollten: "Der Therapeut mag es für notwendig erachten, die Aufmerksamkeit der Familie auf Themen zu lenken, die auf natürliche Weise die beiden Generationen voneinander trennen. In einer Familie, in der es keine Konflikte und Spannungen zwischen den Generationen gibt, können die Mitglieder dazu bewegt werden, sich mit der Hausarbeit zu beschäftigen. Die Mutter erhält dann die Rolle, ihren widerwilligen Kindern Aufgaben zuzuweisen und sie zu überwachen. Der Widerstand der Kinder führt auf ihrer Seite zu Distanz. Andere Themen wie Taschengeld oder die Fernsehnutzung können ebenfalls zu klaren Generationengrenzen führen" (WELTNER 1982, S. 209). Generell fordert der Berater seine Klienten auf, dem Verhalten ihrer Kinder Grenzen zu setzen und sie beim Überschreiten derselben angemessen zu bestrafen. Er betont aber auch die Bedeutung von Lob und positiver Verstärkung.

Da es in Teilfamilien häufig zur Überbehütung von Kindern kommt, muß der Berater in solchen Fällen den *Erziehungsstil des sorgeberechtigten Elternteils verändern*. "Hierbei sucht der Therapeut nach latenten, aber noch nicht ausgedrückten Interessengegensätzen zwischen der Mutter und den überbehüteten Kindern, also nach Punkten, an denen den Kindern überbehütetes Verhalten bereits lästig geworden ist. Er geht dann zeitweilig eine Allianz mit den Kindern gegen die Mutter ein und stärkt diese in ihrem beginnenden 'Ungehorsam'. Dafür ist allerdings unerläßlich, daß der Therapeut zuvor eine gute Vertrauensbasis zur Mutter aufgebaut hat, damit sich diese nicht durch den vorübergehenden Koalitionswechsel gefährdet fühlt" (SCHWEITZER und WE-

BER 1985b, S. 97-98). Manchmal sind auch paradoxe Interventionen sinnvoll: So kann der Elternteil beauftragt werden, die Kinder noch intensiver zu beobachten und die Beobachtungen sorgfältig zu protokollieren. Die hieraus resultierende Überlastung kann auf beiden Seiten zur Distanzierung führen. Generell kann der Berater der Gefahr einer Überbehütung dadurch entgegenwirken, daß er Kontakte der Kinder zu anderen Erwachsenen fördert, einschließlich des nichtsorgeberechtigten Elternteils. Diese können auch als Vorbilder und Identifikationsfiguren dienen.

Vernachlässigen sorgeberechtigte Eltern ihre Kinder nach der Scheidung, verdeutlicht der Berater ihnen deren Bedürfnisse und betont ihre Verantwortung für deren Erziehung. Er motiviert sie, sich intensiver mit ihren Kinder zu beschäftigen, verhilft ihnen zu mehr Interaktionen, die für beide Seiten befriedigend sind (wie gemeinsame Freizeitaktivitäten, Spiel) und leitet sie bei der Erziehung ihrer Kinder an. Manchmal bewirkt er auch, daß der nichtsorgeberechtigte Elternteil wieder Erziehungsfunktionen übernimmt.

In vielen Fällen muß der Berater mit (sorgeberechtigten) Eltern besprechen, *wie sie sich beim Eingehen neuer Partnerschaften gegenüber ihren Kindern verhalten sollten*. Zumeist empfiehlt er ihnen zu sagen, ob es sich voraussichtlich um eine vorübergehende oder eine langfristig angelegte Beziehung handelt. Im erstgenannten Fall ist es weniger wahrscheinlich, daß ein (älteres) Kind mit Eifersucht reagiert, Loyalitätskonflikte empfindet und die neue Beziehung zu sabotieren versucht. Da bei kleineren Kindern die Gefahr besteht, daß sie sehr schnell Bindungen an die neuen Partner ihrer Eltern entwickeln und bei kurzfristigen Verhältnissen dann eine ganze Reihe von Beziehungsabbrüchen erleben, sollten sie jedoch möglichst nicht mit jedem neuen Freund sofort konfrontiert werden. MOWATT (1987) ergänzt bezüglich kurzfristiger Sexualbeziehungen: "Kinder im Alter von vier Jahren und darunter akzeptieren in der Regel alles als natürlich, was ihre Eltern tun. Kinder im Schulalter mögen jedoch ihre Eltern mit strikten moralischen Grundsätzen wie auch mit dem Ausmaß ihrer Kenntnisse und falschen Informationen über Sex überraschen" (S. 65). Hier weist der Berater die Eltern auf ihre Vorbildfunktion hin und versucht, die sexuelle Aufklärung der Kinder sicherzustellen. Das gilt insbesondere auch bei Jugendlichen, die manchmal das sexuelle Verhalten ihrer Eltern nachahmen und dann ebenfalls häufig ihre Partner wechseln.

Bei längerfristigen Beziehungen hält der Berater die Klienten an, auf die Angst ihrer Kinder vor einer möglichen Zweitehe und den Verlust des Kontakts zum nichtsorgeberechtigten Elternteil einzugehen. Auch macht er ihnen bewußt, daß sich ihre Kinder oft gegenüber dem neuen Partner zurückgesetzt fühlen. In vielen Fällen kann der Berater seine Klienten während der Entstehung einer Zweitfamilie begleiten und ihnen bei hier häufig auftretenden Problemen helfen. Es kann an dieser Stelle darauf und auf die Beratung von Stieffamilien nicht eingegangen, sondern nur auf einige relevante Publikationen verwiesen werden (SAGER et al. 1983; KOSCHORKE 1985b; KRÄHENBÜHL et al. 1987; VISHER und VISHER 1987; SAGER 1989).

Behandlung von Kindern

In der Nachscheidungsphase wird ein Berater eher als in der Scheidungsphase wegen der Probleme von Kindern konsultiert - zuvor waren die Eltern oft so sehr mit sich selbst und der Anpassung an die Trennungssituation beschäftigt, daß sie psychische Konflikte und Verhaltensauffälligkeiten ihrer Kinder "übersahen" oder ignorierten. Der Berater kann bei der Behandlung dieser Kinder *alle üblichen Beratungsformen und Therapieansätze* einsetzen. So führt er zum Beispiel bei kleineren Kindern eine Spieltherapie durch, wobei er oft die sorgeberechtigten Eltern einbezieht, so daß auch die Eltern-Kind-Beziehung und das Erziehungsverhalten verbessert werden können. Ältere Kinder können einzeln, in einer Gruppe und/oder zusammen mit ihren Eltern behandelt werden. Im letztgenannten Fall ist vielfach eine besonders starke therapeutische Wirkung zu erzielen, wenn Jugendliche ihre Gefühle und intrapsychischen Konflikte gegenüber ihren Eltern äußern und in Ruhe mit ihnen besprechen können. Der Berater strukturiert die Sitzung, wirkt als Puffer und bringt eigene Fragen, Interpretationen und Ratschläge ein. Liegen die Ursachen für die Verhaltensauffälligkeiten und intrapsychischen Konflikte der Kinder darin, daß ihre Eltern unter psychischen Problemen leiden, weiterhin in Auseinandersetzungen miteinander verwickelt sind oder sich ihren Kindern gegenüber falsch verhalten, kann der Berater auch nur mit den Erwachsenen arbeiten, diese bei der Lösung ihrer Probleme unterstützen und den Kindern somit auf indirekte Weise helfen. Außerdem wirkt sich positiv aus, wenn erreicht werden kann, daß beide Eltern hinsichtlich der Kontrolle des kindlichen Verhaltens kooperieren.

Generell versteht der Berater die *Symptome der Kinder als Anpassungsreaktionen*: "Das Verhalten des ... Kindes kann eine Antwort auf vier Streßfaktoren sein: (a) gestörte Familienbeziehungen vor der Scheidung; (b) gestörte Familienbeziehungen nach der Scheidung; c) die Psychopathologie des Kindes vor der Scheidung; als auch (d) seine individuelle Reaktion auf die Scheidung ..." (KAPLAN 1977, S. 75). Die Symptome sind aber auch Botschaften des Kindes, Ausdruck seiner Trauer und seiner Wut, ein Hilferuf für sich und seine Eltern. Je nachdem, wo die Ursachen für die Verhaltensauffälligkeiten und psychischen Probleme liegen, legt der Berater den Schwerpunkt der Sitzungen eher auf das Kind, die (Teil-)Familie oder größere Systeme. Zur Behandlung von Depressionen, Ängsten, Schulphobien, Abhängigkeit, Rückzugsverhalten, Einnässen/Einkoten, Ausagieren, Aggressivität und so weiter steht dem Berater ein großes Repertoire an bewährten therapeutischen Verfahren, Strategien und Techniken zur Verfügung. Es ist nicht Ziel dieses Buches, die kaum noch überschaubare Vielfalt derartiger Interventionsmaßnahmen zu beschreiben. Es liegen hierüber Hunderte von Monographien und Sammelbänden vor.

Unabhängig davon, ob Kinder Verhaltensauffälligkeiten und psychische Störungen entwickelt haben oder nicht, muß der Berater ihnen bei der Anpassung an die Nachscheidungssituation helfen. Dabei stellen sich ihm in der Regel ähnliche Aufgaben wie in der Scheidungsphase (siehe S. 149ff.). Darüber hinaus hilft der Berater Kindern und Jugendlichen, die Endgültigkeit der Scheidung ihrer Eltern zu akzeptieren. Er zeigt ihnen, daß ihre Versöhnungsphantasien - die noch Jahre nach der Scheidung und sogar nach der Wiederheirat eines Elternteils fortbestehen können - unrealistisch sind, und daß sie die oft durch Kleinigkeiten (wie eine freundschaftliche Interaktion zwischen ihren Eltern) aufrechterhaltene Hoffnung auf eine Versöhnung aufgeben müssen.

Manchmal muß der Berater Kindern und Jugendlichen aber auch die Vorstellung nehmen, daß die meisten ihrer Probleme verschwinden würden, wenn sie bei dem anderen Elternteil leben könnten. So klärt er die diesem Wunsch zugrundeliegenden Motive (wie zum Beispiel das Bestreben, die Abnahme des

Kontakts zum nichtsorgeberechtigten Elternteil rückgängig zu machen). Gelegentlich bewegt er auch die Eltern, dem Wunsch ihres Kindes für eine Versuchsperiode zuzustimmen. So kann es anhand der eigenen Erfahrung feststellen, ob sich seine Erwartungen erfüllen oder nicht.

Schließlich verdeutlicht der Berater den Kindern, daß die Scheidung ihrer Eltern auch Möglichkeiten für eine positive Weiterentwicklung ihrerseits eröffnen. Insbesondere in Jugendlichen weckt er die Hoffnung auf eine lebenswerte Zukunft hinsichtlich gegengeschlechtlicher Beziehungen. Er führt sie zu der Haltung, daß sie der Liebe anderer Menschen wert sind und selbst lieben können. Zugleich vermittelt er ihnen die Einstellung, daß sie für derartige Beziehungen etwas tun, an ihnen und sich selbst arbeiten müssen.

Statt eines Nachwortes

Mit den "Grundrechten von Scheidungskindern", wie sie vom Familiengericht von Milwaukee (Wisconsin, U.S.A.) aufgestellt wurden, möchte ich dieses Buch beenden:

I.   Das Recht, als eine interessierte und betroffene Person behandelt zu werden und nicht als Spielball, Besitz oder bewegliches Habe des einen oder beider Elternteile.

II.   Das Recht, in dem Heim aufzuwachsen, das dem Kind am ehesten die Möglichkeit bietet, ein reifer und verantwortlicher Bürger zu werden.

III. Das Recht auf tägliche Liebe, Pflege, Erziehung und Schutz durch den sorgeberechtigten Elternteil.

IV.   Das Recht, den nichtsorgeberechtigten Elternteil zu kennen und durch regelmäßige Besuche dessen Liebe und Anleitung zu genießen.

V.   Das Recht auf eine positive und konstruktive Beziehung zu beiden Elternteilen, die einander nicht vor dem Kind herabsetzen oder verächtlich machen dürfen.

VI.   Das Recht auf moralische und ethische Werte, die durch Vorbild und Erziehungspraktiken gefördert werden sollen, und auf das Setzen von Grenzen, so daß das Kind schon früh im Leben Selbstdisziplin und Selbstkontrolle entwickeln kann.

VII. Das Recht auf die bestmöglichen ökonomischen Lebensbedingungen, die durch die intensiven Bemühungen beider Elternteile geschaffen werden können.

VIII. Das Recht auf dieselben Bildungschancen, die das Kind haben würde, wenn seine Familie nicht zerbrochen wäre.

IX. Das Recht auf periodische Überprüfung der Sorgerechts- und Unterhaltsregelungen, wenn dieses die Lebensumstände der Eltern und das Wohl des Kindes als notwendig erscheinen lassen.

X. Das Recht auf Anerkennung, daß von einer Scheidung betroffene Kinder immer benachteiligte Parteien sind und daß das Gesetz ihr Wohl bejahende Schritte unternehmen muß, die unter Umständen eine Untersuchung zur Bestimmung ihrer Interessen und die Benennung eines Beistands zu deren Schutz umfassen müssen.

Literatur

AHRONS, C.R., RODGERS, R.H. (1987): Divorced families: A multidisciplinary developmental view. New York, London: Norton.

AHRONS, C.R., WALLISCH, L.S. (1987a): The relationship between former spouses. In: PERLMAN, D., DUCK, S. (Hg.): Intimate relationships: Development, dynamics, and deterioration. Newbury Park: Sage, S. 269-296.

AHRONS, C.R., WALLISCH, L. (1987b): Parenting in the binuclear family: Relationships between biological and stepparents. In: PASLEY, K., IHINGER-TALLMAN, M. (Hg.): Remarriage and stepparenting: Current research and theory. New York, London: Guilford Press, S. 225-256.

ARNTZEN, F. (1980): Elterliche Sorge und persönlicher Umgang mit Kindern aus gerichtspsychologischer Sicht. Ein Grundriß der forensischen Familienpsychologie. München: Beck.

BALLOFF, R., WALTER, E. (1991): Reaktionen der Kinder auf die Scheidung der Eltern bei alleiniger oder gemeinsamer elterlicher Sorge. Psychologie in Erziehung und Unterricht 38, S. 81-95.

BARSKY, M. (1984): Strategies and techniques of divorce mediation. Social Casework 65, S. 102-108.

BEITZKE, G. (1988): Familienrecht. Ein Studienbuch. München: Beck, 25. Aufl.

BIENENFELD, F. (1985): The power of child custody mediation. In: LEMMON, J.A. (Hg.): Legal and family perspectives in divorce mediation. Mediation Quarterly, No. 9. San Francisco: Jossey-Bass, S. 35-47.

BLOOM, B.L., HODGES, W.F. (1981): The predicament of the newly separated. Community Mental Health Journal 17, S. 277-293.

BLOTCKY, M.J., GRACE, K.D., LOONEY, J.G. (1984): Treatment of adolescents in family therapy after divorce. Journal of the American Academy of Child Psychiatry 23, S. 222-225.

BOHANNAN, P. (1973): The six stations of divorce. In: LASSWELL, M.E., LASSWELL, T.E. (Hg.): Love, marriage, family: A developmental approach. Glenview: Scott & Foresman, S. 475-489.

BOJANOVSKY, J.J. (1983): Psychische Probleme bei Geschiedenen. Stuttgart: Enke.

BORRIES, C. (1986): Gestörte Beziehung in der Partnerschaft. Der Berater als Vermittler zwischen zwei sich auseinanderlebenden Menschen. Sexualmedizin 15, S. 64-70.

BROWN, M.D. (1985): Creating new realities for the newly divorced: A structural-strategic approach for divorce therapy with an individual. Journal of Psychotherapy and the Family 1 (3), S. 101-120.

BURNS, A. (1984): Perceived causes of marriage breakdown and conditions of life. Journal of Marriage and the Family 46, S. 551-562.

CAUHAPÉ, E. (1983): Fresh starts: Men and women after divorce. New York: Basic Books.

171

CLEEK, M.G., PEARSON, T.A. (1985): Perceived causes of divorce: An analysis of interrelationships. Journal of Marriage and the Family 47, S. 179-183.

COYSH, W.S., JOHNSTON, J.R., TSCHANN, J.M., WALLERSTEIN, J.S., KLINE, M. (1989): Parental postdivorce adjustment in joint and sole physical custody families. Journal of Family Issues 10, S. 52-71.

CROSBIE-BURNETT, M., AHRONS, C.R. (1985): From divorce to remarriage: Implications for therapy with families in transition. Journal of Psychotherapy and the Family 1 (3), S. 121-137.

CROSBY, J.F., GAGE, B.A., RAYMOND, M.C. (1983): The grief resolution process in divorce. Journal of Divorce 7, S. 3-18.

DANIELS-MOHRING, D., BERGER, M. (1984): Social network changes and the adjustment to divorce. Journal of Divorce 8, S. 17-32.

DAVIS, A.M., SALEM, R.A. (1984): Dealing with power imbalances in the mediation of interpersonal disputes. In: LEMMON, J.A. (Hg.): Procedures for guiding the divorce mediation process. Mediation Quarterly, No. 6. San Francisco: Jossey-Bass, S. 17-26.

DEISSLER, K.J. (1982): Das Kübler-Ross-Phänomen in der Bewältigung existentieller Krisen und deren Bedeutung für die Beratung in Ehekrisen. Familiendynamik 7, S. 368-374.

DLUGOKINSKI, E. (1977): A developmental approach to coping with divorce. Journal of Clinical Child Psychology 6, S. 27-30.

DONOHUE, W.A., ALLEN, M., BURRELL, N. (1985): Communication strategies in mediation. In: LEMMON, J.A. (Hg.): Evaluative criteria and outcomes in mediation. Mediation Quarterly, No. 10. San Francisco: Jossey-Bass, S. 75-89.

DREYFUS, E.A. (1979): Counseling the divorced father. Journal of Marital and Family Therapy 5 (4), S. 79-85.

DUFFY, M. (1982): Divorce and the dynamics of the family kinship system. Journal of Divorce 5, S. 3-18.

DURST, P.L., Wedemeyer, N.V., Zurcher, L.A. (1985): Parenting partnerships after divorce: Implications for practice. Social Work 30, S. 423-428.

DYER, E.D. (1986): Scheidung und Scheidungsfolgen in den USA. Ein Überblick. Kölner Zeitschrift für Soziologie und Sozialpsychologie 38, S. 581-600.

FAMILIEN-NOTRUF MÜNCHEN: Jahresbericht 1987. München: Selbstverlag 1988.

FERREIRO, B.W., WARREN, N.J., KONANC, J.T. (1986): ADAP: A divorce assessment proposal. Family Relations 35, S. 439-449.

FTHENAKIS, W.E. (1986a): Kindliche Reaktionen auf Trennung und Scheidung ihrer Eltern. Wehrfritz Wissenschaftlicher Dienst, Nr. 32/33, S. 1-3.

FTHENAKIS, W.E. (1986b): Interventionsansätze während und nach der Scheidung. Eine systemtheoretische Betrachtung. Archiv für Wissenschaft und Praxis der sozialen Arbeit 17, S. 174-201.

FTHENAKIS, W.E., NIESEL, R., KUNZE, H.-R. (1982): Ehescheidung. Konsequenzen für Eltern und Kinder. München: Urban & Schwarzenberg.

FULMER, R.H. (1983): A structural approach to unresolved mourning in single parent family systems. Journal of Marital and Family Therapy 9, S. 259-269.

FURSTENBERG, F.F., JR., MORGAN, S.P., ALLISON, P.D. (1987): Paternal partici-
pation and children's well-being after marital dissolution. American Sociological Review 52, S. 695-701.

FURSTENBERG, F.F., JR., NORD, C.W., PETERSON, J.L., ZILL, N. (1983): The life
course of children of divorce: Marital disruption and parental contact.
American Sociological Review 48, S. 656-668.

FURSTENBERG, F.F., JR., SPANIER, G.B. (1987): Recycling the family: Remarriage
after divorce. Newbury Park: Sage, überarb. Aufl.

GANONG, L.H., COLEMAN, M. (1986): A comparison of clinical and empirical
literature on children in stepfamilies. Journal of Marriage and the Family
48, S. 309-318.

GARDNER, R.A. (1976): Psychotherapy with children of divorce. New York:
Aronson.

GLADDING, S.T., HUBER, C.H. (1984): The position of the single-parent father.
Journal of Employment Counseling 21, S. 13-18.

GLASER, R.D., BORDUIN, C.M. (1986): Models of divorce therapy: An overview.
American Journal of Psychotherapy 40, S. 233-242.

GÖPPINGER, H. (1985): Vereinbarungen anläßlich der Ehescheidung. Die ver-
tragliche Regelung der zivil-, steuer- und sozialrechtlichen Folgen. Unter
Mitwirkung von E. WENZ und R.W. MÄRKLE. München: Beck, 5. Aufl.

GOLDMAN, J., COANE, J. (1983): Separation and divorce. In: TEXTOR, M.R.
(Hg.): Helping families with special problems. New York, London: Aronson, S. 195-208.

GOLDMEIER, J. (1980): Intervention in the continuum from divorce to family
reconstitution. Social Casework 61, S. 39-47.

GOLDSTEIN, S., SOLNIT, A.J. (1989): Wenn Eltern sich trennen. Was wird aus
den Kindern? Stuttgart: Klett-Cotta.

GRANVOLD, D.K. (1983): Structured separation for marital treatment and decision making. Journal of Marital and Family Therapy 9, S. 403-412.

GRANVOLD, D.K. (1989): Postdivorce treatment. In: TEXTOR, M.R. (Hg.): The divorce and divorce therapy handbook. Northvale, London: Aronson, S. 197-
223.

GRANVOLD, D.K., TARRANT, R. (1983): Structured marital separation as a marital treatment method. Journal of Marital and Family Therapy 9, S. 189-198.

GREEN, B.L., LEE, R.R., LUSTIG, N. (1973): Transient structured distance as a
maneuver in marital therapy. Family Coordinator 22, S. 15-22.

HACKNEY, H., BERNARD, J.M. (1990): Dyadic adjustment processes in divorce
counseling. Journal of Counseling and Development 69, S. 134-143.

HAFFTER, C. (1979): Kinder aus geschiedenen Ehen. Eine Untersuchung über
den Einfluß der Ehescheidung auf Schicksal und Entwicklung der Kinder
nach ärztlichen, juristischen und fürsorgerischen Fragestellungen. Bern:
Huber, 3. Aufl.

HAYNES, J.M. (1984): Mediated negotiations: The function of the intake. In:
LEMMON, J.A. (Hg.): Procedures for guiding the divorce mediation process.
Mediation Quarterly, No. 6. San Francisco: Jossey-Bass, S. 3-15.

173

HETHERINGTON, E.M., COX, M., COX, R. (1982): Effects of divorce on parents and children. In: LAMB, M.E. (Hg.): Nontraditional families: Parenting and child development. Hillsdale, London: Erlbaum, S. 233-288.

HETHERINGTON, E.M., COX, M., COX, R. (1985): Long-term effects of divorce and remarriage on the adjustment of children. Journal of the American Academy of Child Psychiatry 24, S. 518-530.

HOBART, C. (1990): Relationships between the formerly married. Journal of Comparative Family Studies 21, S. 81-97.

HOLZHEUER, K., LEDERLE, O., ROßBERGER, H. (1990): Erfahrungen zur Trennungs- und Scheidungsberatung. Was unterscheidet Trennungs- und Scheidungsberatung von herkömmlicher Beratung? Informationen für Erziehungsberatungsstellen, Nr. 1, S. 10-17.

HUBER, C.H. (1983): Divorce mediation: An opportunity for Adlerian counselors. Individual Psychology 39, S. 125-132.

IRVING, H.H. (1981): Divorce mediation. A rational alternative to the adversary system. New York: Universe Books.

ISAACS, M.B., MONTALVO, B., ABELSOHN, D. (1986): The difficult divorce: Therapy for children and families. New York: Basic Books.

JACOBS, J.W. (1983): Treatment of divorcing fathers: Social and psychotherapeutic considerations. American Journal of Psychiatry 140, S. 1294-1299.

KALTER, N. (1984): Conjoint mother-daughter treatment: A beginning phase of psychotherapy with adolescent daughters of divorce. American Journal of Orthopsychiatry 54, S. 490-497.

KALTER, N., REMBAR, J. (1981): The significance of a child's age at the time of parental divorce. American Journal of Orthopsychiatry 51, S. 85-100.

KAPLAN, N.M. (1984): The development and operation of the Northwest Mediation Service. In: LEMMON, J.A. (Hg.): Procedures for guiding the divorce mediation process. Mediation Quarterly, No. 6. San Francisco: Jossey-Bass, S. 47-58.

KAPLAN, S.L. (1977): Structural family therapy for children of divorce: Case reports. Family Process 16, S. 75-83.

KASLOW, F.W. (1981): Divorce and divorce therapy. In: GURMAN, A.S., KNISKERN, D.P. (Hg.): Handbook of family therapy. New York: Brunner/Mazel, S. 662-696.

KASLOW, F.W. (1984): Divorce: An evolutionary process of change in the family system. Journal of Divorce 7, S. 21-39.

KASLOW, F.W. (1990): Der Scheidungsprozeß - Entwicklungsstufen, Dynamik, Behandlung und differentielle Auswirkungen. In: TEXTOR, M.R. (Hg.): Hilfen für Familien. Ein Handbuch für psychosoziale Berufe. Frankfurt: Fischer, S. 312-342.

KASLOW, F.W., SCHWARTZ, L.L. (1987): The dynamics of divorce: A life cycle perspective. New York: Brunner/Mazel.

KESSLER, S. (1975): The American way of divorce: Prescriptions for change. Chicago: Nelson-Hall.

KITSON, G.C., BABRI, K.B., ROACH, M.J. (1985): Who divorces and why: A review. Journal of Family Issues 6, S. 255-293.

174

KLANN, N., HAHLWEG, K. (1987): Ehe-, Familien- und Lebensberatung. Besuchsmotive und Bedarfsprofile: Ergebnisse einer empirischen Erhebung. Freiburg: Lambertus.

KLAR, W. (1984): Was geschieht nach der Scheidung? Nachbetreuung von Scheidungskindern und deren Eltern. In: REMSCHMIDT, H. (Hg.): Kinderpsychiatrie und Familienrecht. Stuttgart: Enke, S. 92-96.

KLINE, M., TSCHANN, J.M., JOHNSTON, J.R., WALLERSTEIN, J.S. (1989): Children's adjustment in joint and sole physical custody families. Developmental Psychology 25, S. 430-438.

KOSCHORKE, M. (1985a): Wenn Paare sich trennen wollen. Hat sich die Situation in der Ehe- und Partnerberatung verändert? Wege zum Menschen 37, S. 442-449.

KOSCHORKE, M. (1985b): Zweite Familien und ihre Probleme in der Beratung. Kleine Texte, Nr. 6. Berlin: Evangelisches Zentralinstitut für Familienberatung.

KRÄHENBÜHL, V., JELLOUSCHEK, H., KOHAUS-JELLOUSCHEK, M., WEBER, R. (1987): Stieffamilien. Struktur - Entwicklung - Therapie. Freiburg: Lambertus, 2. Aufl.

KRÜSSELBERG, H.-G., AUGE, M., HILZENBECHER, M. (1986): Verhaltenshypothesen und Familienzeitbudgets - Die Ansatzpunkte der "Neuen Haushaltsökonomik" für Familienpolitik. Schriftenreihe des Bundesministers für Jugend, Familie und Gesundheit, Band 182. Stuttgart, Berlin, Köln, Mainz: Kohlhammer.

KURDEK, L.A. (1989): Children's adjustment. In: TEXTOR, M.R. (Hg.): The divorce and divorce therapy handbook. Northvale, London: Aronson, S. 77-102.

KURDEK, L.A., SIESKY, A.E., JR. (1979): An interview study of parents' perceptions of their children's reactions and adjustment to divorce. Journal of Divorce 3, S. 5-17.

KURDEK, L.A., SINCLAIR, R.J. (1988): Adjustment of young adolescents in two-parent nuclear, stepfather, and mother-custody families. Journal of Consulting and Clinical Psychology 56, S. 91-96.

LANGELIER, R., DECKERT, P. (1980): Divorce counseling guidelines for the late divorced female. Journal of Divorce 3, S. 403-411.

LANGENFELD, G. (1984): Handbuch der Eheverträge und Scheidungsvereinbarungen. München: Beck.

LANGENMAYR, A. (1987): Unvollständigkeit von Familien und ihre Auswirkung auf die Kinder. Praxis der Kinderpsychologie und Kinderpsychiatrie 36, S. 249-256.

LAZARUS, A.A. (1981): Divorce counseling or marriage therapy? A therapeutic option. Journal of Marital and Family Therapy 7, S. 15-22.

LEHMKUHL, U. (1988): Wie erleben Kinder und Jugendliche und deren Eltern die akute Trennungsphase? Familiendynamik 13, S. 127-142.

LIMBACH, J. (1988): Gemeinsame Sorge geschiedener Eltern. Heidelberg: C.F. Müller.

LLOYD, S.A., ZICK, C.D. (1986): Divorce at mid and later life: Does the empirical evidence support the theory? Journal of Divorce 9, S. 89-102.

175

LOWERY, C.R. (1989): Psychotherapy with children of divorced families. In: TEXTOR, M.R. (Hg.): The divorce and divorce therapy handbook. Northvale, London: Aronson, S. 225-241.

LUEPNITZ, D.A. (1986): A comparison of maternal, paternal, and joint custody: Understanding the varieties of post-divorce family life. Journal of Divorce 9 (3), S. 1-12.

LYON, E., SILVERMAN, M.L., HOWE, G.W., BISHOP, G., ARMSTRONG, B. (1985): Stages of divorce: Implications for service delivery. Social Casework 66, S. 259-267.

MALON, D.W. (1986): Dealing with anxious attachment when divorce impends: A re-courting strategy. Family Therapy 13, S. 227-238.

MARTIN, M., MARTIN, D. (1983): Counseling the child of divorce: Emphasizing the positive aspects. Individual Psychology 39, S. 180-188.

MARTINY, U., VOEGELI, W. (1988): Die Ehe endet, die Beziehungen bleiben - Scheidung. In: DEUTSCHES JUGENDINSTITUT (Hg.): Wie geht's der Familie? Ein Handbuch zur Situation der Familien heute. München: Kösel, S. 179-188.

MCNAMARA, L., MORRISON, J. (1982): Separation, divorce, and after. St. Lucia: University of Queensland Press.

MESSINGER, L., WALKER, K.N. (1981): From marriage breakdown to remarriage: Parental tasks and therapeutic guidelines. American Journal of Orthopsychiatry 51, S. 429-438.

MILNE, A.L. (1983): Divorce mediation: The state of the art. In: LEMMON, J.A. (Hg.): Dimensions and practice of divorce mediation. Mediation Quarterly, No. 1. San Francisco: Jossey-Bass, S. 15-31.

MITCHELL, A. (1985): Children in the middle: Living through divorce. London: Tavistock.

MORAWETZ, A., WALKER, G. (1984): Brief therapy with single-parent families. New York: Brunner/Mazel.

MORRISETTE, P.J. (1987): Altering problematic family hierarchy: A strategy for therapy with single-parent families. Family Therapy 14, S. 53-59.

MOWATT, M.H. (1987): Divorce counseling: A practical guide. Lexington, Toronto: Lexington Books.

MÜLLER-ALTEN, L. (1984): Ehescheidung und Scheidungsverträge. Eine juristische und empirische Untersuchung über die einverständliche Scheidung und über die Scheidungsfolgenvereinbarungen. Frankfurt: Haag + Herchen.

MÜNCH, E.M. VON (1986): Die Scheidung nach neuem Recht. Beck-Rechtsberater. München: Beck/dtv.

MYERS, M.F. (1988): Assessing and treating divorcing men. In: GOLD, J.H. (Hg.): Divorce as a developmental process. Washington: American Psychiatric Press, S. 51-77.

NAPP-PETERS, A. (1985): Ein-Elternteil-Familien. Soziale Randgruppe oder neues familiales Selbstverständnis? Weinheim, München: Juventa.

NAPP-PETERS, A. (1988): Scheidungsfamilien. Interaktionsmuster und kindliche Entwicklung. Aus Tagebüchern und Interviews mit Vätern und Müttern nach Scheidung. Frankfurt: Eigenverlag des Deutschen Vereins für öffentliche und private Fürsorge.

NAPP-PETERS, A. (1989): Kinder in der Nachscheidungssituation. Vortrag im Staatsinstitut für Frühpädagogik und Familienforschung, München, 10.02.1989.

NEUBAUER, E. (1988): Alleinerziehende Mütter und Väter. Eine Analyse der Gesamtsituation. Schriftenreihe des Bundesministers für Jugend, Familie, Frauen und Gesundheit, Band 219. Stuttgart, Berlin, Köln, Mainz: Kohlhammer.

NEVILLE, W.G. (1989): Mediation. In: TEXTOR, M.R. (Hg.): The divorce and divorce therapy handbook. Northvale, London: Aronson, S. 103-122.

NICHOLS, W.C. (1984): Therapeutic needs of children in family system reorganization. Journal of Divorce 7 (4), S. 23-44.

NICHOLS, W.C. (1985): Family therapy with children of divorce. Journal of Psychotherapy and the Family 1, S. 55-68.

NICHOLS, W.C. (1986): Sibling subsystem therapy in family system reorganization. Journal of Divorce 9 (3), S. 13-31.

PETT, M.A., VAUGHAN-COLE, B. (1986): The impact of income issues and social status on post-divorce adjustment of custodial parents. Family Relations 35, S. 103-111.

PROKSCH, R. (1989): Alternative Streitentscheidung im Scheidungsfolgenrecht. Überlegungen zur Übertragbarkeit US-amerikanischer Vermittlungsintervention während und nach der Scheidung in das Recht der Familiengerichtshilfe. Archiv für Wissenschaft und Praxis der sozialen Arbeit 20, S. 71-111.

REDER, P., EVE, B. (1981): Some considerations on the clinic treatment of children of divorce. British Journal of Medical Psychology 54, S. 167-173.

RICCI, I. (1984): Meine Eltern sind geschieden. Wie Kinder dennoch glücklich bleiben. München: dtv.

RICE, D.G. (1989): Marital therapy and the divorcing family. In: TEXTOR, M.R. (Hg.): The divorce and divorce therapy handbook. Northvale, London: Aronson, S. 151-169.

RICKEL, A.U., LANGNER, T.S. (1985): Short- and long-term effects of marital disruption on children. American Journal of Community Psychology 13, S. 599-611.

ROBSON, B. (1982): A development approach to the treatment of children of divorcing parents. In: HANSEN, J.C., MESSINGER, L. (Hg.): Therapy with remarriage families. The Family Therapy Collections, No. 2. Rockville, London: Aspen, S. 59-78.

ROHRLICH, J.A., RANIER, R., BERG-CROSS, L., BERG-CROSS, G. (1977): The effects of divorce: A research review with a developmental perspective. Journal of Clinical Child Psychology 6, S. 15-20.

ROSENBERG, E.B. (1980): Therapy with siblings in reorganizing families. International Journal of Family Therapy 2, S. 139-150.

ROSENTHAL, D., HANSEN, J. (1980): Working with single-parent families. Family Therapy 7, S. 73-82.

ROSENTHAL, K.M., KESHET, H.F. (1981): Fathers without partners. A study of fathers and the family after marital separation. Totowa: Rowman & Littlefield.

ROTTLEUTHER-LUTTER, M. (1989): Ehescheidung. In: NAVE-HERZ, R., MARKEFKA, M. (Hg.): Handbuch der Familien- und Jugendforschung. Band 1: Familienforschung. Neuwied, Frankfurt: Luchterhand, S. 607-623.

ROWLANDS, P. (1983): Wochenend-Eltern. Intakte Elternschaft trotz geschiedener Ehe. München: Kösel.

SAGER, C.J. (1989): Treatment of the remarried family. In: Textor, M.R. (Hg.): The divorce and divorce therapy handbook. Northvale, London: Aronson, S. 351-368.

SAGER, C.J., BROWN, H.S., CROHN, H., ENGEL, T., RODSTEIN, E., WALKER, L. (1983): Treating the remarried family. New York: Brunner/Mazel.

SAPOSNEK, D.T. (1983): Strategies in child custody mediation: A family systems approach. In: J.A. LEMMON (Hg.): Successful techniques for mediating family breakup. Mediation Quarterly, No. 2. San Francisco: Jossey-Bass, S. 29-54.

SAPOSNEK, D.T. (1986/87) (Hg.): Applying family therapy perspectives to mediation. Mediation Quarterly, Nr. 14/15. San Francisco, London: Jossey-Bass.

SCHÄFER, W. (1985): Arbeit mit Alleinerziehenden und deren Kindern. Situation, Probleme, Arbeitsansätze. Nachrichtendienst des Deutschen Vereins für öffentliche und private Fürsorge 65, S. 117-120.

SCHAUB, H.A., SCHAUB-HARMSEN, F. (1984): Einelternfamilien. Erfahrungsbericht einer dreijährigen psychosozialen Arbeit. Familiendynamik 9, S. 19-32.

SCHLEIFFER, R. (1988): Elternverluste. Eine explorative Datenanalyse zur Klinik und Familiendynamik. Berlin, Heidelberg, New York, London, Paris, Tokyo: Springer.

SCHULMAN, G.L. (1981): Divorce, single parenthood and stepfamilies: Structural implications of these transitions. International Journal of Family Therapy 3, S. 87-112.

SCHWEITZER, J., WEBER, G. (1985a): Scheidung als Familienkrise und klinisches Problem - Ein Überblick über die neuere nordamerikanische Literatur. Praxis der Kinderpsychologie und Kinderpsychiatrie 34, S. 44-49.

SCHWEITZER, J., WEBER, G. (1985b): Familientherapie mit Scheidungsfamilien: Ein Überblick. Praxis der Kinderpsychologie und Kinderpsychiatrie 34, S. 96-100.

SHAPIRO, J.L. (1984): Brief outline of a chronological divorce sequence. Family Therapy 11, S. 269-278.

SIEWERT, H.H. (1983): Scheidung - Wege zur Bewältigung. München, Wien, Baltimore: Urban & Schwarzenberg.

SIMENAUER, J., CARROLL, D. (1982): Singles: The new Americans. New York: Simon and Schuster.

SLAIKEU, K.A., CULLER, R., PEARSON, J., THOENNES, N. (1985): Process and outcome in divorce mediation. In: LEMMON, J.A. (Hg.): Evaluative criteria and outcomes in mediation. Mediation Quarterly, Nr. 10. San Francisco, London: Jossey-Bass, S. 55-74.

SOKACIC-MARDORF, E. (1983): Scheidung und Scheidungsberatung. Theorien, Modelle, Praxisprobleme. Ein Beitrag zur Entwicklung eines integrativen

Modells der Scheidungsberatung. Unveröffentlichte Dissertation. Tübingen: Universität Tübingen.

SOZIALDIENST KATHOLISCHER FRAUEN - ZENTRALE E.V. (1988): Trennung/ Scheidung. Kinder in Einelternfamilien. Dortmund: Selbstverlag.

SPANIER, G.B., THOMPSON, L. (1984): Parting: The aftermath of separation and divorce. Beverly Hills: Sage.

SPECK, R.V. (1988): Intervention in soziale Netzwerke: Entwicklung, Theorie und Therapie. In: TEXTOR, M.R. (Hg.): Das Buch der Familientherapie. Sechs Schulen in Theorie und Praxis. Eschborn: Fachbuchhandlung für Psychologie, Verlagsabteilung, 3. Aufl., S. 167-199.

SPRENKLE, D.H. (1989): The clinical practice of divorce therapy. In: TEXTOR, M.R. (Hg.): The divorce and divorce therapy handbook. Northvale, London: Aronson, S. 171-195.

SPRENKLE, D.H., STORM, C.L. (1983): Divorce therapy outcome research: A substantive and methodological review. Journal of Marital and Family Therapy 9, S. 239-258.

STATISTISCHES BUNDESAMT (1989a) (Hg.): Statistisches Jahrbuch 1989 für die Bundesrepublik Deutschland. Stuttgart: Metzler-Poeschel.

STATISTISCHES BUNDESAMT (1989b) (Hg.): Zivilgerichte und Strafgerichte 1987. Reihe 2 der Fachserie 10 "Rechtspflege". Stuttgart: Metzler-Poeschel.

STRAUS, F. (1990): Netzwerkarbeit. Die Netzwerkperspektive in der Praxis. In: TEXTOR, M.R. (Hg.): Hilfen für Familien. Ein Handbuch für psychosoziale Berufe. Frankfurt: Fischer, S. 496-520.

SUTTON, P.M., SPRENKLE, D.H. (1985): Criteria for a constructive divorce: Theory and research to guide the practitioner. Journal of Psychotherapy and the Family 1 (3), S. 39-51.

TEACHMAN, J.D. (1983): Early marriage, premarital fertility, and marital dissolution. Results for blacks and whites. Journal of Family Issues 4, S. 105-126.

TEXTOR, M.R. (1985): Integrative Familientherapie. Eine systematische Darstellung der Konzepte, Hypothesen und Techniken amerikanischer Therapeuten. Berlin, Heidelberg, New York, Tokyo: Springer.

TEXTOR, M.R. (1988a): Scheidungsberatung, Vermittlung, Sorgerechtsberatung. Drei vernachlässigte Aspekte in der Sorgerechtsdiskussion. Zentralblatt für Jugendrecht 75, S. 360-363.

TEXTOR, M.R. (1988b): Eklektische und Integrative Psychotherapie. Fünf Bewegungen zur Überwindung der Vielzahl von Therapieansätzen. Psychologische Rundschau 39, S. 201-211.

TEXTOR, M.R. (1989a): The divorce transition. In: Textor, M.R. (Hg.): The divorce and divorce therapy handbook. Northvale, London: Aronson, S. 3-43.

TEXTOR, M.R. (1989b): Frühehen: Entwicklung und Probleme. Unsere Jugend 41, S. 431-441.

TEXTOR, M.R. (1989c): Schulische Lern- und Verhaltensstörungen. Die Einbeziehung der Familie in die Behandlung. Zeitschrift für Pädagogische Psychologie 3, S. 229-237.

TEXTOR, M.R. (1990): Nichteheliche Lebensgemeinschaften in den USA. Neue Forschungsergebnisse. Zeitschrift für Bevölkerungsforschung 16, S. 121-125.

TEXTOR, M.R., BECKER-TEXTOR, I. (1989): Trennung - Scheidung - Wiederheirat. Der Scheidungszyklus und seine Auswirkungen auf das Kindergartenkind. Wehrfritz Wissenschaftlicher Dienst, Nr. 43, S. 5-8.

TIEMANN, I. (1986): Kinder geschiedener Eltern. Erfahrungen - Erkenntnisse - Perspektiven. Düsseldorf: Arbeitsstelle Frauenseelsorge der Deutschen Bischofskonferenz.

TISCHER-BÜCKING, U. (1989): Was macht das Jugendamt mit den Scheidungskindern? Bestandsaufnahme zu einem dringlichen Thema. AFET Mitglieder Rundbrief, Nr. 1, S. 28-30.

THWEATT, R.W. (1980): Divorce: Crisis intervention guided by attachment theory. American Journal of Psychotherapy 34, S. 240-245.

TOLSDORF, S. (1981): Social networks and families of divorce: A study of structure-content interactions. International Journal of Family Therapy 3, S. 275-280.

TURNER, N.W. (1980): Divorce in mid-life: Clinical implications and applications. In: NORMAN, W.H., SCARAMELLA, T.J. (Hg.): Mid-life: Developmental and clinical issues. New York: Brunner/Mazel, S. 149-177.

TURNER, N.W. (1985): Divorce: Dynamics of decision therapy. Journal of Psychotherapy and the Family 1 (3), S. 27-38.

VAUGHAN, F.K. (1981): A model of divorce adjustment therapy. Family Therapy 8, S. 121-128.

Verband Alleinstehender Mütter und Väter - Bundesverband e.V. (1986): So schaffe ich es allein. Bonn: Selbstverlag, 4. Aufl.

VISHER, E.B., VISHER, J.S. (1987): Stiefeltern, Stiefkinder und ihre Familien. Probleme und Chancen. München, Weinheim: Psychologie Verlags Union.

WAGNER, H. (1990): Schuldnerberatung. In: TEXTOR, M.R. (Hg.): Hilfen für Familien. Ein Handbuch für psychosoziale Berufe. Frankfurt: Fischer, S. 549-569.

WAGNER, M. (1989): Sozialstruktur und Ehestabilität. Vortrag auf der Tagung "Berufsverlauf und Familienentwicklung von Frauen" in Ringberg vom 23.10.-27.10.1989. Unveröffentlichtes Manuskript. Berlin: Max-Planck-Institut für Bildungsforschung.

WALEN, S.R., BASS, B.A. (1986): Rational divorce counseling. Journal of Rational-Emotive Therapy 4, S. 95-109.

WALLERSTEIN, J.S. (1983): Children of divorce: The psychological tasks of the child. American Journal of Orthopsychiatry 53, S. 230-243.

WALLERSTEIN, J.S., BLAKESLEE, S. (1989): Gewinner und Verlierer. Frauen, Männer, Kinder nach der Scheidung. Eine Langzeitstudie. München: Droemer Knaur.

WARREN, N.J., ILGEN, E.R., BOURGONDIEN, M.E. VAN, KONANC, J.T., GREW, R.S., AMARA, I.A. (1987): Children of divorce: The question of clinically significant problems. In: EVERETT, C.A. (Hg.): The divorce process: A handbook for clinicians. New York, London: Haworth, S. 87-106.

WASYLENKI, D.A. (1982): Problems in psychotherapy with women who leave their families. American Journal of Psychotherapy 36, S. 408-414.

WEDEMEYER, N.V., JOHNSON, J.M. (1982): Learning the single-parent role: Overcoming traditional marital-role influences. Journal of Divorce 5, S. 41-53.

WELTNER, J.S. (1982): A structural approach to the single-parent family. Family Process 21, S. 203-210.

WEISS, R.S. (1984): The impact of marital dissolution on income and consumption in single-parent households. Journal of Marriage and the Family 46, S. 115-127.

WEITZMAN, L.J. (1985): The divorce revolution. The unexpected social and economic consequences for women and children in America. New York: The Free Press.

WINKELMANN, P. (1986): Arbeit mit Alleinerziehenden im Sozialdienst katholischer Frauen. Bestandsaufnahme 1986. Dortmund: Sozialdienst katholischer Frauen - Zentrale e.V.

WITTE, E.H., KESTEN, I., SIBBERT, J. (1988): Trennungs- und Scheidungsberatung in Hamburg. Unveröffentlichtes Manuskript. Hamburg: Universität Hamburg.

WOLCHIK, S.A., BRAVER, S.L., SANDLER, I.N. (1985): Maternal versus joint custody: Children's postseparation experiences and adjustment. Journal of Clinical Child Psychology 14, S. 5-10.

WYLDER, J. (1982): Including the divorced father in family therapy. Social Work 27, S. 479-482.

YAHM, H.: Divorce mediation: A psychoanalytic perspective. In: LEMMON, J.A. (Hg.): Procedures for guiding the divorce mediation process. Mediation Quarterly, No. 6. San Francisco: Jossey-Bass, S. 59-63.

Raymond Battegay / Udo Rauchfleisch (Hg.)
Das Kind in seiner Welt
*(Sammlung Vandenhoeck). 1991. 285 Seiten mit 11 Abbildungen,
Paperback. ISBN 3-525-01416-3*

Ein Kind wird völlig hilfsbedürftig in die Welt geboren. Ist ihm einmal das Leben geschenkt, müssen Erwachsene es am Leben erhalten. Sie tun das, ob sie wollen oder nicht, nach den Gesetzmäßigkei-
ten der Erwachsenenwelt. Und die verlangt von dem Kind vor-
nehmlich, daß es sich einpaßt. So muß es, von Geburt an, Teile seiner Einzigartigkeit aufgeben. Es kann dafür die Welt gewinnen,
durch Kommunikation, Erfahrung, durch Förderung. Was aus dem
Kind wird, entscheiden maßgebend die Erwachsenen.

Namhafte Autoren aus unterschiedlichen Fachgebieten haben in
diesem Buch das Wissen zusammengetragen über die Chancen und
Gefährdungen, die in der kindlichen Entwicklung liegen.

Ein Lesebuch für alle, die mit Kindern zu tun haben.

Annelise Heigl-Evers / Irene Helas /
Heinz C. Vollmer (Hg.)
Suchttherapie –
psychoanalytisch, verhaltenstherapeutisch
1991. 235 Seiten, kartoniert. ISBN 3-525-45734-0

Suchtberatern und Sozialarbeitern, die Suchtkranke immer wieder
auf die angstbesetzte Therapie verweisen und vorbereiten müssen,
gibt das Buch Aufschluß über charakteristische Verläufe, Risiken
und Chancen der wichtigsten Behandlungsmethoden.

V&R · *Vandenhoeck & Ruprecht*

Ralf Jerneizig / Arnold Langenmayr /
Ulrich Schubert

Leitfaden zur Trauertherapie
und Trauerberatung

1991. 124 Seiten, kartoniert. ISBN 3-525-45737-5

Dieser Leitfaden ist eine Einführung in die Arbeit mit Trauernden.
Nach einem kurzen Überblick über die Psychologie der Trauer
und über bereits bestehende Interventionsformen bei problemati-
schen Trauerverläufen wird das Konzept der *Essener Trauertherapie*
vorgestellt. Der Schwerpunkt liegt auf der praxisnahen Darstellung
erprobter Interventionen, die eigens für die besonderen Bedürfnisse
und Probleme Trauernder entwickelt wurden.

Walter Andreas Scobel

Was ist Supervision?

*Mit einem Beitrag von Christian Reimer. 3., durchgesehene Auflage
1991. 207 Seiten, kartoniert. ISBN 3-525-45696-4*

»Dieses Buch vermittelt, was unter Psychotherapie-Supervision zu
verstehen ist. Die vielen Beispiele ermöglichen, daß der Leser die eigenen Erfahrungen mit denen des Verfassers konfrontiert. Der Ver-
fasser behandelt das Thema Suizidalität als spezifisches Problem
der Psychotherapie und der Supervision. Die Kapitel über Supervision im sozialpsychiatrischen Team und über Supervision in der
psychotherapeutischen Ausbildung sind besonders zu empfehlen.«
Zentralblatt Neurologie-Psychiatrie zur 2. Auflage

V&R · *Vandenhoeck & Ruprecht*